ルネ・ストラ
le test de l'arbre
R.Stora

阿部惠一郎訳

バウムテスト

金剛出版

le test de l'arbre par RENÉE STORA
1re édition : 4e trimestre 1978
© Presses Universitaires de France, 1978
108, Bd Saint-Germain, 75006 Paris

Japanese translation rights arranged with Presses Universitaires de France
through Japan UNI Agency, Inc., Tokyo

序　文

　バウムテストの解釈ができるようになりたいと望んでいる読者に，解釈法はやや複雑な知識や技術が必要なのだが，それを教えることを目的としてこの本は書かれた。

　バウムテストの本質を扱い，しかも分かりやすいものにしようとわれわれは努力した。心理学の領域で働こうと思う読者は，この本からきちんとした解釈法を学び，実践の場で迅速にそして的確に使えるようになると思う。

　あらかじめ，この本がバウムテスト研究においてどのように位置づけられるかを，『バウムテスト研究』[注1]初版の前後におこなわれた多くの研究と関連させながら検討する必要があると考える。そうしたことを踏まえてまず最初に，ジョルジュ・フロマンが文献展望（第1章）を書いている。文献は膨大で，ラテン系言語で書かれたものにも目配りし，バウムテストに関する検索は，文献精神医学的研究にまで及んでいる。その研究文献については，次章でフランシスコ・ドゥ・カストロ・カルネイロがまとめている（第2章）。

　第3章では，アントワネット・ミュエルが私の方法とその使い方について紹介している。彼女はこのテスト実施方法と解釈について，描画の観察，さまざまな描画サインの組み合わせから検討することを分かりやすく述べている（サインにはそれぞれ心理学的意味があるのだが，他のサインと照合してみる必要がある。そうすることでサイン間の力動的な関係が確立された）。木の全体像との関係から描画サインを読み取る訓練ができる。さらにアントワネット・ミュエルは，それぞれのサインの心理学的意味と「心理的項目」についてつまびらかにしている。多様な描画サインの心理学的意味がこの「心理的項目」ごとに系統立てられ，そして統計的に裏付けられている[注2]。

注1)　R. Stora : Le test du dessin d'arbre. Paris, Delarge, 1975.『バウムテスト研究』翻訳　阿部惠一郎，みすず書房，2011年12月

注2)　統計表は『バウムテスト研究』（1975年）に記載されている。鍵サインとそのグループごとにまとめられているが，第2版では紙面の都合上省略されている（大まかな数字はこの本の第3章の表18〜23に掲載されている）

この章の最後に，アントワネット・ミュエルは，左利きの児童について研究した自分の臨床研究を取り上げ，描画と用紙上の位置についても報告している。この研究がさらに発展することを期待している。
　アントワネット・ミュエルとマリ＝フランソワーズ・フロマンが臨床的な視点に立って，第4章ではバウムテストとそれ以外に実施した描画全般から，心理学的な意味について詳しく論じている。

　第5章においては，木が喚起する象徴の問題が扱われている。ジョルジュ・フロマンは木の象徴について数多くの文献を紹介し，木の象徴に隠された心理学的意味を明らかにし，同時にそれがバウムテストの解釈に役立つことも示唆している。描画を象徴的に解釈しようとする際に読者が注意しなければならない点を述べ，さらに読者が被検者の情報を得ている場合には，象徴的解釈が主観主義や被検者への投影になってしまう危険性についても，木の象徴性についてきちんと理解しておくことで，より客観的な解釈が可能になるであろうと付け加えている。

　第6章では，クリスチャンヌ・ドゥ・スーザが心理療法をおこなった3つの症例について報告している。樹木画テストと他の性格検査との比較検討をしたものである。この比較検討は，ここでは詳述しないが，治療におけるバウムテストとその他の投影法検査の比較研究は臨床において参考になると思われる。さらにクリスチャンヌ・ドゥ・スーザは，心理療法の前後にバウムテストを実施し，その違いを示し，客観的にそして具体的に心理療法の効果を示してくれた。
　バウムテストは研究と診断にさまざまな方法を提供しているように思う。社会学，心理学，精神医学，心理療法，教育学など多くの領域でこれからますます利用されるテストである。私自身はこのテストを心理療法や衝動性のコントロール[注3]を確立するために教育学の領域で用いてきた。
　多くの被検者の情報とバウムテストと比較検討するために用いた他のテス

注3）　R.Pruschy et R.Stora, Socialiser les pulsions, Ed. Fleurus, 1974.

トなどの方法から，このテストにおける観察と解釈が明確になったのである。実際のところ，心理学者，臨床心理士，筆跡学者が一緒になって，バウムテストと他の性格テスト，例えばロールシャッハテスト，TAT，村テスト，ソンディテスト，スタインのテストなどの検査を用いておこなったのだった[注4]。

バウムテストは，最初はアンリ・ワロン，次いでルネ・ザゾ博士が所長だった児童心理学研究所に集められた資料を基に，統計的データから研究が始められたのである。それぞれの児童について詳細な生育歴，観察記録，知能検査，神経運動機能検査，さらに既に述べたさまざまの性格検査に基づく心理学的所見，必要に応じて他の検査も実施されているのだが，そうしたものがこの資料には含まれていた。

この研究所に集められた資料は何らかの問題を持っていた児童のものであるが，この資料に私たちはさらに聾唖，知的障害，形態異常の児童にもバウムテストを実施した。さらに孤児院，非行児童，福祉施設に入所している児童の描画も検討することができた。それぞれの描画に解釈を加えることは慎重でなければならないと思い，対照群として青年期の資料（工業高校とパリ映画高等学院）やさらに一般成人の男女の資料も集める必要があると感じた[注5]。

バウムテストとその他の性格検査の方法をつき合わせた結果，特にソンディテストの所見が発作性，衝動性，自我の力動を見る上で重要だと分かった。しかしながら，このことをより明確にするために，ソンディテストの言葉を一般的な用語で表現する方が理解されやすいだろうと考えたのである。こうした用語使用の問題もあり，他の投影法検査の場合と同様に，バウムテストにおいても人格水準を表現する際にはフロイト，ユング，アドラー，ソンディの用語を使わざるを得なかった。

さまざまに思いを巡らし，私は4歳から15歳までの児童を対象にして，情緒成熟尺度を作ったのである。児童だけでなく成人についてもこの尺度を

注4) R. Stora : Le test de personnages. Congres internat. d'Anthropologie differentielle (fasc.5) sept. 1950.
　　　R. Stora : Le test de personnages. J. Psycnol. Norum. Pathol. avril, 219-31, 1953.

注5) R. Stora : Le test du dessin d'arbre, op. cit.,p.218. Paris, Delarge, 1975.

活用することができると思う。実際，成人でもしばしば幾分なりとも子どもの要素を残している。しかし本質的なことはと言えば，それは子どもの要素をいかに生きてきているかを見定めることなのである。つまり，この子どもの要素あるいは残っている部分は，肉屋，軍隊，法律家などさまざまな職業につき，その中で社会化されていくものなのだろう。

　読者が積極的にこの本を活用することを願っている。被検者の問題にどのように立ち向かうか悩んだときに，読者の多くは《見るため》の経験，つまり被検者のバウムテストを見たいと思うことがあると聞いている。この序文で言いたかったのは，バウムテストだけでなく，生育歴，問題行動の記録，他の投影法検査と一緒に実施してデータを集めてもらいたいということなのだ。もう繰り返す必要はないだろう。バウムテストを《信じる》とかいう問題ではなく，表現されているものに心を開き，熟慮し，検査を実施し，判断することなのである。最後に，私が思い願うことは，この本の読者にはさらに知識を深めて欲しい。過去から未来へと作り上げられてきた人間の性格は一筋縄ではいかないのだが，バウムテストを注意深く観察する者にとっては，常に情報の源であり続ける。

　　　　　　　　　　　　　　　　　　　　　　　　　　　ルネ・ストラ

目　次

序　文 …………………………………………………………………… 3

第1章　文献展望　　ジョルジュ・フロマン …………………… 11

第2章　臨床的研究　　フランシスコ・ドゥ・カストロ・カルネイロ ……… 51
Ⅰ　知的障害 ………………………………………………………… 54
Ⅱ　精神病圏 ………………………………………………………… 55
Ⅲ　神経症 …………………………………………………………… 64
Ⅳ　認知症 …………………………………………………………… 66
Ⅴ　精神不均衡（性格障害） ……………………………………… 66
結　論 ………………………………………………………………… 71

第3章　ルネ・ストラの方法とその応用　　アントワネット・ミュエル … 75
Ⅰ　描画サインのカテゴリーとその心理学的意味 ……………… 79
Ⅱ　描画サインとその意味について ……………………………… 98
Ⅲ　心理的項目 ……………………………………………………… 101
Ⅳ　2つの描画サインの研究 ……………………………………… 105
Ⅴ　バウムテストによる事例研究（病歴・テスト・結果と考察） … 114
Ⅵ　左利きに関する臨床的観察 …………………………………… 140

第4章　バウムテストの一般的な描画への応用
　　　　　マリーフランソワーズ・フロマン ……………………… 143
Ⅰ　Pの描画と解釈 ………………………………………………… 145
Ⅱ　リュックの描画と解釈 ………………………………………… 157
Ⅲ　ダニエルの描画と解釈 ………………………………………… 169
Ⅳ　ヤニックの描画と解釈 ………………………………………… 178
Ⅴ　オデットの描画と解釈 ………………………………………… 186

第5章　木の象徴性　ジョルジュ・フロマン … 201

- Ⅰ　木の人類学的解釈 … 203
- Ⅱ　木の象徴による媒介的な機能 … 210
- Ⅲ　ユダヤ－キリスト教的伝統における木のテーマ … 217
- Ⅳ　夢の木に関する解釈 … 227

第6章　治療における描画テストの用い方とテストバッテリーの比較研究　クリスチャンヌ・ドゥ・スーザ … 239

- Ⅰ　症例　ジル … 241
- Ⅱ　症例　ローラン … 257
- Ⅲ　症例　アルメル … 270

結　語 … 287
訳者あとがき … 291

バウムテスト

第1章
文献展望

ジョルジュ・フロマン

第 1 章　文献展望

　バウムテストを使って性格を知る方法を最初に見つけた功績は，スイスの職業カウンセラーだったエミルー・ユッカーに帰するであろう。
　彼の方法は経験的そして直観的なものであったが，彼自身がどのようにしてこれを知ったかについて，コッホの文章から引用してみよう。
　《1928 年から，私は結果を統計的に分析することなく，このテストを行ってきた。(……) このテストは有効ではあるが，被検者の問題について，その側面をもっぱら直観的な方法で理解してきたという点に本質的な限界がある》注1)

　1934 年に，ハーロックとトムソンの仕事が，樹木画に関する方法論的研究に道を拓いた注2)。
　この二人の研究者は子どもの知覚の発達について研究していた。彼らは子ども達 (4 歳半から 8 歳半まで) に，身の回りにあって，記憶できるものをテーマにして，男の子，女の子，家，犬，花，自動車，小舟，木を描かせている。集められた描画は 2,000 枚以上にのぼる。年齢ごとに描画の全体と細部（枝，葉，果実の有無）を比較し，細部の表現は年齢と知能に比例すると述べている。この見解は，フローレンス・グッドイナフの《人物画》による尺度の考え方の基礎にあるものと同じであることが理解される。ここからリュケの命題《描画における細部は年齢と共に増加し，それは心理的発達を示すものを構成している》注3) と同じ方向に進むのである。
　同じ 1934 年に，G. シュリーベ注4) が性格を知る方法として樹木画を用いることを提案している。4 歳から 18 歳までの子ども 478 人に実施し，4,519 枚の絵を集めたのだが，まず「木を描く」ように指示し，さらに次々と「死んだ木，凍っている木，幸福な木，おびえている木，悲しんでいる木，死んだ木」を描かせている。最初の木のどんな木でもかまわないのだが，これを被検者

注 1)　K. Koch : Le test de l'arbre. Vitte. Paris, 1958. p. 9.
注 2)　E. Hurlock, J. Thomson : Children's drawing : an expeimental study of perception. Child. Developm. No2, 5, 127-139, 1934.
注 3)　Marie-Claire Dubienne, Le dessin chez l'enfant, Paris, PUF, 1968, p. 19.
注 4)　G. Schliebe : Erlebnismotorik und zeichnerischen (physiognonischer Ausdruck bei Kindern und Jugendichen (Zur psychogenese der Ausdruck gestaltung). Zsch f. Kinderforsch. No2, 43, 49-75, 1934.

の根底にある性格が表現されていると見なし，これと《テーマを与えられた》木，あるいは何かを連想した木に対して比較検討を加えた。凍っている木の枝が，10歳から18歳では，狭く閉じた形に描くものが多い。被検者の50%で，この木は他の木よりも小さい。苦しんでいる木は，描画中の木がどちらか一方向に傾くのが特徴的であった（全例の55%〜100%）。横に倒れているのが，死んだ木の特徴だった。死んだ木は他のどんな木よりも小さい。折れたり曲がってしまった枝の出現率が高く，15歳から17歳では57〜69%であった。これとは逆に幸福な木では，全体の3分の2で他のどんな木よりも大きく，樹冠が上方に広がっている。この研究は，描画に心的態度（テーマを与えられたことによる）がいかに影響を与えるかを見事に示したものであり，筆跡に関してドラクロワ[注5]が用いた《影響を受け固まってしまう運筆》という表現を思い起こさせるものだった。

シュリーベは，さらに描画表現に関して3つの発達段階を区別している。

- 運動象徴段階：4〜7歳の間，描画として表現されていないので，描画の描き方では描線（筆圧の強い描線，筆圧は強くない太めの濃い描線）が重要である。
- 具体的表現段階：おびえた木は不安な状況に関連するし，幸福な木は楽園の中にあるように表現されている。姿はそれぞれのケースで喜びや恐怖が出現するかもしれない。心の傷は木が折れてしまったように表現されている。
- 純粋表現段階は最終段階であり，前思春期に出現する。この段階になると，形態に対する配慮が見られる。

シュリーベは，このように樹木画と性格との関係を理解するために独創的な方法を用いて新たな方向性を示したのである。

注5) H. Delacroix, Psycholgie de l'art, cit par M.-C. Dubienne, op. cit., p. 35.

グッドイナフの弟子でアメリカ学派の中からバック[注6)]がH. T. P.（家，木，人の描画法）を考案している。H. T. P. は知能検査であると同時に性格検査でもある。知能検査については人物画よりも優れていて，12歳から48歳の被験者140名に対して標準化された知能検査（スタンフォード・ビネー，及びウェクスラー・ベルビュー）を用いておこなっている。また，性格検査では，投影法的な視点から次の3つのテーマが挙げられた。
　バックの研究の根底にある3つの考え方：
①被検者の情報なしに解釈すべきでない
②全体と関連させながら，部分を検討しなければならない
③被検者の生活史など情報を集めて心理学的結論を導き出すこと
　バックを中心とする学派は，研究対象を広げていき，正常心理学から精神病理学さらには精神医学にまで研究対象が広がっていった。

　カール・コッホが1957年に出版した『バウムテスト』[訳注1)]の冒頭で，彼は心理学的診断のツールとして木の絵を用いるという考え方はエミール・ユッカーから教えてもらったものだと説明している。この本を読んで分かるように，ユッカーは木の絵から受ける印象を直観的に解釈している。コッホは彼とは幾分異なり，ある方法を見つけたと述べている。
　「私の方法の根源には『木は何を訴えたいのだろう』という疑問があった。まず，木の絵は全体として何を意味するのだろう。そして，それぞれの特徴的な指標は何を意味するのだろう」[注7)]
　客観的な根拠があって初めて直観が支えられるという考え方から，コッホは実際の木の指標を提案していく。図像鑑賞の図式について，描画した絵にグリッドを引き，その際根もとは枠の外に出し垂直線を引き，樹冠部と幹との移行線を水平方向に引く。次に枠の四隅から点線で対角線を引くのである。

注6)　J. Buck : The HTP test. projective device. Amer. J. Ment. Def. 51, 606-10. 1947,51,606-610 ; The H. T. P. test. J. of Clin. Psychol. No2, 4, 151-159, 1948, no2, 4, 151-159 ; The HTP technique. A qulitative and quantitative scoring manual. J. of Clin. Psychol. Monogr. Suppl. 1948, 5, 1-118 ; The net-weighted HTP score as a measure of abstraction（John J. Digiammo et Rona L. D. Debinger), J. Clin. Psychol., janvier 1961, 17, p. 55.
訳注1)　仏訳は1958年出版である
注7)　K. Koch : Le test de l'arbre. p. 10.

この方法から木の各部分のサイズを測定することで分析が可能になっていく。つまり，幹と樹冠の高さの比率をはかる方法が確立された。樹冠の大きさを測定し，樹冠の大きさと高さの間に存在する比率を計算することも可能である。樹冠部の右半分と左半分の領域，さらに枝や葉の方向も水平方向から検討されることになる。コッホの考え方では描画サインの左右の対置や組み合わせに注目していることが分かる。彼は描画された木の位置が左側に，樹冠部は右側に広がっているというように左右異なる方向に対立していることを明らかにした[注8]。同様に，相異なる方向性について優れた分析が見られる[注9]。

　コッホはそれぞれの被験者に2枚の描画を要求し，210 × 297mmの用紙に鉛筆で描くように教示している。教示は以下のようであった。
　「果樹を描いてください。用紙全体を使ってかまいません」
　2枚目については，「最初の木と違う木を描いてください。1枚目で枝のないボール型の樹冠を描いている場合には，必ず枝を描いてください」[注10]
　コッホが推奨した教示はいくつかのバリエーションがあることも書いておかねばなるまい。まず最初に「木を描いてください」「もみの木以外の木を描いてください」[注11] この本の第2章（「解釈技術」）で，「できるだけ，果樹を描いてください」[注12] この教示は，学校のお絵かきでたたき込まれてきたモデルとなるようなもみの木が多く描かれるので，木の描画に変化を持たせるためのものであろう。だから，2枚目では，「もう一枚，果樹を描いてください。しかも今描いたのとは全く違うものにしてください」[注13]

　「果樹」を理解できない子どもには「林檎の木」あるいは「木」[注14]と言えば十分である。

注8）　K. Koch : Le test de l'arbre. p. 381.
注9）　K. Koch : Le test de l'arbre. p. 278.
注10）　K. Koch : Le test de l'arbre. p. 76.
注11）　K. Koch : Le test du dessin d'arbres, in Klages et al., Diagnostic du caractère, PUF, 1949, pp. 241-250.
注12）　K. Koch : Le test de l'arbre. p. 177.
注13）　K. Koch : Le test de l'arbre. p. 177.
注14）　K. Koch : Le test de l'arbre. p. 177.

調査対象は以下のようであった。
- 幼稚園児（男女合計）255名
- 初等学校男児 592名，女児 601名
- 軽度知的障害者 411名
- バーゼルの織物工場訓練生 29名
- ローデシアの黒人 22名

描画された木は，統計的に有意な指標に基づいて比較された。描画にはさまざまな解釈が与えられた。例えば木に葉が描かれていれば，以下のような意味が考えられた。
- 外面を観察する能力
- 活発性
- 軽快さ
- 眼差し
- 感覚性
- 表現や外在化に対する感受性
- 物事のうわべだけで判断する
- 趣味の良さ
- 若々しい，俊敏なやり方
- 喜び
- 生き生きしている，等[注15]

「葉」という項目の初めに，コッホは象徴主義的解釈を述べていて，「ギリシア人は，生け贄に捧げられた人の頭の上に葉で作られた冠を載せていた。葉の戴冠は聖別の対象であることを意味する宗教的慣習である。葉の冠は時代の流れと共に勝利の印，栄誉になっていった」[注16]

ルネ・ストラは，直観による解釈や「学生たちを混乱させる危険のある」

注15) K. Koch : Le test de l'arbre. p. 321.（日本語訳では254頁）
注16) K. Koch : Le test de l'arbre. p. 318.（日本語訳では253頁）

象徴的解釈を頻繁に用いるコッホを非難することになる[注17]。

　コッホはマックス・パルファーの理論から影響を受け，「十字象徴を空間解釈のために用いている」[注18]

　上方領域は意識，知性，超越性を象徴する。古典的な図式に従えば，それは物質界（感覚的世界）に対置されるイデアの世界である。下部領域は「物質的，精神的，性愛的，集合的象徴の産物，夢と夢幻様状態」[注19]を象徴している。左の領域は，「内向，，過去，母親への愛着」[注20]それに対して，右の領域は，外向，父親的なイメージとの関係，「社交性，大胆さ」[注20]を象徴している。木の構造を構成しているのが根，幹，樹冠である。コッホによれば，幹は中間の役割を担い，「左右の均衡をはかるものである」[注21]。幹は行動的であり同時に安定した要素である。単線の幹は幼児や知的障害者が描くことが多い。従って，この指標は知的障害や退行を示すと思われる[注22]。幹や樹冠の輪郭は被験者が外界とどのように接触しているかを明らかにしてくれる。「例えば，波打った描線は困難に直面した人の振る舞いや逃避傾向を表す」[注23]。

　地面にしっかり定着している根は，性格のより原始的な部分を反映し，おそらくあまり個人的な部分を反映しない。「目に見えるのは，根から伸び出てくるもの，木そのものである」[注24]。根は子どもにもしばしば見られるが，成人の描画に出現する場合には支えが欲しい，衝動にとらわれている，あるいは隠されたものへの好奇心を意味する。

　木にとっての葉は，人間にとっての肺である。葉は外界との交流を象徴している。「それは外界と内界の相互関係の領域であり，同化，呼吸の領域である」[注25]。ここで，外界との接触様式について，それが豊かであれば葉は

注17)　R. Stora : Le test du dessin d'arbre, op. cit., p. 218. Paris, Delarge, 1975.
注18)　K. Koch : Le test de l'arbre. p. 27.
注19)　K. Koch : Le test de l'arbre. p. 26-27.
注20)　Augusto Vels : L'écriture, reflet de la personnalité, Genève, Ed. du Mont-Blanc, 1966, p. 20.
注21)　K. Koch : Le test de l'arbre. p. 39.
注22)　K. Koch : Le test de l'arbre. p. 70.
注23)　K. Koch : Le test de l'arbre. p. 195
注24)　K. Koch : Le test de l'arbre. p. 183.（日本語訳では152頁）

扇のように広がり，貧弱なものであれば，「細いちっぽけな枝」しか描かれていない[注25]。コッホは，15歳の少年が描いた豊かな樹冠の木を野心の出現と解釈した。「彼は夢の世界に心を奪われ，欲望はつまるところ天まで届くほどに増大する」[注26]。この同じ木が樹冠を大きく右方向に傾かせている。この動きは，欲望の実現を意味する方向に向けられたサインだと解釈されるか，あるいはそうでないとしても，快感原則と現実原則の妥協に向けられていると思われる。右側は実際のところ外向，努力，効果を意味する方向である。右方向に向けられた運動と結びつく上方へのはみ出しは，従って，いくつかの描画サインの興味深い組合せ（右方向，はみ出しなど）であり，これは被験者が自分の考えを具体化しようとしていると考えることができる。

葉と花は美しく見えるように，そしてうわべだけに気を取られるといった欲望に関連している。果実は現実的な態度が反映されているかもしれない。「果実ははっきりとした成果であり，成長や実りの結果である」[注27]。切り取られたり傷ついた枝は，劣等感情と関連している[注28]。

コッホの著作には，奇妙なそして興味深い体験と描画との関係，つまり催眠状態で描かれた描画も記載されている。催眠状態から引き出された激怒，虚言，広場恐怖のために，そうした状態に誘導され，被験者は普通の状態で描いた木とは著しく異なる木を描く。コッホは，催眠下で誘導された広場恐怖の患者の描画について，「描線は弱くグニャグニャしていて，のろのろとした運筆である（不安の表現，ゆっくりとした動き）」[注29]。

ルネ・ストラはコッホについて，描画サインの布置に関する研究に読者を導いた功績は評価しているものの，直観を重視して，それに振り回され，解釈があまりに多様であるので読者を混乱させていると非難している。バウムテストに見られる描画サインの布置を十分考慮することで，描画の解釈を支え正しく判断できるとしている。描画は 210 × 297mm の大きさの用紙を縦

注25) K. Koch : Le test de l'arbre. p. 40.（日本語訳 42 頁）
注26) K. Koch : Le test de l'arbre. p. 382.（日本語訳 288 頁）
注27) K. Koch : Le test de l'arbre. p. 225.（日本語訳 256 〜 257 頁）
注28) K. Koch : Le test de l'arbre. p. 374.
注29) K. Koch : Le test de l'arbre. p. 138.（日本語訳 141 頁）

方向に使って鉛筆で描かれる。消しゴムの使用は認めている。

　検査者は被検者が描画中の様子や描画時間について記録を取らなければならない。コッホが語るように，「消された部分も描かれた部分と同じように重要である」[注30]。教示ごとに被験者は異なる心理的状況に置かれ，心理士は描画を解釈する際に，どのような状況で教示がなされたかを考慮しなければならない。

　バック[注31]は，被験者にあらかじめ「家」「木」「人」と印刷された三枚の用紙に，連続的に描画してもらうことを提案した。木についての教示は以下のようである。

　「鉛筆であなたの好きなように木を描いてください。どんな木でもかまいません。消しゴムを使っても良いですし，時間は十分ありますから，ゆっくり描いてください。できる範囲で良いですから木を描いてください。描き終えたら，教えてください」[注32]

　絵の能力を調べる検査ではないことを被検者に伝える。定規は使用できない。描画時間，被検者のコメント，さまざまな反応を記録しておく。

　描画が終了するとすぐに，検査者は三つの描画についてあらかじめ決められている質問を行う PDI：(Post Drawing Interrogation Folder)。

- 現実的な木に関わる質問：「この木の種類は何ですか。何年くらい経っていますか。この木を眺めたとき，どんな印象を持ちましたか」[注32]
- 連想を膨らませるような質問：「この木は何に似ていますか。男性あるいは女性。この描画から，あなたはどうしてそのような印象を受けたのですか」[注32]
- 傷ついた体験に関係する質問：「この木は生きていますか。もし，生きているという答えの場合には，木の一部が死んでいるということはありませんか。どうしてそのような印象を持つのですか。この木は何を望んでいますか」[注32]

注30）K. Koch : Le test de l'arbre. p. 178.

注31）J. Buck : The HTP technique. A qulitative and quantitative scoring manual. J. of Clin. Psychol. Monogr. Suppl. 5, 1-118, 1948.

注32）R. Stora : Le test du dessin d'arbre, p. 22. からの引用

この質問の後に 8 色の色鉛筆が被験者の前に置かれ，新しく木の描画をするように勧められる。被検者が描画を繰り返す際に，より自由に描画できるように，教示の段階で「新しい」あるいは「別な」という言葉を避けるように留意する。PDI はより簡単にしたもので行われる。二つの系列をつきあわせることで，つまり自由な表現（描画）に引き続き，強制的な課題（質問に対する答え）が実施される際の被検者の反応を調べることができるのである。色鉛筆を使うことで精神的な負担の軽減を図り，こうした反応を出現しやすくする。このようにして，被検者の衝動をコントロールする力を判断し，客観的に見る力を図り，偶然の出来事や病理的な性格がどの程度に固着しているかなどを記載することができる。

　ペイン[注33]は，ロールシャッハ図版と関連させながら，色彩を用いた HTP を実施し，色彩の働きの問題に関心を払っている。

　ジョレス[注34]の場合は，被検者に白色を含む 16 色の色鉛筆を用意する。被検者の大部分が，白色の色鉛筆は用いず，反対に非行傾向や反社会的傾向のある者ではしばしば用いられたと報告している。

　ハマーは，木の描画における死に関する投影を扱う前に[注35]，PDI の質問項目「あなたが描いた木は何歳くらいにしたいですか」を用いることで，被検者の精神性的な成熟度を検討する指標になると指摘している[注36]。

　HTP における質問の役割について解説しながら，ルネ・ストラは，質問

注33）　J. Payne : Comments on the analysis of chromatic drawings. J. clin. Psychol. Monogr. suppl. No5, 119-120.

注34）　L. Jolles : A study of the validity of some hypotheses for the qualitative interpretation of the H. T. P. for children of elementary schoolage. Ⅱ. The phallic tree as an indicator of psychosexual conflict. J. of. clin. Psychol. 8, 245-255.

注35）　E. Hammer : A comparison of the H. T. P. of rapist and pedophiles. Ⅲ. The dead tree as an index of psychopathology. J. clin. Psychol. No1, 9, 67-69.

注36）　E. Hammer : A comparison tree of the H. T. P.'s rapist and pedophiles: Ⅰ. Aage ascribed to the drawn person as an index of psychosexuel maturity. Ⅱ. Age ascribed to the drawn person. J. proj. Tech. No3, 18, 1954.

を通して被検者自身が蒙った体験や深く保持された記憶が呼び起こされるかもしれない。そのため，一連の描画に向かう自発性を損なうのではないかと危惧している。

　読者は本書の第3章でアントワネット・ミュエルが書いているルネ・ストラの方法の詳細を知ることになるでしょう。私はここでは1975年に出版された著作以前のルネ・ストラの主要著作[注37]についてだけ，紹介することにする。

　ストラの方法がこれまでに述べた人々とどのように異なり，そして彼女の方法がどのような視点から行われたものかを述べることにする。

　最初の教示は「木を描いてください。どんな木でも良いのですが，もみの木以外の木を描いてください」もみの木の排除は，コッホの教示「もみの木以外の木を描いてください」という方法から借用している[注38]。ルネ・ストラは二つの理由からこの制限を設けている。まず，もみの木の描画は，学校教育でたたき込まれたステレオタイプな表現になる危険があるから，そして二つ目の理由として，もみの木のような形態は，鋭く先の尖ったものなので，「実際には被検者にあまり見られない攻撃性が示唆されると誤解される場合がある」[注39]からである。

　同じような視点から，「果樹を描きなさい」[注40]という教示も，特定の木を示唆することになるので，採用しないことにした。

　実際，それほど詳しく検討しなくとも，子どもや女児に果樹の描画がしばしば観察されることはよく知られている。

注37)　R. Stora : L'arbre de Koch. Enfance, 4, p. 327-344. ; ; Influence du milieu sur les individus décelé par le test d'arbre, Enfance, 1952, no4, pp. 357-372. ; Le test d'arbres. Bull. Psychol.Scol. No3, 1954-1955. ; Etude de personnalite et de psychologie differentielle a l'aide du test d'arbre. Enfance, 8, 1955, ; Sourds-muets et normaux confrontes a l'aide du test d'arbres. Biotypologie, No2, 17, 94-106, 1956. ; Etude historique sur le dessin comme moyen d'investigation psychologique, Bull. Psychol. Universite Paris, 17,2-7,1963. ; Etude historique sur le dessin comme moyen d'investigation psychologique, Bull. Psychol. Universite Paris, 17, 2-7, 1963. ; Le test de dessin de l'arbre. Principales methodes. bull. Psychol. Universite Paris, 17, 2-7, 1963. ; Le test du dessin d'arbre. Paris, Ed. Universitaires, 1975.

注38)　K. Koch : Le test du dessin d'arbres, in Klages et al., Diagnostic du caractére, PUF, 1949, pp. 241-250.

注39)　Marie-José Houareau : L'inconsccient dévoilé par les tests projectifs, Paris, Centre d'Etudes et de Promotion de la Lecture, 1974, p. 171.

注40)　K. Koch : Le test de l'arbre. p. 177

ルネ・ストラは第二の木について「**別な**，木を描いてください。どんな木でも良いのですが，もみの木以外の木です」とした。コッホは，ある場合には，つまりもう一枚絵を描いてもらうのが有効だと判断した場合には，「**もう一枚**，果樹を描いてください」[注40]と促し，果樹の描画を繰り返させている。

ルネ・ストラは，変化のない単調な繰り返しになる「もう一枚」よりも「別な」という教示の方を好んでいる。「もう一枚」は繰り返しを促す時に用いられる副詞である。これはリトレ大辞典によれば，「やり直す，付け加える，あるいはもう一度やり直してもらいたいという気持ちを掻き立てる不満を表現する言葉」の意味である。「別な」（ラテン語では alter: 二つのものの片方について用いる，列挙する場合に二番目の意味）は，繰り返しの堂々巡りを打ち砕き，刷新を促す。「別な木」は異なる考えを導き（同じ木ではない），それと同時に，継続の気持ちが見て取れる。異なる考えは，「どんな木でも，好きなように」という教示で柔らかな指示となり，この表現は被検者には自由に描いて良いのだという安心感を与える。この意味で，必ずしも繰り返すことは排除されていない。

夢の木を描く「夢の木を描いてください。想像の木，現実には存在しない木」という考えは R. モンテソリー（マリア・モンテソリーの孫娘）に由来する。ルネ・ストラは，自分の方法にこのやり方を加えるのは有益だと判断したのである。この3枚目の描画は現実における不満足な思いを明らかにし，欲望と現実の狭間でどのように妥協しているかを示してくれる。F. ミンコフスカは（対談の中で）「あなたの木を描いてください」という教示を薦めている。しかしこの教示は快感原則と現実原則をどのように折り合いをつけていくか，被検者の理想が表現されるという理由で採用しなかった。さらに，この教示は現実にある身の回りにある木などあまり想像的でない木を描くように誘っているように感じられたのであろう。

第4の木は，目を閉じて描画するのだが，シュピールラインの分析[注41]に触発された方法で，昔の葛藤や子ども時代の外傷体験が明らかになるだけでなく，その外傷体験は被検者の現在にも干渉してくることを表している。

注 41) S. Spielrein : Kinderzeichnungen bei offenen und geschlossenen Augen. Intersuchungen uber dei Unterschwellungen kinesthetischen Vorstellungen, Imago, Vienne, 17, 359, 1931.

R.ストラの方法は，連続した4枚の描画を比較することで，被検者の心の変化を追うものである。第1の木は被検者が不慣れな状況下で，準備もせずに課題を与えられた際の振る舞いを示している。第2の木は，心理学的に第1の木と異なる文脈で描画が行われる。つまり被検者は課題に慣れてくる。「慣れ親しんでいる環境で課題に取り組んでいる」[注42]。夢の木は「より深い水準，満たされない欲望の水準に達することができる」[注43]。そして，被検者の描画はこの方向に向かうのである。第4の木は，過去の体験と現実の心理学的状況との関係にアプローチしていくのに役立つ。

　この仕事は統計学的に行われ，4歳と15歳の男女の情緒感情尺度を作り，これを基にして被検者の状態を見ることが可能になったのである。

　同じ心理学的サインを持つ描画サインを集め，それぞれの木の描画の水準に見られる精神力動の解釈を考え，心理学的サインが対置されるそれぞれの意味（描画サインの布置）をつきあわせる。そうすれば，被検者の精神力動の中に入り，さまざまな異なる心理的布置を比較検討し，葛藤を明らかにし，それをどのように被検者が解決しようとしてきたかが理解される：「接触欲求は接触に対する恐怖と対立し，描画サインのそれぞれにバランスを図りながら現れ，恐怖は欲望を抑えつけ，社会的関係を阻害しようとする」[注44]。ディテールは常に描画全体の中で，類似と対置が問題であり，描画サインの関係性の中で分析される。

　研究者の中には，木の描画について，投影的防衛機制から規定しようとする人もいる。アメリカの研究者たちはHTPについて，家や人間の描画と木の描画を比較しながら，このような視点から分析する傾向がある。

　バックが，木は性格の深層を把握することに関してより有益な方法であると評価したのは，以下の2つの理由による[注45]：

注42）　R. Stora : Le test de dessin de l'arbre. p. 88.
注43）　Marie-José Houareau : L'inconsccient dévoilé par les tests projectifs, Paris, Centre d'Etudes et de Promotion de la Lecture, 1974, p. 172.
注44）　R. Pruschy, R. Stora : Socialiser les pulsions, Paris, Fleurus, 1975, p. 33.
注45）　J. Buck : The H. T. P. test. J. of Clin. Psychol. 1948, No2,4, 151-9.

- 第1の理由は，木について，被検者から与えられた意識的観念は「家」や「人間」の絵から与えられたものよりも稀であるから。つまり木はより無意識的である。
- 第2の理由は，被検者が他の2つの描画に対してよりも，木を描く時に防衛を働かせることが少ないから。

S. ランディスバーグ[注46]は，ロールシャッハテストとHTPを比較して，木，家，人間の描画は被検者の子ども時代に3つのテーマに抱いた認知の仕方と経験してきた感情であると述べている。

ザッカー[注47]は，描画は他の投影法検査よりも精神病理学的に祖型的特徴を明らかにできると書いている。満足のいく治療が行われると，この病理学的特性は他の投影法検査では消えていく傾向が見られるが，描画ではその特徴は依然として出現している。

同じ視点から，ハマー[注48]も木の描画は性格の深い部分に関係があり，次から次へと現れる病状などの変化は，描画で観察される変化ほど重要ではない。

今取り上げた研究者たちの著作を解説しながら，ルネ・ストラは木の安定性について語り，家や人物に比べて確かに木の外観の変化が少ないは，それだけ性格のより深層を表現するからだと述べている。HTPの3つのテーマの中で木はアメリカの文献では貧しい家庭の象徴になっているという結論を非難している[注49]。

ヴィルドレヒャーは，彼の著作『描画の解釈』の第3章を，描画と性格の関係に関する研究に当てている。描画の投影法的価値を肯定するように，次のように結論づけている。：「それぞれを詳細に検討すると，描画には子どもの情緒的生活がにじみ出ている。もし今，描画をその総体として考察するならば，性格もその総体が反映されると言いうるであろう」[注50]。木の描画に

注46） S. Landisberg : Relationship of the Rorschach to the HTP, J. Clin. Psychol. 1953, no. 2, 9, 179-183.
注47） A. Zucker : A case of obesity, projective techniques before and after treatment, J. Proj. Techn., 1949, 13, 155-205.
注48） E. Hammer : The role of the HTP in prognostic battery, J. Clin., Psychol., 1953, no4, 9, 371-374.
注49） R. Stora : Le test de l'arbre. 前掲書 p. 25.
注50） W. Daniel : L'interprétation des dessins d'enfants, Bruxelles, Dessart, p. 115.

関する歴史とコッホやストラの方法に関する細かな分析がこの本の中で述べられている。ストラの方法は、「コッホの仕事に欠けていた客観的な基礎を与えた」[注51]とヴィルドレヒャーは結論づけている。

多くの研究者が、描画の有効性・妥当性の問題について研究してきた。
特にランディスバーグ[注52]は、ロールシャッハテストと描画テストの比較を試みている。この仕事は、統計的な方法に基づくものではなく、類似点を指摘しているだけである。例えば、木の幹の描画と、思考の明細化に呼応する反応である「良き形態」(F+)には緊密な関係があることを示している。ロールシャッハテストで人間運動反応を数多く出す被検者は、概ね木の描画を完成させられない。生命のない木を描く人は、一般的にロールシャッハテストでは陰影反応が多い。
色彩反応と人間運動反応が欠如しているか、あるいは稀にしか出現しない場合には、描画ではぎこちなく画一的な形態の描画になる。
知能指数の評価と同様に、美術教育と被検者の美術的能力がHTPの結果に影響を与える。
ビリオスカ[注53]もこの点については同じ意見で、美術に関する能力を持ち、美術教育を受けてきた被検者の知的能力の評価とHTPの量的分析の重み付けをする必要があることを示唆している。従って、検査者は被検者に美術の勉強をしてきたかを尋ねる必要があるとしている。しかし、筆者はこの考えに反対であり、ストラもこの点について、美術教育は投影法検査の結果に何の影響も与えないと述べている。
描画テストを年齢から分析し、発達検査としてだけで用いる研究者もいる。コッホは、『バウムテスト』[注54]の中で、この問題にとりわけ興味を示し3歳から7歳に見られる『早期型』の図式を示している。これは稚拙な形態を言

注51) W. Daniel：同掲書
注52) S. Landisberg：Relationship of the Rorschach to the HTP, J. Clin. Psychol. 1953, no. 2, 9, 179-183.
注53) V. Bieliauska：Scorer's reliablity in quantitative scoing of the H. T. P. technique. J. clin. Psychol. No4, 12, 366-369, 1956.
注54) K. Koch：Le test de l'arbre. p. 73.（日本語訳69頁）

うのだが，学校教育の影響や『自然の成熟』のおかげで，だいたい7歳以降に消失するものである。描画サインの出現率は性差が大きい。

トシュポール[注55]は未刊行の論文の中で，13歳から15歳の子どもは，10歳から12歳の子どもよりも用紙からはみ出す木を描くと述べている。そのうえ，年上のグループが，年下のグループとは反対に幹よりも遙かに大きな樹冠（F+gdqT）を描くと指摘している。

オステリート[注56]は，『共通するサインの中にある個人のサイン』を明らかにする研究を中心に，描画がどのように生み出されていくかについて強い関心を持っていた。用紙上の左上方に描かれた描画は，10歳の子ども，特に男児に特徴的だとしている。風景や付属物が出現するのは6歳あたりからであり[注57]，地面ラインの出現は5歳から6歳くらいである[注58]。12歳から13歳の女児は好んで「糸のような描線で人物」[注59]を描く。

このような研究内容を異なる文化で育った人々の間でどのような違いが出現するか検討した研究者たちもいる。コッホが14歳から18歳のローデシアの黒人について，描画の図式段階について比較したことはよく知られている。この被検者たちに幼児症，情緒の遅れ，無頓着さ（空間認知の歪み）があることをコッホは指摘している[注60]。この結果は全く意味がなく，あまりにも偏見からなされた研究であることは明らかである。

この点で，ファン[注61]の研究はとても興味深い。被検者は351人の中国人（幼稚園児と小学生）で，人，犬，木，家をテーマに描かせている。描画の発達は中国の子どももヨーロッパの子どもと同じであることが報告されている。

注55) G. Tocheport : Aspects caracteriels et scolaires de la puberte chez les eleves des ecoles militaires en France et en Afrique du Nord, 1954-1955（non publie）.

注56) P. Osterrieth : Remarque sur l'interprétation des tests de dessin dans diagnostic de la personnalité en psychologie clinique. Rev. Psychol. appl., 3, 338-43, 1953.

注57) P. Osterrieth : in Traité de psychologie de l'enfant, t. VI : Les modes d'expression, Paris, PUF, 1976, p. 49.

注58) P. Osterrieth : 前掲書 p. 51.

注59) P. Osterrieth : 前掲書 p. 63.

注60) K. Koch : Le test de l'arbre. p. 88.

注61) I. Huang : Psycholgie des dessins d'enfants. Shangai Commercial Press, 1938.

このような偏見に関しては，スロース[注62]とモニック・クラピエ・ヴァラドンの仕事を引用しなければならない。これについては本章の後半（39頁-40頁に取り上げられているので，そちらを参照していただきたい。

ここからは木のテストを扱った研究を発表年代順に列挙していこう。

フランソワーズ・ミンコフスカ[注63]は，類型論的な視点から子どもの描画について研究している。彼女は子どもの描画（人間，家，木）を検討し，統合失調気質（あるいは合理的気質）とてんかん気質（あるいは情緒的，感覚的気質）との関係に注目した。

ここではこうした2つの異なる気質の特徴について，ブトニエ[注64]を引用してみよう。

「ロールシャッハテストや行動観察と同様に，描画ではシンメトリー，細かな区分化，描かれたものに動きがなく頑なさが目立つタイプと，大きく生き生きと描かれ，描画が生きている世界であり事物と存在が互いに強く結びついている」

合理的気質の描画は，固く細々と描かれ，どのような環境とも外的世界ともつながりを持たない。

反対に，感覚的気質の描画は，形態の曖昧さが目立つ。例えば，家は「輪郭がぼやけている」という特徴があり，取り巻く世界（風景，太陽など）の中に溶け込んでいる。

合理的気質の描画では，人間はぽつんと孤立して描かれているのに対して，感覚的気質の描画では，「世界を共有し直接的に結びついている」[注65]

F. ミンコフスカが作った「家テスト」は，第二次世界大戦後に難民となってフランスにやって来たさまざまな国籍の子どもたちに数多く実施された。

注62）J. Selosse: Le test de l'arbre. Énquête expérimentale appliquée à une population marocaine citadine. Rev. Psychol. des Peuples, 1963, no 3, 7, 283-304.

注63）F. Minkowska : De Van Gogh à Seurat aux dessins d'enfants. Guide catalogue illustré d'une exposition du Musée pédagogique, Paris, 1949.

注64）J. Boutonier : Le dessins des enfants, Paris, Les Editons du Scarabée, 1953, p. 35.

注65）F. Minkowska, Fusswerk et Horinson : L'affinité entre le test de la maison et le test du bonhomme sur le plan ethnique de la typologie constitutionnelle et de la psychopathologie, Congres des médecins aliénistes et neurologistes de langue française, Niort, juillet 1947.

教示は「家を描いてください」(色鉛筆を用いる)。解釈はもっぱら「臨床的な評価」[注66]によっている。

ミンコフスカは，子どもの描画と社会的文化的出自が関係していることを明らかにしている。「ポーランドの子どもは黒とは反対に，好んでバラ色やオレンジ色を選び，色彩が花々を過剰なまでに表現し，しばしばそれが家の上に塗られ，家の形態や構造が分からなくなるほどに色彩で溢れ，センチメンタルな雰囲気を醸し出す」

「ユダヤ系ポーランドの子どもたちでは同じような色彩が使われているのに，あまり生気がなく抑制された印象を与え，他の点でも異なった特徴があり，情緒的な要素が支配的である。反対に，ユダヤ系ハンガリーの子どもたちとスペインの子どもたちでは特定の色が好んで用いられ(……)，家は自分たちの国の伝統的な構造を保っていた」[注67]

1953年に，『社会心理学雑誌』の中で，ギトンは「木の描画の解釈方法に関する素描」[注68]を発表した。これはブルルの『心理学マニュアル』[注69]で発表された理論に基づいてる。

ブルルが用いた主要な概念は，論文の冒頭で何度も指摘されている。それは，「抽象的」，「図式的」，さらに「動きのある図式」，「想像的な図式」と「美術的あるいは知的により進歩した図式」との区別[注70]である。

描画のシェーマと文章のシェーマに区別することで，筆跡学にのみ基礎をおいた木の描画解釈は批判される方向に向かう。プリュドモ[注71]を引用しながら，ラロッシュは，次のように反駁している。「描画のシェーマは文章のシェーマと明らかに起源を異にする。それは，パースペクティヴなシェーマ

注66) W. Daniel : L'interprétation des dessins d'enfants, Bruxelles, Dessart, p. 201.

注67) F. Minkowska, Fusswerk et Horinson : Le test de la maison chez les enfants appartenant aux differents groupes ethniques, communication au Congrès des medecins et alienistes de langue francais, Marseille, 1948, cite par Daniel Widlöcher, op. cit., p. 202.

注68) G. Pierre : Esquisse d'une méthode d'interprétation des dessins d'arbres, Bulletin des Psychologues scolaires, 1953-1954, no 2, p. 44-60.

注69) A. Burloud : Psychologie, Paris, Hachette.

注70) G. Pierre : 前掲書 p. 46.

注71) M. Prudhommeau : Le dessin chez l'enfant, Paris, PUF, 1947.

の中に，そして子どもの生気溢れる関心の中に根を持ち，自発的に生まれるものである。一方で文章のシェーマは慣習的な意味を模倣しながら，年長者から教えられて描画よりも少し遅れて獲得される」[注72)]

木を描くことは，まず木のシェーマに訴えることである。

「われわれは木のシェーマを持っている。シェーマとはどのような木であれ，まずイメージが作られ，根，幹，枝と次々に継続しながら形を作る方法である」[注73)]

シェーマとイメージは区別されなければならない。つまり，イメージは固定され，決定されるものであるのに対して，シェーマは開かれた可能性豊かなものであり，同一のシェーマから出現する異なったイメージの中で対立し合うこともある。

「ブイック（地名）の進路相談センターでの経験なのだが（……）シェーマの多様な形を取るという特徴のおかげで，被検者たちは1日に6本の木を描くように言われても，たいした苦痛も感じないようで，むしろ自発的に全く異なる木を描いたのだった」[注74)]

このことは抽象化傾向の強い被検者の描画は，内容がまだ決まっていない形態と同じようにシェーマの影響を受け続け，一方想像力豊かな被検者ではシェーマに豊かで個人的な内容が盛り込まれることもある。

テーマあるいはテーマ的傾向（ブルルから借用した概念）は，「直接的な描画サインだけが残されているシェーマの仲介によってしか描画に現れない」[注75)]。例えば，動きに結びつくテーマは，運動のシェーマを介して表現される。つまり「人間の仕草にはその人の形と力と方向性が刻印されているのである」[注76)]

ギトンは，ルネ・ストラの連続3本の木に関する意味について批判してい

注72) G. Pierre：前掲書 p. 46.
注73) A. Burloud：Psychologie, p. 31, cite par P. Guitton, op. cit., p. 47.
注74) G. Pierre：前掲書 p. 47.
注75) G. Pierre：前掲書 p. 47.
注76) G. Pierre：前掲書 p. 50.

る。彼によれば，第 1 の木は過去を，第 2 の木は現在を，そして第 3 の木は未来を表している。彼の解釈は直感に基づくものであることを自分で認め，ある種の懐疑論であるのだが，この領域では，全ての仮説はあり得ることだが証明不能であると付け加えている。別な言い方をすれば，まだ科学とはなり得ていない意見でしかないと非難されているかのようである。「被検者の傾向から見て，支えが必要である場合」[注77] の心理療法において，木の描画の解釈結果を用いる可能性について興味深い示唆に富んだ結論になっていることを記しておこう。このことはルネ・ストラが『衝動を社会化する』の中でバウムテストとゾンディテストを用いて，まず問題を明らかにし，次いで社会化された満足[注78] を提供したことを連想させる。

1957 年に，ダニエル・ラロッシュは「木のテスト」というタイトルの論文を発表した[注79]。著者は歴史的考察，木のテストの方法論，解釈方法を概観している。第 1 部では木の象徴に関する指標が述べられている。

「コッホによれば，人間の精神構造を表現するものとして木を選んだのは，木の象徴的価値が高いことからも言えるであろう。……木はまず実りと豊穣の象徴である。また，木は人間が立った姿に似ている。そして，力と神秘の象徴である」[注79]

第 2 部（方法論）ではコッホの教示しか紹介されておらず，1948 年 11 月と 1955 年 11 月に雑誌『アンファンス』に掲載されたルネ・ストラの 2 つの論文を参照しているが，教示については 2 つだけであった。第 3 部では木の描画の解釈方法が筆跡学に由来することが強調されている。「コッホは至る所で，木は筆跡学のテストであると述べている」[注80]。次いでラロッシュはコッホの解釈方法の原理について，明確にそして教育的に述べ，テストの有効性・妥当性が必要であると結論づけている。と言うのも，「木のテストはその簡便さの故に，解釈は切れ味が良いのだが，あまりに過剰になりすぎる

注77） G. Pierre：前掲書 p. 56.
注78） R. Pruschy, R. Stora：Socialiser les pulsions, Paris, Fleurus, 1975.
注79） D. Laroche：Le test de l'arbre, Bulletin de Psychogie, 1957, 10, p. 570-571.
注80） D. Laroche：前掲書 p. 570.

嫌いがある」[注81]。1957年の論文では，望むべき妥当性は，7年後にルネ・ストラの著作『木のテストから見た性格』第1版で実現したのである。

マチューの医学博士論文は，精神病理学における木のテストであり，ストラの著作の文献目録にも挙げられている。著者はまず臨床心理学における木のテストの状況について検討し，次いで投影法の概念を分析し，木のテストの歴史について書いている[注82]。

この論文はドゥフェオルの指導の下に軍隊の健康行政管理という枠内で実施された博士論文であり，ドゥフェオル自身も木のテストに関する仕事[注83]をしている。

「原子論的」[訳注2] 立場を取りつつ，マチューはコッホから96のサインを援用し，診断名までは付けないが疾病分類尺度[注84]を作成している。

この研究は統計的な手法を用いている。つまり，要素分析に電算機を用いたのである。被検者は木を描き（市販されている用紙の半分の大きさ），さらにもう一枚別な木を描く。被検者の対象は以下のような人々であった。
- 20代の若者 200名
- 外科病棟に入院中の患者 50名
- 非行少年 35名
- 精神科患者 115名[注85]

例えば，外科病棟入院患者の描画で目につくサインは「先端を切り取られたり傷ついている枝（……）丘の上の太陽，島の上の幹（孤独感や不安）」である[注86]。

注81) D. Laroche：前掲書 p. 571.

注82) M. Mathieu : le test de l'arbre en psychopatholgie, Lyon, Bose, 1961, p. 14.

注83) M. Defayolle, M. Mathieu, P Fuster : Essai d'une approche psycho-metrique du test de l'arbre, Rev. Psychol. franc., 3, juillet 1962, 222-230.

注84) M. Mathieu : le test de l'arbre en psychopatholgie, Lyon, Bose, 1961, p. 14.

注85) M. Mathieu : le test de l'arbre en psychopatholgie, Lyon, Bose, 1961, p. 41.

注86) M. Mathieu : le test de l'arbre en psychopatholgie, Lyon, Bose, 1961, p. 41.

訳注2) 「原子論的」心理現象を心的要素の結合として説明する立場

マチューは健常者のグループと患者のグループに分けてサインを検討したが、診断学的な解釈をしなかった。というのも、健常者に見られる特徴が患者にも見られたからである。

こうした確認事項がビリオスカとキルカムの結論に結びついていく[注87]。

ここで理解されたのは、はっきりとした形での「病的な」サインは存在しないということであった。「病的な」サインと認められるのは、決定された布置においてサインから導き出された負荷である。

正常と異常の間に連続性があるという方向に議論は流れていく。このテーマではフロイト(「日常生活の精神病理学」)あるいはソンディ「統合失調症,躁鬱病、てんかん患者に見られる極度に激しい衝動的欲求は、同じように例外なく精神的に健康な人々にも見られる」[注88] が引用されるであろう。

マチューの分析は、全般的に木のテストについて批判的ではあるものの、「精神の異常性の程度を吟味し、内向 - 外向などの性格傾向を検討することができる」と認めている[注89]。

読者はストラの『バウムテスト研究』[注90] で、マチューが行った詳細な分析を読むことができる。

ブーア(1961)は、医学心理学協会の会報の中で、「成人に対して、木のテストに関する新しい使用法」を提案している[注91]。

彼はコッホの著作をフランス語に翻訳するのに関わっているが、観察した患者のタイプに応じてバウムテストを用いている。サン・ヴナン(パ゠ド゠カレ県)の精神病院に入院した500人の女性に用いた。

採用された方法では、被検者に3枚(①②③)の描画を描いてもらい、4つの質問に答えてもらう。

①「木を描いてください」

注87) V. Bieliauska et S. Kirkham : An valuation of the 《organic sign》 in the H. T. P. drawing. J. clin. Psychol. 14, 50-54, 1958.

注88) L. Szondi : Diagnostic expérimental des pulsions. Trad. Bejarango-Pruschy, P. U. F., 1952, p. 12.

注89) M. Mathieu : 前掲書 p. 79.

注90) R. Stora : Le test de dessin de l'arbre, p. 31-32.(日本語訳 58 頁)

注91) P. Bour : Utilisation nouvelle du dessin d'arbre dans en service d'adultes, Annales medico-psychologiques, Paris, 1961, 119e annee, t. Ⅱ, no3, 529-534.

②「木を描いてください」
　③「次に森を描いてください」
　第3の木は横長方向に用紙は用いられる。最後に，森の描画について4つの質問を被検者に行う。まず，「もし，あなたが木なら，この中でどの木があなたですか？」[注92]。ブーアは素材の単純さと教示の単純さ，あっという間に実施されること，患者が一般的に自分が作った描画に自信を持っているという事実を強調している。

　第1の木は被検者が検査者との対面のしかたを反映している。第2の木は，自分自身とどのように向き合うかを示している。

　森の描画（第3の木）は，被検者と他者との関係を浮き彫りにする（結びつきや近縁と遠さの感覚の存在と欠如）[注93]。

　最後の質問：「もし，あなたが木なら，この中でどの木があなたですか？」は，木のイメージを使って，被検者が行っている自己同一化がどのようなものかを理解するのに役立つ。この質問は，作品の象徴的特徴に力点を置いたものであると，ブーアは付け加えている。何も意図せず木を描いたのだという被検者もいれば，根元から切られた木を選ぶ被検者もいるし，そこに描くのが嫌だという被検者もいる。

　この研究の真の革新性は，森の描画を導入したことである。この点について，論文発表後に行われている議論では，M. G. フェディーレは森の描画をしてもらう前に，2本の木を描いてもらうように提案している。枝が剪定されておらず，絡み合っている場合には心理療法の時に，「繋ぎ止め」がうまくいっているかどうかが決定できるかもしれない。

　M. G. フェディーレは同様に，使用する用紙の選択について，さまざまな大きさからどれを選べば良いか，興味深い考察を行っている。つまり，「統合失調症あるいは精神衰弱の場合には小さめの用紙を，それに対して誇大妄想では大きな用紙を好む」[注94]。

注92)　P. Bour：前掲書 p. 530.
注93)　P. Bour：前掲書 p. 531.
注94)　P. Bour：前掲書 p. 543.

S. コット[注95]は 1961 年に発表した G. ルーとの共著論文の中で，木のテストに関する簡単な歴史的考察とコッホの方法を紹介した後に，「木を描いてください。好きなように描いてください。ただし，糸杉やもみの木以外の木にしてください。それは簡単すぎますから」[注96]という教示を，6 歳から 18 歳までの子どもや青少年に描画させた 3,000 枚の絵に応用している。

　被検者は無意識にかあるいは意図的に用紙の用い方を変え，横書きでは場合によっては上方へはみ出すこともあり，かなりの数の被検者が縦長方向に用紙を用いて描画していると著者らは報告している。

　この研究を検証すると，人間の発達段階と木の描画の垂直方向への進み方の関係が理解できる。すなわち，殴り書きの段階では頭人間（le bonhomme têtard）とテタール型の木が出現し，4 歳以降に木の構造をした形態でグッドイナフが指摘した最初の人物像（単線で描かれた四肢），さらに下方へ開かれた幹が二本線で描かれ，次いで（コッホの言葉を借りれば）「管状の幹」，さらにより幹らしい幹が出現する。子どもたちは木を通して世界の擬人的ヴィジョンを投影する。そこには，人間とのアナロジーが明確に浮かび上がる。樹冠は頭部を，閉じていない幹は両足を，茂みは髪の毛を思い起こさせる[注97]。

　部分的にあるいは全体的に木を包み込むことは，外的あるいは内的な危機に対する象徴的な防衛と解釈される。

　ルネ・ストラの指摘では，樹冠と幹が連続した輪郭線で囲まれ内部に枝や小さなマルが入っている（ストラによるサイン 47）は，論理の欠如と解釈され，一方木の根もとを囲むマル（サイン 149）は，おそらく制限された環境の中で安心感を見つけようとすることを意味する（このサインの解釈については聾唖者にとって有意差が示されている）[注98]。「おそらく意味すると思われる」という表現は，描画サインの布置（組み合わせ）からその要素を検

注 95)　S. Cotte : Considerations sur le test de l'arbre, Etudes de Neuro-psychopathologie infantile, Marseille, 9e fasc., 1961, 77-106.
注 96)　S. Cotte : 前掲書 p. 80.
注 97)　S. Cotte : 前掲書 p. 81.
注 98)　R. Stora : Le test de dessin de l'arbre, p. 70.

討することで，サインの意味を見つけていくからである。

　S. コットと G. ルーは，『木の臍』と呼ぶサインについてしきりに述べている。つまり，「子どもは木の中心に穴を描いたり，点をうったりする」[注99]。このサインは，過保護に育てられた子どもや同胞葛藤を抱える子どもにしばしば見られる。

　『木の臍』のサインは，明らかに自己愛的な傷つきを示している。これはストラのサイン分類では『ウロ』（サイン 80）[注100]で，過去の失敗へのとらわれ，自己愛的傷つき，日常の不満感と解釈される。

　幹の中心に描かれた穴は眼の形を思わせるかもしれない。このような描画では，『木の臍』と関連するか，あるいは眼に関連するのかどのように識別すれば良いだろうか。

　この論文を読むと，被検者については描画サインの布置から検討するように薦めている。つまり，『陰影，根，樹皮の詳細』[注101]が，どのような描線で，しかもどのような方向に描線が施されているかを検討したり，あるいはまなざしに関する精神病理に関係するかを考える。

　ストラが指摘しているように，眼を思わせる描画であれば，おそらく『見ること，見られることの問題』に関係すると解釈される。

　この論文の著者たちは，その上，微視的な木や巨視的な木の意味づけに強い関心を示して取り組んでいる。巨視的な木に関して，彼らはストラの著作（『性格研究』Enfance, 1955, no 5）を引用しており，そこには男児は 6 歳を除いて女児よりも用紙からはみ出す傾向があると述べられている[注102]。

　この研究はまた，思春期危機の時期[注103]に樹冠や幹にしばしば陰影が見られることを報告している。さらに木と人間を併置して描かれ簡潔な分析を加えた 76 例の描画を検討した。この研究については紙面の都合上詳しく述べる余裕はない。

注 99） S. Cotte : 前掲書 p. 82.
注 100） R. Stora : 前掲書 p. 63.
注 101） S. Cotte : 前掲書 p. 83.
注 102） S. Cotte : 前掲書 p. 84.
注 103） S. Cotte : 前掲書 p. 85.

コルボツ，ギガ，ヘルフェンシュタインは，『3本の木の描画』[注104]の中で，コッホのテストが子どもの人格を把握するのに有効であることを認めながらも，『子どもの環境と感情との関係』については十分に明らかにしていないと批判している[注105]。

　この関係をよりよく理解するために，彼らは被検者にまず一枚の用紙に木を一本描いてもらい，次いで別の用紙に木を3本描いてもらう。「その時に，子どもは木の中の一本が自分を表現していること，そして残り2本の木が周囲にいる人々，一般的には父親や母親を示しているが分かった」[注106]。

　次いで，子どもに暗示や何らかの示唆を与えないようにしながら，いくつかの質問を行う。例えば，次のような質問である。

　「もし，ここに描かれている3本の木が魔術で人から木に変身させられているとしたら，この3本の木は誰だろうね。そしてこの人たちはお互い知り合いなのだろうか。どこに住んでいるんだろう」

　こうした質問がとてもうまくいった事例では，子どもはこれらの木にまつわる物語を語り始める[注107]。

　厳密な統計的処理を行った彼らの研究では，8歳から10歳の子どもが3本の木について両親や自分自身を描いている傾向が見られた。「例えば，小さな木のそばに2本の大きな木が描かれ，家族の特徴が形態的にそれと分かることがしばしば見られた」[注108]。

　概ね（しかし，それは決して一般的な法則ではないのだが），子どもを表している木は三本の木の真ん中に描かれる。

　この論文は子どもが描いた描画に家族状況を分析する短いコメントが添えられている。

　この論文の中に，私生児で父親がアフリカ出身の，ポールという12歳の

注104)　R. Corboz, B. Gygax, S. Helfenstein : Le dessin des toris arbre, A. crianca portuguesa, Lisboa, ano XXI, 1962, 1963, 349-364.
注105)　R. Corboz, B. Gygax, S. Helfenstein : 前掲書 p. 349.
注106)　R. Corboz, B. Gygax, S. Helfenstein : 前掲書 p. 349.
注107)　R. Corboz, B. Gygax, S. Helfenstein : 前掲書 p. 350-351.
注108)　R. Corboz, B. Gygax, S. Helfenstein : 前掲書 p. 351.

少年の事例が掲載されている。ポールはいつも母親と一緒に暮らしていた。ポールの描画は「遠景に，母親と父親から離れて描かれていた」[注109]。

子どもを表している木と母親を表している木は際立ってよく似ているが，2度目の描画の木は小さく，背景に描かれている。

この2本の木は同じ地面に生えているが父親を表している木は全く異なっている。それは椰子の木で，つまり外国の，アフリカの木である。さらにこの椰子の木は格子縞模様の地面に生えている[注110]。

彼らは同じように，1枚目の木と，子どもが表されている2枚目の木を比較している。

シャルル，11歳10カ月の男児が最初に描いた木は大きな鬱蒼とした木だった。2枚目の3本の木では子どもを表している木はとても小さな弱々しかった。「小さな弱々しく繊細な木になってしまったのは，父親的な巨人がこの木を破壊してしまったからである。実際，父親は家財道具を破壊してしまい，何かにつけて妻と子どもを殴る常習のアルコール依存者なのである」[注111]。

論文はボリュームがあり，絵や解説が詳しい。解釈の基礎にはコッホの方法が用いられている。3本の木がエディップス的な三角形を表しているという考えはほんの数例でしか指摘されていない。

著者たちの全員が認めているように，この仮説の統計的妥当性はかなり曖昧なものである。事例の中には，極端な木（被検者が身の回りにあった木を描いたと認めていても）は，きょうだいのイメージであるなどと考えることはできないだろう。断言するのは難しいと思われ，描画の意味をより正確に解釈するには，描画に関して被検者の自由な連想が必要だと私は思う。さらにそれぞれの木において，この木は人間の象徴であるとか，被検者の個人的な問題を投影しているものだとか，そうしたことを区別するのは困難であることを確認しておこう。

N. F. バルビエリは，1962年に『子どもの描画，家族の描画，統制され

注109)　R. Corboz, B. Gygax, S. Helfenstein：前掲書 p. 356.
注110)　R. Corboz, B. Gygax, S. Helfenstein：前掲書 p. 357.
注111)　R. Corboz, B. Gygax, S. Helfenstein：前掲書 p. 358-359.

た投影法検査，木のテスト，神経精神医学的診断における有用性』[注112]と題する論文を発表した。

著者の意図は，子どもの心理学的問題の診断補助として描画を用いることである。そのために，著者は3つの投影法的な検査を用いている：

- 家族の描画
- 統制された投影法検査
- 木のテスト

木の解釈はコッホの理論を用いている。被検者は60人，男女それぞれ30人ずつで，全員精神科病院に入院歴がある。

この研究の目的は，初診時の医師によって付けられた診断名と描画解釈との間にどのような関係があるのかを見つけることであった。

『臨床診断とその後に行われた心理学的診断との間の比較研究において，この2つの診断では90～93％で一致していたのである』[注113]。

『木のテスト。モロッコの都市部に暮らす人々に実施した調査。民族誌的調査における地理的条件に関する調査』[注114]の中で，木のテストが調査ツールとして新しいテストバッテリーに含まれたことを指摘した。『フランスの心理学』[注115]に発表された彼自身の研究を示しながら，民族誌的な研究の範囲内で，J. スロースは資料として扱うことに力点を置いている。実際のところ，木の描画テストは人間の生活についてタブーがあることの多い文明であっても全く抵抗感を引き起こさない。

事実，イスラム教の文明における場合を挙げてみよう。用いられた理論は，コッホとルネ・ストラの仕事を基礎にしている。用いられた教示は：「松以外の木を描いてください。どんな木でもかまいません」[注116]。ここでは，もみ

注112) N. F. Barbieri : Le dessin de l'enfant:son utilité pour le diagnostic en neuropsychiatrie infantile, Revue de Neuropsychiatrie et d'Hygiène mentale de l'enfance, 1962, 10, no 3-4, p. 167-175.

注113) N. F. Barbieri : 前掲書 p. 175.

注114) J. Selosse : Le test de l'arbre, Revue de Psychologie des Peuple, 1963, no 3, 7, p. 283-304.

注115) J. Selosse : Contribution à l'étude des attitudes d'une population citadinemusulmane, in Psychologie française, t. Ⅳ, no 3, juillet 1961 et t. Ⅶ, no 4, oct. 1962.

注116) J. Selosse : Le test de l'arbre, 前掲書 p. 284.

の木を排除したのと同じ理由で松の木を排除している。つまり，対称的で常同的な描線で描かれるのを避けるためである。次に，被検者に別な木を描くように指示している。

ジャック・スロースは，女性75名と男性162名の合計237名の描画を集めて研究を行った。被検者は健常者で年齢は20歳～30歳のモロッコの青年たちであった。彼らは初等教育の中級以上の教育を受けて，モロッコの南に居住する都会人である。

研究は，モロッコ[注117]において最初に独立を勝ち取った地域で実施された。被検者全員が都会人の子孫であり，つまり，ヨーロッパ化された新しい町やあるいは伝統的な町（メディナ：モロッコのイスラム教徒居住区，城塞都市）に住み，ある者はフランス・イスラム的教育（フランス人教師による），ある者はモロッコ人の教師による純粋なイスラム的教育の学校で最初の教育を受けている。

この膨大な研究の詳細をここで述べることはできない。簡単にいくつかの例を提示することしかできないのだが，各個人の蓄積された教養の特徴が描画にどのように表現されるのかを示したい。

イスラムの学校では，昔の生徒は木の描画に根が表現されていることが多い。全般的に根は，フランスの学校で学んだ女子生徒よりも遙かに多く出現している[注118]。

根は『豊穣や養育の象徴であり，大地の母の祖型』であることはよく知られている。アラブの文明に浸って成長した女性の描く大きな根は，西洋の文明に浸っている同国人よりもはるかに自分たちの環境に根付いていると考えたくなる[注119]。

このような研究で根にまつわるものとして，ストラの方法を用いた第2の木に関する研究も興味深い。ストラの方法では，『第1の木は，被検者が見ず知らずのものや人に出会ったときの振る舞いを示し，第2の木は見慣れた

注117）　J. Selosse, 前掲書 p. 286-287.

注118）　J. Selosse, 前掲書 p. 288.

注119）　J. Selosse : Le test de l'arbre, 前掲書 p. 288-289.

環境での被験者の態度を表している』[注120]

　第2の木の24％で，バナナやナツメヤシなどの食糧，つまりアフリカに特有の果実が出現し，第1の木では7％が地中海の果実であるサクランボ，林檎，オレンジ，オリーブで飾られた木が出現している。おそらく，これらはモロッコを象徴する植物ではないかと思われる[注121]。

　そのうえ，第2の木の高さは，第1の木の高さよりも51：35の比率で高い[注122]。あたかも被検者が慣れ親しんだ環境，つまり伝統的な文化の地に第2の木の水準で大きく花開いているようである。

　論文には統計的なデータ処理に基づくよりも，象徴的な解釈に基礎を置いた柔軟な解釈方法に基づく興味深いコメントが数多く取り上げられている。

　M. クラピエ・ヴァランドンは，『大衆心理学雑誌』の中で，1,399名の被検者に木のテストを行い，統計的な研究を行っている。

　仮説としては，木の描画解釈において，コッホやストラによるヨーロッパ人の結果とマダガスカルでの結果が同じであることを示すことであった。

　調査資料は子どもと大人（小学生，中学生，農業学校生，警察学校生）の偏りの少ないデータを用いている。

　教示は，バックの方法を思い起こさせる。『果樹を描いてください。どんな木でも良いです。できるだけ丁寧に描いてください』[注123]

　筆者は，被検者が自分の地方で慣れ親しんだ植物を描いてしまわないようにということで，「もみの木を描かないように」といった教示を使わないようにしている。

　『沿岸地方の子どもは松や林檎の木を思いつかないし，山岳地方の子どもはユーカリや松やノウゼンカズラを思い浮かべる』[注124]

注120）　R. Stora : Influence du milieu sur les individus deceles par le test d'arbre. Enfance, 5, 1952, p. 357-372.（p.357）.

注121）　J. Selosse : 前掲書 p. 294.

注122）　J. Selosse : 前掲書 p. 294.

注123）　M. Clapier-Vallandon : L'application du test de l'arbre n à Madagascar, Revue de Psychologie des Peuples, 1970, no 1, 75-85, p. 75.

注124）　前掲書 p. 75.

ヨーロッパでの一般的な解釈と異なる解釈になるのは，まさにＳ状の幹，半Ｓ状の幹[注125]に対してである。筆者はフランスよりもマダガスカルでより大きなＳ状の幹，半Ｓ状の幹が見られることを頻繁に指摘している。コッホが言うように，『原始的な性格』や『未成熟さ』[注126]にあまり一致しないこの描画サインは，念入りに飾られ，知的で広がりを持った木を象徴しているようである。

　モニック・クラピエ・ヴァランドンは，この論文の中で，描画サインの心理学的布置を採用し，コッホによる象徴的解釈，つまりＳ状の幹に関して，『衝動性，レアリズム，知的な装いの排除，自然人，実践を重んじる』[注127]を退けている。この論文の著者はＳ状の幹がマダガスカルで出会った木のタイプ（特にユーカリ）に一致する描画サインが多いと指摘している。この点を認めるならば，このサインは現実的で協調性のある性格を意味すると思われる[注128]。

　農業学校生と警察学校生が描いた木を比較してみると，警察学校生の描画に『切り取られた枝』の出現頻度が高いことが分かる。

　この二つのグループの違い，つまり一方は農業の将来に対する自由な態度であり，もう一方は閉塞的な空間にいるので，それぞれの環境にいる人々の会話の分析からも分かるように，筆者はこの『切り取られた枝』のサインを，コッホの考え方である『動けない傾向』，つまり何ものも表現しない等の意味[注129]に解釈しようとしている。

　次に病的な事例について検討していこう。つまり自傷行為を繰り返す精神障害者や梅毒患者[注130]が描く男根的な木についてである。

　私が思うに，男根的な幹の解釈は，元来Ｓ状の幹の解釈に由来する。サ

注125)　Ｓ状の幹，半Ｓ状の幹：果樹の樹冠に入り込む樅木状の幹
注126)　K, Koch. : Le test de l'arbre. p. 194.
注127)　M. Clapier-Vallandon : 前掲書，p. 194.
注128)　M. Clapier-Vallandon : 前掲書，p. 77.
注129)　K, Koch. : Le test de l'arbre. p. 286. Cité par M. Clapier-Vallandon, 前掲書，p. 77.
注130)　M. Clapier-Vallandon : 前掲書，p. 81.

インを検討するとコッホの解釈であることが確認された。

　シロールは，1965 年に，フレンヌの少年鑑別所に入所している 16 歳から 18 歳の非行少年を対象に夢の木の研究を行い，200 枚の描画を検討した[注131]。

　この研究で用いられた方法は，ストラによる 4 枚法の中の夢の木であるが，『目を閉じて』行う 4 枚目は使われていない。3 本の木については，まず『何でも良いから，好きな木を描いてください。ただし，もみの木以外の木を描いてください』と教示し，次に『もう一枚，別な木を描いてください。先ほどと同じようにもみの木以外の木です』と教示している。

　この論文では以下のことが示されている。夢の木の 24% は第 1 の木と似ていない。そのうち 26% で異なる点として挙げられるのは，構造（『二つに裂けた幹』『幹の構造が壊れた木』『枝が切り取られた木』『人工的に刈り込まれた樹冠の木』等）[注132] の奇妙さである。50% で木が何かを象徴しているように見える（『擬人型の木』『金のなる木』『クリスマスの木』『家の形をした木』等）[注133]。擬人型の木は，他の心理検査を実施すると，未成熟，父親的なイメージを恐れる傾向の被検者に見られ，『金のなる木』は『非行行為に対して付和雷同的に行動する傾向』[注134] が強く，暴力的でない被検者に出現した。クリスマスの木は，自己愛的で攻撃的な性格を示すと思われる。抑うつ傾向と自殺企図は『家の形をした』木を描く被検者の性格に特徴的である。

　夢の木は，この論文の筆者にとって，象徴的な性格が解釈可能である場合に限って興味を引くもののようである。象徴的な解釈に対する興味がこの研究を支配している。つまり，描画サインの分析的研究についてはまったく依拠していないのである。

　果樹について扱ったロエブ・アドラーの一連の研究も取り上げておこう。

注131）　C. Chirol : Etude l'arbre de rêve sur une population d'adolescents délinquants, VIe Congès international du Rorschach et des méthodes projectives, Paris, juillet 1965, t. III, 453-456.
注132）　C. Chirol : 前掲書，p. 454.
注133）　C. Chirol : 前掲書，p. 455.
注134）　C. Chirol : 前掲書，p. 456.

それは 1967 年と 1970 年にアメリカで出版されている。

　最初の研究は果樹に関するそれぞれの文化圏による違いを研究[注135)]したものであり，子どもたちは他の果樹よりも林檎の木を好んで描くこと，そしてこの傾向は普遍的で地域差がないことを示した。

　西欧文明において，このような傾向は驚くに当たらない。林檎の象徴は西欧では特権的な地位を占めている。ギリシア神話はパリスの審判について語り，3 人の女神のうち最も美しいアフロディテに英雄が林檎を差し出す有名な場面が登場する。聖書では知恵の木の果実として言及されていても，林檎が最も好まれているわけではない，と言うのも，イコノグラフィーや伝統では『禁断の果実』の象徴として林檎が選ばれているのだから。アメリカでの，ロレッタ・ベンダー博士の研究は，アメリカの若者を対象にしてこの仮説の検証を行っている。さらに他の地域の子どもたちにとっても林檎が選ばれる理由について説明しなければならない。そこでロエブ・アドラーは，13 カ国（イラン，イスラエル，日本，オランダ，アンティル諸島，フィリピン，南アフリカ共和国，アメリカ合衆国，ユーゴスラヴィアなど）に住む男女合計 2,906 名の小学生を対象に大規模な調査を実施したのである。被検者の子どもたち全員が『果樹を描いてください』と教示された。結果を統計的に分析すると，林檎の木がない地域で成育した子どもたちでも，同じように林檎の実を選択することがあると証明されたのである。林檎が最も多く対象となっていないいくつかの国（ギリシア，イスラエル，日本，フィリピン，ユーゴスラヴィア）もあるのだが，この論文の筆者は，この仮説は世界標準で検討した場合に観察される文化的特徴であると結論づけている。

　ロエブ・アドラーは，1970 年に発表した研究[注136)]では，色鉛筆を用いる場合にその数を制限してみると，子どもたちが果樹を描く方法に興味深い結果が見られたのである。どのような木を描こうとするかは，用意された色彩に関係している。

注 135)　L. Loeb Adler : A note on cross-cultural preferences: fruit-tree preferences in children's drawing, The Journal of Psychology, 1967, 65, 15-22.

注 136)　L. Loeb Adler : The《fruit tree experiment》as a measure of children's preferences of fruit trees under varied conditons of color availability, The Journal of Genetic Psychology, 1970, 116, 111-195.

6歳から12歳の子どもを4つのグループに分ける。最初のグループは，すべての色鉛筆が用意されている。2番目のグループは，赤，青，黄色の3色だけである。第3のグループは，緑,灰色,オレンジ色である。第4のグループは，色鉛筆はなく黒い鉛筆と青のボールペンだけが用意されている。子どもたちはどんな風景でも良いから果樹がある風景を描くように指示される。どのような果樹を選ぶかは，子どもの前に用意された色鉛筆の色と関連するのである。実験では赤色を用意されたグループでは林檎の木が53％に出現している。色鉛筆を用意されなかったグループでは林檎の木の出現は60％であった。赤色が用意されず，オレンジ色は用意されたグループでは，林檎の木は10％，オレンジの木は67％に出現している。

　1970年に，ロエブ・アドラーは再び実験について報告[注137]しているが，このときには知的に遅れのある子どもを対象としている。この研究ではまず子どもたちが描いた果樹の描画で描画の前に聞いた話が描画にどのように影響するか考察されている。イチジクの収穫についての話を描画の直前に聞いている小学生たちの大部分は，これがあまり馴染みがなくても，イチジクを描く傾向にある。このような促しの効果はオレンジのみを描く際にもオレンジ色の鉛筆を与えられた子どもに同様に見られる。

　知恵遅れの子どもたちに対して行われた実験でも，正常児童に用いられた方法と同じように行われた。全般的な結果はそれぞれの対象で同じようなものであった。しかし，一つ例外を述べなければならない。それはオレンジ色を使うことのできた子どもたちでは，オレンジの木を描きオレンジ色を塗る傾向は見られたものの，赤色では同じ状況に置かれた健康児童の場合にしか見られなかった。この現象はおそらく知的障害者の観念連合弛緩あるいは脆弱性で説明できるのかもしれない。

　これらの研究は木のテストを行う際に，あらゆる促し効果を避ける必要があることを示している。

　ルネ・ストラは木のテストを実施する子どもには実際の木や撮影された木

注137）　L. Loeb Adler : The 《fruit tree experiment》 as a measure of retarded children's preferences of fruit trees under varied conditons of color availability, The Journal of Genetic Psychology, 1970, 76, 217-222.

などさまざまに表現された木をあまり見ないようにするように薦めている。

『バウムテスト研究』の中でストラは，このような問題が起きるのを避けるために，『果樹を描きなさい』や『林檎の木を描きなさい』（コッホが推奨していた教示）は，まさにこの促し効果の危険を伴うものであることを理由として挙げている。

『コッホが用いた方法や教示は被検者をそれぞれ違う状況に置くように心理的変化を促し，木に対する多様な印象を引き起こし，それが解釈にも必然的に影響を及ぼす』[注138)]

この不都合さを取り除き，被検者に描画に際して自由に書いてもらうためには『どんな木でも良い』という教示になる。

『心理学と教育』の中で，J. リーフ，J. ドゥレイ，J.-J. ギラルメは，『子どもにおける表現の本質的方法』として，描画と言語を挙げている。著者たちは，子どもの描画テストをさまざまに引用しながら，結局コッホ，バック，ストラの木のテストを主要な研究として描画テストの基本とした[注139)]。

『自由画から得られた知見』に興味を示しつつも，彼らは描画の『相対的な大きさ』『位置』『スタイル』に関していくつかの問題を提起している。

- 小さな描画を描くということは，『豊かな表現力の低下』[注140)]を引き起こす不安と関連がある。健康な被検者が一連の連続描画を行う際に，小さな用紙から描画を始めるかもしれない。次いで描かれた描画の大きさは徐々に大きくなっていくのが観察される。つまり木が次第に大きくなるのは，『不安と息苦しさに対する防衛反応が徐々に減少していくこと』[注141)]に一致している。
- 用紙上の描画の位置について，『用紙の縁に接する』場合には，『基盤』や『支援』を求めていると解釈される。

注138) R. Stora : Le test de l'arbre. p. 22.
注139) J. Leif, J. Delay, J. J. Guillarmé : Psychologie et éducation, t. Ⅲ: Notion de psychométrie, Fernand Nathan, 1968, p. 94.
注140) 前掲書 p. 94.
注141) 前掲書 p. 95.

- さらに筆者らは同じ被検者が描いた異なる描画を比較する利点を挙げている。描画の比較について，『精神病理学的芸術』[注142]の中で，ヴォルマが掲載した統合失調症へ進行していく画家の描画を5枚再収録している。

医学心理学年報に『3本の木の精神力動。木のテストに関する研究』(1972)[注143]と題されたJ.-M. ドゥヴネイとR. ポワレの論文が掲載されている。この論文は木のテストを高齢者にさまざまな状況で描画してもらった15年にわたる成果である。教示はルネ・ストラの方法を用いているが，第4の木，つまり目を閉じて実施する描画については行っていない。このテストでは，3本の木を採用している。つまり『木，別な木，夢の木』である。

3本の木を連続して描く精神力動的な持続性をもっぱら研究している。連続的に描かれた3本の木は総体として，被検者がそれぞればらばらな状況でどのような反応を見せるかを示した客観的な描画である。3本の木の描画は与えられた状況に対して異なる精神的審級の機能が記録されたいわば『フィルム』のようなものである。こうして，3本の木の教示によって惹起した精神力動を分析することで，いくつかの性格タイプに個別化ができるかもしれない。このテストはとりわけ想像とは，方向性の異なる精神的な力動であり，ジャネが『現実感の機能』と呼んだものを明らかにしてくれる。

1974年に，F. ムスクーとW. ドゥメイエは，素晴らしい絵が収録された『樹木画テスト』[注144]と題する本を出版した。この本は最近のものであるにもかかわらず，参考文献にコッホの本しか挙げておらず，コッホ以後の研究は全く無視されている。情緒成熟尺度が精神・医学・社会研究の対象になっている障害児を対象にして作られたという事実からも，なにやらその価値を疑わせるようである。この尺度が子どもの一般的な対象（例えば就学年齢の児童）を用いてデータを収集できたのであれば信頼を勝ち得たかもしれないが，こ

注142) R. Volmat : L'art psychopathologique, PUF, 1956, p.L Ⅸ-LⅩ, cité par J. Leif et coll., op. cit., p. 94.

注143) J.-M. Deveney et R. Poiré : La dynamique des trois arbres. Etudes sur le test de l'arbre. Annales médico-psychologiques, 1972, 2, no 4, p. 585-586.

注144) F. Muschoot et W. Demeyer : Le test du dessin d'un arbre, Bruxelles, Editest, 1974.

の本の著者たちは，反対に，安易にそして恣意的な象徴解釈に対して批判的な視点を採用する必要性を訴えていたのである。

　描画とその解釈について書かれたA. ミュエルの作品である『子どもとその描画』[注145]は木について，貴重な分析を行っている。

　この本の一つの章が木の象徴主義[注146]に割かれており，このテーマについて検討しようと思う場合に参考になるだろう。

　ストラの研究に準拠し，彼女の方法を用いながら，ミュエルは夢の木に関して生き生きとした論述を行っている。そうした論述の一部[注147]を引用してみよう。自己否定的で，反抗的でありながら抑うつ傾向のある10歳の男児の事例である。彼は高さ2cmの夢の木を用紙の下方に描く。描画には20cmが2cmを表す物差しが書かれてあるので，夢の木は実際には1mmの大きさの木になる。用紙の裏面にこの少年は『あまりに小さすぎて生きていけない』と書いている。

　周囲の人々から過小評価され，ちっぽけな存在で傷ついていると感じている少年は，小さな木を描き，言葉にできない自分の不全感を投影し，この木は目をこらして見つめるとやっと見つけられる程度の大きさしかないほどの人工的な木であった。

　『子どもの心理学的状況を理解しながら，夢の木に描かれて投影されたものを見ても私は驚かない。その状況は子ども自身が感じている傷つきの体験であり，自分自身の存在さえ疑わずにいられないのだから』と，ミュエルは書いている[注148]。

　1975年に，リュト・プリュシーとルネ・ストラは2人で『衝動性を社会化する』というタイトルの本を出版している。ソンディの影響を受けたこの本は，ソンディの考え方を心理療法に応用したものである。もともとこの本は木のテストを扱っているわけではない。しかしながら，このテストが心理療法の展開を見通しの良いものにし，心理教育的な関係のダイナミズムをよ

注145）　A. Muel : Mon enfant et ses dessins, Paris, Ed. Universitaires, 1975.
注146）　前掲書 p. 87.
注147）　前掲書 p. 92.
注148）　前掲書 p. 92.

り深く理解する可能性を持つものであることを示しているので，引用しなければならないと思う。

　読者はこの本の中に少なくとも木のテストの詳細な説明[注149]を読み取ることができるだろう。実のところ，ルネ・ストラが子どもに対して行った心理療法[注150]がどのように展開していったのかを知るために，ソンディテストを同時並行的に実施している。治療を通して子どもが描いた描画が示され，読者にはそれがどのように用いられ，治療がどのように進んだのかが分かりやすく理解できるようになっている[注151]。

　この本の最後の章は，衝動性を社会化するという教育的な治療に当てられている。

　子どもたちは3つのグループに分けられている。
①9歳から14歳のポルトガルからの移民の子どもたち（男子と女子）
②専門学校に入学する準備をしている15歳の少女たち
③バカロレアの哲学の試験の準備をしている最終学年の男女

　仕事，論文，宿題，作文など，このこどもたちに与えられた課題は，公的なプログラムを尊重しつつも，木の描画の解釈を考慮して選択されている。全員についてテストはまず集団で実施され，さらに必要に応じて個別的に行われた。ネヴェ夫人[注152]が，ポルトガルの子どもたちと行った仕事では，症例マルセロの報告から，社会化されたその時々に満足を得たことが，人格の快復と重なり，それが描画からはっきりと感じ取ることができる。

　フランスの生徒に類似の進展が確認されている[注153]。さらに M.-F. フロマ

注149）　R. Pruschy, R. Stora : Socialiser les pulsions, Paris, Fleurus, 1975., p. 31-32.
注150）　前掲書 p. 127.
注151）　前掲書 p. 285-288.
注152）　前掲書 p. 217-225.
注153）　前掲書 p. 225-250.

ン[注154]やG. フロマン[注155]の報告から，哲学を勉強している生徒にも当てはまる。彼らは博士論文の中で木の描画を使って素晴らしい分析を行っている。

　M. −F. フロモンの著作である『未成年』[注156]が最近出版されたこと（1978年5月）をお知らせしておこう。著者はこの本の中で，木のテストの結果に応じて，ルネ・ストラの学校教育学的方法により実施されたこの方法について考察している。

　私は，この文献的展望を通してバウムテストの歴史を跡づけ，現在最も影響を持つものを紹介することに努めた。この領域の研究はあまりに膨大で到底全てを網羅することなどできるものではない。多くの論文や書籍を紹介しながら，読者の皆さんに，厳密な方法を根拠としなければ解釈は完全なものとはなり得ないことを示したかったのである。

注154)　M-F. Fromont : L'anthropologie de Marcel Jousse et ses applications à la pédagoie (thèse de psychologie), Paris, 1973 (non publié).

注155)　G. Fromont : Contribution à l' échec et ses manifestations en milieu scolaire (thèse de psychologie), Paris, 1973 (non publié).

注156)　M-F. Fromont : L'enfant mimeur, Paris, Epi, 1978, p. 101-131.

第 2 章
臨床的研究

フランシスコ・ドゥ・カストロ・カルネイロ

第2章　臨床的研究

　精神障害に関する研究のあるものは，国によっては，バウムテストにおける描画から始まっている。《苦しんでいる》（精神病的，神経症的，器質的に《困難をきたしている》）性格を理解する方法としてのバウムテストから始まり，さらに健常者の木が病気の人々が描く木とどのように違うのかを調べることも可能になった。

　私はこれまでに，フランス，イタリア，スペイン，ブラジル，ベルギー，スイス，ドイツでの調査を予定している。1つの兆候あるいは描画サインだけで結論を出すことができないのは明らかであり，従って，斯く斯く然々の診断に向かうためには，どのような描画サイン，あるいはどのような《描画サインの心理学的布置》が描かれているかを見つけなければならない。

　この本の読者やバウムテストを使う臨床家に，《バウムテストの特徴》を紹介するのが小論の目的である。このテストの《特徴》は，人格の構造がどのようになっているかを調べる手助けとなり，どのような治療が必要なのかを検討するのに役立つからである。

　精神医学の研究者たちが，それぞれの学により病気について病因論に基づいて疾患名を付けていることも考慮しながら，フランス学派の疾患名で説明したいと思う。つまり，アンリ・エイ[注1]を参考にする。従って，ここで取り上げる精神疾患の病名はエイの『精神医学マニュアル』[注2]によるものである。紙面の都合上，個々の精神疾患についての説明はバウムテストと関係する事柄に限定されているので，詳しく知りたい読者は成書に当たっていただきたい。

　5つの疾患に分けて説明し，必要に応じて詳しく説明している。5つの疾患とは，①知的障害，②精神病圏，③神経症，④認知症，⑤精神不均衡（人格障害）である。

　それぞれの精神疾患に見られる描画サインを提示し，できるだけこれまでの研究で明らかになったことを説明しようと思う。そのためにも，これまでの研究成果を比較検討してみることにする。健常者と精神病者と神経症者と

注1）　精神医学について，指導してくださった Dr. Edmundo Gomez Mango に感謝したい。彼はモンテビデオ大学の医学部の精神科医であり，研究のためにパリで仕事をしている

注2）　H. Ey et coll : Manuel de Psychiatrie, Paris, Masson, 3ed., 1970.

を区別するサインを見つけることを意図している。

I　知的障害

　コッホの本[注3]は，全編にわたって健常児と問題を抱えた子どもと知的障害児を対象にして，木の描画に見られるさまざまの要素を比較検討している。この描画に見られるそれぞれのサインの出現頻度と年齢の関係を見ながら"正常"と"異常"の基準を作るための膨大な資料を掲載している。

　ストラの研究[注4]は，統計に基づくもので，描画サインの心理学的布置から出発し，子どもに適応できる"情緒感情尺度"を完成させた。

　これらの仕事は現在ブーアとマチューに引き継がれている。サン・ヴナン（パードゥ・カレー県）の精神病院で，成人の精神障害者の治療をしているニコル・スカラブルの『精神障害者における木のテスト研究の寄与』（1958年）を引用しながら，ブーアは成人の知的障害者の木の描画の特徴について次のように述べている。

　《単線の幹，（コッホのハンダ付けの幹）あるいは短く太い幹，小さすぎる樹冠，放射状で同心円状に描かれている，枝は樹冠の下で折れ曲がっている》[注5]

　マチューは，健常な成人と知的障害の成人の木の描画を比較している。2つの尺度を作り，そこから知的障害が導き出せるとしている。

　第1の尺度では，《木は用紙の4分の1，あるいは用紙からはみ出すように大きくて左に傾いている》のが，知的障害のサインとして重要である。《用紙の中心から幅が4等分の真ん中2メモリのところに木が位置する，上方へのはみ出し，左に広がる木の根もと，幹の表面はごつごつした樹皮で汚れていて亀裂が見られ，樹冠部は上方に広がり，幹の輪郭線は黒く縁取られている，2本線の枝，ボール型の樹冠》は，あまり重要ではない。

　第2の尺度では《左に傾く幹，用紙の4分の1の高さかあるいは用紙と同

注3)　K. Koch : Le test de l'arbre, Lyon, Emmanuel Vitte, 1969, p. 342.
注4)　R. Stora : La personanalite a travers le test de l'arbre, Bull. Psychol., Paris, 1964, t. I et II. pp. 33 et suiv.
注5)　Cf. P. Bour : Annales medico-psychol., Paris, 1961, t. II, no 3, 533.

じ高さ，ハンダ付けの幹，モミの木，単線の枝，下方を向く枝》が知的障害では重要なサインである。そして，《中央に位置する木，上方にはみ出す木，幹の高さの50％以下の樹冠部の高さ，左に広がる幹の根もと，幹の表面はごつごつした樹皮で汚れていて亀裂が見られる。茂みは上方に広がっている》は，あまり重要ではない[注6]。

マチュウー[注7]は，この結果とコッホの結果に不一致が多いことを強調しているが，おそらく疾病分類の問題であろう。

II 精神病圏

ここでは以下の精神障害を扱う。**1. 躁うつ病**，**2. 統合失調症**（ⓐ破瓜病，ⓑ緊張病，ⓒ妄想病），**3. 慢性妄想病**（ⓐパラノイア，ⓑ慢性幻覚精神病），**4. その他**（Ⓐ器質性精神病Ⓑてんかん精神病）

1. 躁うつ病

多くの研究者たち（この中にはイタリア人も数多く含まれる）[注8]が，このタイプの精神疾患に強い関心を向けている。しかしながら，躁状態あるいはうつ状態（メランコリー）のいずれかしか研究していない人もいることを付け加えておかなければならない。

フランスではジャクリン・ポレタ[注9]とキュエル[注10]の研究成果を手に入れることができる。ジャクリン・ポレタは，メランコリー状態に典型的に見られるサインを次のように述べている。

《バーミセル状の短い根。波打つ筆圧の弱い描線。幹はかなり傷ついている。幹から離れている枝。痛々しく晒された木。先端を切り取られた幹。2本の木に見える木。描線は弱々しくふるえ何度もなぞって描かれたように見える。

注6) Cf. M. Mathieu : Le test de l'arbre en psychopathologie, p. 49.

注7) Cf. M. Mathieu : Le test de l'arbre en psychopathologie, p.49.

注8) この論文で参照している研究は，成人の知的障害者に関するものである

注9) M. Jacquin-Porretaz : Le test de l'arbre, travail de diplome, Strasbourg, 1966. pp.14 et suiv.

注10) A-M. Cuerq : Interet du test de l'arbre en psychiatrie, these de medecine, Lyon, 1974. p. 42.

下方を向くぶよぶよの枝，等》[注11]

さらにキュエルは，28人のメランコリー患者（女性18名，男性10名）について木の描画を研究し，次のように述べている。

《小さい木，小さい樹冠，木の高さに比べて横に広がりすぎる樹冠，単線の幹，右に傾き幹がない木，夥しい単線の枝，等》[注12]

躁状態について，ここでもキュエルを引用することにする。

《縦方向に大きく伸びた樹冠を持つかなり大きな木。四方八方に用紙からはみ出す木。花が咲き鳥や鳥の巣が描かれている。しばしば単線の幹あるいはモミの木。空間に大きく広がる幹。地面ラインが描かれている。単線の枝，等》[注13]

イタリアでは，A.ルビノとM.C.バルビエロ，F.マルツィとF.ビアギオッティ，I.スカルピッタ，C.ニーナロとG.エスカラール等が，精神疾患全体を見通しながら，躁うつ病の研究をまとめている。

A.ルビノとM.C.バルビエロ（精神疾患に関するイタリアでの最初の研究）は，健常者と比較しながら25のサインから出発し，次のような4項目にまとめた。

①変化しやすい要素群
②精神病理学的な状況が反映される部分（根，地面ライン，幹の外形）
③精神病理学的な形態決定ができる要素（陰，陰影，大きさ）
④精神病理学的な形態であると決定できる際立った要素（ステレオタイプ，調和や方向性のつながりの欠如）[注14]

うつ病者の木，うつ傾向のある統合失調症者が描いたものに似ている木とは，《非常に小さい。地面ラインがない。単線の幹で陰影は濃く，全体は薄

注11）　M. Jacquin-Porretaz : Le test de l'arbre, travail de diplome, Strasbourg, 1966. p. 27.
注12）　A-M. Cuerq : Interet du test de l'arbre en psychiatrie, these de medecine, Lyon, 1974. p. 42.
注13）　A-M. Cuerq : Interet du test de l'arbre en psychiatrie, these de medecine, Lyon, 1974. p. 45.
注14）　A. Rubino, M.C. Barbiero : Il Baumtest di Koch, applicazioni in campo psichiatrico, Acta neurologica, 1952, 7, pp.34 et suiv.

い印象，貧相な木であり樹冠は横に平べったく，葉は落ちている》。躁状態の木は，《地面ラインは欠如し，時に幹もなく夥しい葉っぱ，花，あるいは果実など》[注15)]

1953年に，F. マルツィとF. ビアギオッティは，A. ルビノとM.C. バルビエロと同じような研究を行い，木の描画について躁うつ病患者の特殊性は他の精神障害者と比べてみて，例えばうつ病者のほうが根の出現頻度が高く，2本線の幹に関しては躁病患者のほうが出現頻度は高いと報告している[注16)]。

I. スカルピッタも1958年に，A. ルビノとM.C. バルビエロがまとめた4項目を一つずつ検討し，380名の精神障害者（男性232名，女性148名）[注17)]を取り上げ，A. ルビノとM.C. バルビエロやF. マルツィとF. ビアギオッティと同じように彼らが集めた結果を比較するという大規模なそして非常に興味深い仕事を行っている[注18)]。I. スカルピッタの研究と先行研究との際立った違いは，躁病患者における調和の欠如とうつ病患者にステレオタイプが見られることである[注19)]。それ以外では，I. スカルピッタは，描画テストを通して，うつ病患者はテストへの取り組みが遅く，躁病患者はテストに無気力か無関心であることを観察している[注20)]。

2. 統合失調症

研究対象の中で最も興味を持たれたのは，この精神疾患である。ゴメツ・デル・ツエロは，精神医学の領域にバウムテストを用いた最初の人であるが，他の疾患と同じように統合失調症に特異的な明確な診断基準を確立できたわけではない[注21)]。

注15) A. Rubino, M. C. Barbiero : Il Baumtest di Koch, applicazioni in campo psichiatrico, Acta neurologica, 1952, 7, p. 44.

注16) F. Marzi, F. Biagiotti : Il test dell'allbero nell malattie mentali, Rass. di Neuro., 1953, 7, p. 323.

注17) I. Scarpitta : Il test dell'albero in psichiatria, confronti statistici. Il Pisani, 1958, 11, p. 292.

注18) I. Scarpitta : Il test dell'albero in psichiatria, confronti statistici. Il Pisani, 1958, 11, p. p. 300 et suiv.

注19) I. Scarpitta : Il test dell'albero in psichiatria, confronti statistici. Il Pisani, 1958, 11, p. 315.

注20) I. Scarpitta : Il test dell'albero in psichiatria, confronti statistici. Il Pisani, 1958, 11, p. 354.

注21) Cf. J. Gomez del Cerro : El test del arbol en clinica psiquiatrica- Baumn-test, Acta Med. Hisp., 1950, no 8, p. 57 et suiv.

統合失調症者の絵の中で木が描かれたり，木が《擬人化されている》ことが多いのに驚いたE.アルウダとL.V.フランチは，ブラジルで116人の統合失調症者のバウムテストを研究し，木の描画の構成要素で典型的な病理的《描画サイン》をいくつか抽出している。次に挙げるものは統合失調症を示唆する描画サインの一覧である。

1. 極端に長い幹や枝……………………………………………… 14.2%
*2. 曲がりくねって幹 …………………………………………… 18.5%
3. 幹に見られる傷や切断，根こそぎにされている……………… 45.7%
4. 調和の欠如とデフォルメ……………………………………… 58.6%
5. 歪な地面ライン………………………………………………… 14.2%
*6. 極端に長い根………………………………………………… 5.7%
7. バーミセリ状の根……………………………………………… 20%
8. 波打つ根………………………………………………………… 12.8%
9. 極端に長い分枝………………………………………………… 65.7%
10. ねじ曲がった枝 ……………………………………………… 25.7%
11. デフォルメされた枝（極端に太かったり細かったりする）……… 64.3%
*12. バーミセリ状の枝，分枝 ………………………………… 12.8%
*13. 鋭い枝（注：この論文の筆者はパーセンテージを示していない）
14. 傷ついたり切断された枝 …………………………………… 84.3%
*15. 長くそして鋭い先端の枝 ………………………………… 24.2%
16. 枝が多すぎる木 ……………………………………………… 21.4%
17. 樹冠部の欠如 ………………………………………………… 15.7%
*18. 太い枝から分かれた先端が鋭い分枝 …………………… 15.7%
19. 枝の大きさや種類が多様すぎる木 ………………………… 17%
*20. 細く鋭い分枝 ……………………………………………… 5.7%
21. とげとげしい葉っぱ，葉脈があることもないこともある ……… 25.7%
*22. 極端に大きな果実 ………………………………………… 3%
*23. 小さな葉っぱと大きな葉っぱが一緒に描かれている ……… 7%
24. 木としてのバランスが悪い ………………………………… 45%

25. 奇妙な視点から描かれている …………………………………… 48.7%
*26. 重力の法則に反して上に行くほど太い ……………………… 17%
27. 一貫性のなさ ………………………………………………… 38.5%
*28. 木の構図になっていない ……………………………………… 14.2%
*29. 転倒している木 ………………………………………………… 3%
*30. 擬人化，オタマジャクシ型あるいは動物を思わせる形態の木
 ……………………………………………………………… 12.8%
31. 象徴的な付属物で溢れている ………………………………… 20%
*32. 透視されている木 ……………………………………………… 14.2%
33. アメーバ型の形態 ……………………………………………… 5.7%
*34. 描画が中断されている ………………………………………… 7.1%
*35. 幻想的で非現実的な木 ………………………………………… 35.7%
36. 枝が次々と折れ曲がっている ………………………………… 60%
*37. 層状構造 ………………………………………………………… 6.5%

アステリスク（星印）(*) の付けられたサインは，「それがあることだけで十分統合失調症を示す」と彼らは付け加えている[注22]。チューリッヒで開かれた第2回国際精神医学会で彼らが発表した研究は，他の研究者たちを刺激したのである。フランスでは，P. ブーア[注23]，マチュー[注24]，キュエル[注25] の名前が挙げられる。この3人の研究者が示した統合失調者の木に典型的に見られるサインの抽出を私は間近で見ていたので，サインリストを示したブラジル人たちがさらに何か新しい研究成果を挙げたとは思わない。

イタリア人の研究では，A. ルビノとM.C. バルビエロ，それにG. ガフリなどの名前を挙げたい。G. ガフリは，単純型統合失調症，破瓜病，緊張病，妄想型統合失調症のそれぞれの比較も行っている。

注22) E. Arruda et L.V. Franchi : Tema da arvore e esquizofrenia, Arquivos bras. de Psicotecnica, ano Ⅱ, no 1959, no 1, p. 3.
注23) P. Cf. Bour : Annales medico-psychol., Paris, 1961, t. Ⅱ, no 3, 534.
注24) Cf. M. Mathieu : Le test de l'arbre en psychopathologie, p. 52.
注25) A.-M. Cuerq : Interet du test de l'arbre en psychiatrie, these de medecine, Lyon, 1974. p. 52.

《地面ラインの欠如。奇妙な位置に置かれた木。木の構造をなしていない。特に枝の仕上げがステレオタイプ。風景が欠如している。木の擬人化。丸く横に広がった樹冠。木の要素が遊離している》[注26)]

G. ガフリの一覧表と E. アルウダと L.V. フランシの一覧表を比較しても，《丸く横に広がった樹冠》の項目以外は，ほとんど矛盾しない。

ⓐ破瓜病，ⓑ緊張病，ⓒ妄想病

何よりもまず，以下のことに注意しておきたい。

- 破瓜病，緊張病，妄想型統合失調症の患者たちの木について研究したのはイタリアの研究者たちだけである。
- イタリアの研究者たちが行った研究を比較する。

この3つの疾患のそれぞれに独自のサインを読者が見つけることができるように同じ方法で検討することにしたのである。まず，1952年に，A. ルビノと M.C. バルビエロが，成人の精神障害者132名を対象に研究を行い，また破瓜病30例，妄想性障害44例を調査し，破瓜病者の木は次のような特徴から容易に識別されると結論づけた。

《過剰なステレオタイプ。木の形態の不合理性。木の形態としてのつながりの欠如。調和の欠如と未熟な視点》[注27)]

彼らはそれ以外にも妄想病患者の木は，破瓜病患者に似ていることを指摘している。次に，1年後に，F. マルツィと F. ビアギオッティ[注28)]が似たような仕事をしている。そして1961年に，C. ディーナロと G. エスカラール[注29)]が地面ラインと2本線の幹があることについて，それぞれの疾患でどれだけ

[注26)] G. Gaffuri : Il reattivo dell'albero nella diagnosi di schizofrenia, Pisa, Edizioni omnia Medica, 1970. p. 66.

[注27)] A. Rubino, M.C. Barbiero : Il Baumtest di Koch, applicazioni in campo psichiatrico, Acta neurologica, 1952, 7, p. 46.

[注28)] F. Marzi, F. Biagiotti : Il test dell'albero nell malattie mentali, Rass. di Neuro., 1953, 7, 317 et suiv.

[注29)] C. Di Naro, G. Escalar : Il test dell'albero di Koch nella pratica psichiatrica, Rass. di Neuro., 15, 1961, p. 248.

出現するかを示した。

	地面ライン		２本線の幹
破瓜病	19%	−	55%
緊張病	0%	−	31%
妄想性障害	27%	−	69%

　1970年に，G. ガフリは，用紙上の木の位置，木の方向と大きさ，ステレオタイプなどと共に描画時間について検討を加え，3つの疾患患者の人格をより理解する上で興味深い特徴を示した[注30]。描画時間について，妄想性障害患者はとても早く，次に破瓜病，最後に緊張病者である。描画に要した時間は以下の通りである。

　　　　妄想性障害　　（12秒から12分）
　　　　緊張病　　　　（1分25秒から9分）
　　　　破瓜病　　　　（1分15秒から15分）

　それ以外の特徴として，緊張病では木がきわめて小さい，ステレオタイプ，用紙の右下方に位置する，等。妄想性障害では木を大きく描く傾向があり，用紙の上方に描きそしてステレオタイプな表現があまりに多い，と報告している[注31]。

3．慢性妄想病

　妄想病者の木について，P. Bour が報告した結果と A.-M.Cuerq のそれとではいささか異なる。これは対象にした患者の診断に問題があったと思われる。

　P. ブーア[注32]《……開かれた幹。根が上方に盛り上がっている，あるいは木が電信柱のように立っている。……閉じた大きな樹冠で黒い陰影の木。用紙の上部からはみ出す傾向……》

　A.-M. キュエル[注33]：《中くらいの大きさの木。樹冠の左側が右に比べて小

注30)　G. Gaffuri : Il reattivo dell'albero nella diagnosi di schizofrenia, Pisa, Edizioni omnia Medica, 1970.
注31)　G Gaffuri : Il reattivo dell'albero nella diagnosi di schizofrenia, Pisa, Edizioni omnia Medica, 1970. p. 61.
注32)　P. Cf. Bour : Annales medico-psychol., Paris, 1961, t. Ⅱ, no 3, 536.
注33)　A.-M. Cuerq : Interet du test de l'arbre en psychiatrie, these de medecine, Lyon, 1974. p. 42.

さい（樹冠は右側に広がっている）。葉のない木。単線の幹。先端が閉じている幹。枝の先端が鋭く尖っている》

ⓐパラノイア

　被検者のデータが少ないにもかかわらず，結果はそれなりに素晴らしいと思う。

　C. ディーナロ，と G. エスカラール[注34]は，4人の症例（男性3例と女性1例）を研究し，以下のような結果を得ている。

　《地面ラインがある木は1例。単線の根を持つ木は1例。2本線の幹が2例。2本線の枝の木が2例。単線の枝が1例。葉っぱのある木が1例。ステレオタイプな木が1例》

　A.-M. キュエル[注35]は，14症例（男性8例と女性6例）を研究し，以下のような特徴が妄想性障害者の木の典型であると述べている。《樹冠部に精神的な硬直性が見られる（樹冠の左右が厳密に同じ大きさになっている）。傷ついた幹。地面ラインが左右に下がっている。十字型の形態。先端が切り取られた枝。枝の先端が葉っぱの形をしている。しばしばもみの木あるいは単線の幹》

ⓑ慢性幻覚精神病

　C. ディーナロ，と G. エスカラール[注36]は，慢性幻覚精神病の患者9例（男性5例と女性4例）の研究を行っている。彼らは全例で，地面ライン，根，単線の幹，樹冠，花，風景，付属物のいずれもが見られなかったと報告している。9例から得られたサインは以下のものである《2本線の幹は4例。単線の枝は7例。葉っぱのある木は3例。ステレオタイプが2例。濃い陰影が2例，等》

注34）　C. Di Naro, G. Escalar : Il test dell'albero di Koch nella pratica psichiatrica, Rass.di Neuro., 15, 1961, p. 247.

注35）　A.-M. Cuerq : Interet du test de l'arbre en psychiatrie, these de medecine, Lyon, 1974. p. 35.

注36）　C. Di Naro, G. Escalar ; Il test dell'albero di Koch nella pratica psichiatrica, Rass.di Neuro., 15, 1961, p. 247.

4．その他
Ⓐ器質性精神病

　M. コムナレと F. ロザヴィル[注37]は，器質性精神病 21 例を対象にして，以下のような特徴を報告している。何度も重ね書きされた描線による激しく揺れる小さな木。十字型の形態。菱形模様をした木がない。ステレオタイプ……》

　一方 H. コロン[注38]は以下のように述べている。《先天性の左片麻痺がある子どもが描くような著しく非対称な木の描画》

Ⓑてんかん精神病

　フランス人研究者とイタリア人研究者との間に違いが見られ，フランス人は用紙上に描かれた木の描画全体から検討し，イタリア人は木の細かな部分の比較研究を行っている。

　P. ブーア[注39]《……描線の筆圧が強く，線を引くのに手間どり濃い描線となる。枝の先端は棒状[訳注]（ダンベルの形）。……》

　M. ジャクリン・ポレタ[注40]《突き出たサイン：強く円心状に広がる殴り書きの描線，概ね鋭い描線。ぎこちなく絵柄は下手：花や葉が曲線よりも角張って描かれる。枝は左側に偏る。描線はさまざま：幹は強い描線で枝は弱い描線右側が濃く左側が薄い。幹や枝に陰影が施されている》

　C. ディーナロ，と G. エスカラール[注41]は，15 例（男性 10 例と女性 5 例）を研究して，以下の特徴を見いだしている。《稀に地面ラインが存在する。葉や枝が全般的に右に広がり，木は総じて大きい，等》

注37）　M. Comunale et F. Losavil : Il test dell'albero di Koch (modificato) nella diagnosi di《psciosindrome organica》, Medicina Psicosm., 1961, 6, p. 121.

注38）　H. Collon : Hemiplegie congenitale et negligence de l'espace dans le dessin de l'arbre, Acta neurol., et psych. Belgica, Bruxelles, 1964, vol. 64, p. 41.

注39）　P. Cf. Bour : Annales medico-psychol., Paris, 1961, t. Ⅱ, no 3, 536.

注40）　M. Jacquin-Porretaz : Le test de l'arbre, travail de diplome, Strasbourg, 1966. p. 66.

注41）　C. Di Naro, G. Escalar : Il test dell'albero di Koch nella pratica psichiatrica, Rass. di Neuro., 15, 1961, p. 253.

訳注）　「棒状」本書 93 頁，描線を参照

Ⅲ 神経症

神経症の木の描画研究をしている研究者はあまりいない。しかしながら，3つの神経症について行われた研究の概要を述べようと思う。**1. 不安神経症，2. 強迫神経症，3. ヒステリー**である。

1. 不安神経症

すでに述べたように，コッホは描画における神経症の徴候についてシュテデリの結果を，著作の再版で紹介している。神経症の徴候は木の構造の著しい変形として表れ，これはコッホ[注42]が《原始的形態》と呼んだものに相当する。その変化を個々に示す。

- 木の根の張り方（根の形がさまざまな幹の根もと，極端に長い根，貼り付けたような根―ハンダ付けの根，単線の根，地面ラインに幹の根もとの輪郭線が直接繋がっている，杖が地面に打ち立てられたような幹，大きく開いた幹の根もと，地面ラインの欠如，高い位置に引かれた地面ライン）
- 木の構造（平行な幹輪郭線，幹の構造をしていない，幹の輪郭線だけが描かれている）
- 幹からの枝の出方
- 樹冠の構造（幹に比べて大きすぎる樹冠，均整のとれない枝，細かい粒が広がっている樹冠，空間に大きく広がって波打っている枝，粗雑に描かれた枝，枝の形態をなさない，枝の先端が葉っぱのように房状に密集し萎んでいる，棒状に膨らんだ枝，等。枝に広がりが見られずふっくらした樹冠の形をしていない）

1966年に，ブラジルで，E. デュセッチ[注43]が木の描画テストを用いて何人かの神経症者について研究を行い，精神病者に特有なサインと精神病と神経症者の両方に見られるサインを決定するために，E. アルウダとL.V. フラン

注42) K. Koch : Le test de l'arbre, Lyon, Emmanuel Vitte, 1969, p. 42.
注43) E. Ducceschi : O test de arvore; Porto ALegre, Brasil, 1966, p. 328.

シの結果を比較してみた。15歳から25歳までの神経症者に，地面ラインの欠如を除くと神経症者と精神病者に問題のサインのうち50％が共通していることを確認している。ところが，彼らのサイン一覧に挙げられているもののうち，サイン番号 4,8,9,19,22,23,24,25,27,28,29,30,31,33,34,35,36,37 は，神経症では見られなかった[注44]。精神病とは反対に，神経症では現実的な木が多く，木の構造がしっかりしているという結果になったのである。この点については，結論の前に再び取り上げることにする。

2. 強迫神経症

　この疾患については数が少ないので(A. ルビノ，と M.C. バルビエロが 4 例，A.-M. キュエルが 4 例)，これについて述べることに慎重でなければならないと思う。したがって以下の結果だけを示すことにする。これは A.-M. キュエル[注45]のものである：

　《小さな木で，樹冠は幹の 2 分の 1 の大きさである。樹冠は横に平べったい（高さよりも幅が 2 倍である）。単線の幹はない。下方が閉じている幹（症例の 50％）。凸凹してねじ曲がった幹（症例の 37.5％）。根の欠如。枝が対置され交叉し合う……》

　A. ルビノ，と M.C. バルビエロもサインの一覧表を書いているが，ここに挙げたものとあまり一致しない。

3. ヒステリー

　18 人の患者（女性 13 名と男性 5 名）について研究を行った A.-M. キュエル[注46]は，ヒステリー患者の木では以下のような特徴が見られたとしている。

　《大きすぎる木（11.8％），短い線で描かれた幹（47.1％），陰のある幹（29.4％），花や果実のある木（17.6％)》

注44)　統合失調症と比較している。E. Arruda : O tema da drvore em psiquiatria, Rio de Janeiro, 1956.
注45)　A.-M. Cuerq : Interet du test de l'arbre en psychiatrie, these de medecine, Lyon, 1974. p. 60.
注46)　A.-M. Cuerq : Interet du test de l'arbre en psychiatrie, these de medecine, Lyon, 1974. p. 67.

Ⅳ 認知症

認知症の定義を考える場合，多かれ少なかれ，知的能力の低下がまず指摘され，何らかの深刻な進行性の衰弱という考え方がそこにはあるように思われる。何らかの衰弱とはより直裁に言えばここでは木の構造の破壊であり，初老期の認知症でも老年期の認知症でも同様である。この点については多くの研究者も P. ブーア[注47] も以下のような特徴を挙げている。

《……左右に揺れる幹とその輪郭線，描線は細くふるえ切れ切れである，樹冠は四方八方に広がり切断され，幹から切り離され幹の方向が定まらず，固まっていて溶けるかあるいは消えようとしているようである》

30例（男性16例と女性14例）を研究したC. ディーナロ，とG. エスカラール[注48] は，認知症について以下のように述べている。

《木は小さく，極端にステレオタイプ，全般的に描線が少ない（根，幹と枝は単線），4，5歳の子どもと比較しても未熟さが目立つ図形的な木，……葉が描かれることが多く，果実や地面ラインは稀である》

Ⅴ 精神不均衡（性格障害）

最後に取り上げる精神不均衡では以下のものを取り上げる。**1．精神病質，2．行動異常，3．性倒錯（同性愛），4．アルコール依存症**である。

1．精神病質

精神病質に関する研究は，唯一イタリアでC. ディーナロ，とG. エスカラール[注49] によって行われている。被検者の数も全体として少ない。確認された

注47) P. Cf. Bour : Annales medico-psychol., Paris, 1961, t. Ⅱ, no 3, 538.

注48) C. Di Naro, G. Escalar : Il test dell'albero di Koch nella pratica psichiatrica, Rass.di Neuro., 15, 1961, p. 247.

注49) C. Di Naro, G. Escalar : Il test dell'albero di Koch nella pratica psichiatrica, Rass.di Neuro., 15, 1961, p. 247.

サインを挙げてみよう。
- 単線の根は全体に少ない，2本線の枝や葉っぱや花ステレオタイプな陰影，風景，付属物などもあまり見られない。
- 2本線の幹の出現（全体の80％），単線の枝（83％），等。

2. 行動異常

ここで扱うのは犯罪や非行の問題である。

1953年に，G. ロサペペ[注50)]は，ストラの方法のうち最初の2枚の描画を用いて犯罪者22名と健常者20名とを比較している。その結果，第1の木では地面ライン，根，幹と陰影に違いが見られたが，第2の木については全く違いが見られなかった。

非行少年（9歳から18歳の男子）に関しては，E. モタ[注51)]が彼らの描画に見られる特徴として小さく，調和を欠く不完全な形態であることを指摘している。L.A. ドゥラド[注52)]は，およそ1,000名の非行少年の描画から幹と樹冠の大きさの比率について研究し，一般的に幹は樹冠よりも長いと結論づけている。

3. 性倒錯（同性愛）

同性愛者の木に関する研究はさまざまで結論も研究者によって甚だしく異なる。おそらく同性愛に関する厳密な診断ができていないことが問題なのであろう。パランとデグレ[注53)]が行った同性愛者の研究では25％にしだれ柳が描かれている。ドゥラド[注54)]は，非行傾向のある同性愛者が描いた木の72％に，《スケルトン構造とさまざまな性的シンボル》が見られたと報告している。

注50) Cf. G. Rosapepe : Il test di Koch nei criminali, Folia Med., 1953, no 11, p. 911.

注51) Cf. E. Motta : Il test dell'albero applicato ai minori irregolari della conodutta, Inf. Anor., 1959, fasc. 34, p. 629.

注52) L.A. Dourado : O test da arvore e a criminalidade, Ensacio de Psicologia criminal, Rio de Janeiro, Zahar editores, 1969. p. 140.

注53) Cf. R. M. Palem et D. P. Degrasis : Metaphore de l'arbre et arbre du myth dans le test de Koch: a propos dusule pleureur, Bull. Soc. Fran. Rorschach, 1970, no 25, p. 29.

注54) L.A. Dourado : O test da arvore e a criminalidade, Ensacio de Psicologia criminal, Rio de Janeiro, Zahar editores, 1969.

しかし，これらの特徴は，ヴィンチ[注55]の研究でも，あるいはストラ[注56]の研究でも見られていない。

4. アルコール依存症

　A. ルビノ，と M.C. バルビエロ，F. マルツィと F. ビアギオッティ，ダルオグリオとサッカーニ，A.-M. キュエルなどが，アルコール依存症者の木の描画について研究を行っている。まとめると以下のようなことが言えると思われる。
- あまりにサインがいろいろである。
- 研究対象となった人々の性格構造が違いすぎる。

　そのため，このテーマについて情報を得たいと望んでいる読者に，ある程度情報を限定して提供しようと思う。

　この章のテーマを終えるに当たって，木の描画から出発して，読者に描画サインを通して精神病や神経症の人々を理解できるように，ここで問題を抱える被検者と健常者を比較しよう（表1参照）。そうすれば《精神病者の木》，《神経症者の木》，《健常者の木》とでも呼べる木が存在することが理解できると思う。

　木を構成している主要な要素を考慮しながら，C. ディーナロ，と G. エスカラール[注57]は，1961年に，540名の成人（男性280名と女性260名）について研究を行った。そのうち診断名はさまざまであっても精神病圏に含まれる人は296名，神経症者80名，健常者は164名であった。彼らの結果はイタリアのA. ルビノ，とM.C. バルビエロの結果とも[注58]，あるいはブラジルの

注55)　M. Vinci : Applicazione dei reattivi di Koch e di Murisse nella indagine psicopatologica dell'omosessuale maschile, Folia Medica, 1954, 1, 385.

注56)　R. Stora : Etude de personnalite et de psychologie differentielle a l'aide du test d'arbre. Enfance, 8, 1955, p. 487.

注57)　C. Di Naro, G. Escalar : Il test dell'albero di Koch nella pratica psichiatrica, Rass.di Neuro., 15, 1961, p. 246 et suiv.

注58)　A, Rubino, M.C. Barbiero : Il Baumtest di Koch, applicazioni in campo psichiatrico, Acta neurologica, 1952, 7, p. 35 et suiv.

表1 問題を抱える被検者と健常者の比較

		精神病圏	神経症	健常者	
Ⅰ -	地面ライン	18%	32%	75%	
	妄想病	27%			
	破瓜病	19%			
	緊張病	0%			
Ⅱ -	2本線の根	4.3%	5%	12%	（コッホ 11.2%）
	単線の根	11%	10%	3%	（コッホ 1.3%）
Ⅲ -	2本線の幹	85%	86%		
	妄想病	69%			
	てんかん精神病	66%			
	破瓜病	55%			
	緊張病	31%			
	単線の幹	22.5%	8.7%	1%	
Ⅳ -	2本線の枝	17.2%	30%	78%	
	単線の枝	56%	53.7%	8.5%	
Ⅴ -	葉	43.8%	42.5%	25.6%	
Ⅵ -	花	1.6%	6.2%	0.37%	
Ⅶ -	果実	15.2%	27.5%	8.4%	
Ⅷ -	ステレオタイプ	29.3%	8.7%	0.9%	
	てんかん精神病	56.6%			
	統合失調症	28%			
	抑うつ状態	25%			
Ⅸ -	陰影	7.3%	30%	22.3%	
Ⅹ -	構造喪失（木の形態がない）	18.9%	0%	0%	
	老人性精神病	50%			
	うつ病	18.7%			
	統合失調症	17.5%			
Ⅺ -	調和のとれた樹冠	2.3%	5%	8%	
Ⅻ -	激しく揺れる樹冠	8.4%	3.7%	0.37%	
ⅩⅢ -	風景	0%	0%	5.6%	

E. アルウダ[注59]の結果ともあまり変わらない（表1）。

　示された結果を分析すると，以下のことが分かる。
- 神経症者の比率は健常者のそれと比べて，あるときは似ていて，あるときは異なっている……。
- 精神病者の比率は反対に，健常者の比率と比べてかなり異なっている。

　神経症者の木は，ほとんど常に全般的に落ち着いた構造をしているが，中には単線の根や枝など部分的に子どもっぽい退行を示すサインが見られることがある，と何人かの研究者は語っている。幹や枝の陰影（神経症の30%）は不確実感と不信感を意味する。一般的に木はあまり大きくない。時折，木は丘の上にぽつんと佇立していることがある。これは孤立傾向を示している。健常者に比べて，葉や果実の出現頻度が高いのはある種の未熟さを示していると思われる。精神病者についてはすでに述べたので，ここでは次の点について確認しておくだけにとどめる。

- 統合失調症
　ほとんどの場合地面ラインは欠如している。
　用紙上の位置が奇妙である。
　構造が崩れている木（主に緊張病患者に見られる，葉っぱの描き方がステレオタイプ，風景がない，時折木の擬人化，等）。
　かなり大きな木，ただし緊張病患者は除く。

- 抑うつ状態
　木の構成要素が欠如していることが多い。
　小さな木。
　花や果実の欠如。
　枝はほとんどの場合単線で描かれステレオタイプである，等。

- てんかん精神病
　かなり小さい木。

注59）　E. Arruda : O tema da drvore em psiquiatria, Rio de Janeiro, 1956. pp. 80 et suiv.

極端にステレオタイプな木。
　　　木の構成要素が少ない（単線の根，単線の幹，単線の枝）
　　　かなり未熟さを示す図柄（4，5歳の水準）。
　　　葉が表現されることが多い。
　　　地面ラインは稀である，等。

　従ってこれまで見てきたように，精神病者の木は神経症者の木ほど構造がしっかりしていない。つまり，ゲシュタルト理論の意味で木の構造が欠如しているのである。健常者では，描画の総体として，《病理学的な》描画サインの心理学的布置が確認される。それはつまり，健常者は病理学的な傾向を社会化することができるということである。このように，常に描画から観察されたサインは描画総体の中で検討しながら解釈しなければならないのである。

結　論

　木の描画テストを臨床に応用する際に，読者の助けになるような描画サインの一覧を提供することがこの章の目的であり，結論を述べることにする。
　　研究はまだまだ多くのことが残されていると考える。というのも，精神病や神経症の人格構造をより正確に表現するために，観察した描画サインを描画全体の中にはめ込み，サインが演じている役割を統合するようにしなければならないからである。結局，精神病や神経症に特有の描画サインのかなりの数は，健常者が困難に向き合ったときに表現される描画の中にも見つけられる。全体の中に組み込まれないもっぱら記述的な方法は，それが臨床的であれ統計的であれ，私は，臨床家にとってある種の危険を冒すことになると思う。
　コッホとストラの仕事を意図的に外しておいた。というのも，この二人の仕事は主に子どもや青年を扱い，またとても有名だからである。私は精神障害のある成人に関心を持ち続けている。
　他の研究者たちはコッホとストラの視点を踏襲し，木の描画は被検者の年

齢によって解釈されなければならないし，異常性の指標と思われるサインが，あるとかないとかいうことだけで解釈されるわけではないことも，多くの研究者たちは認めている。また，描かれた木が社会での存在様式のありようと同じように被検者の人格の深い構造を反映していることを彼らは示そうと努めたのである。世界に対する存在様式が表現されている木の描画から出発して，木の構造によって，精神病者にあっては構造が崩れるが，健常者や神経症者でも，時にはこれに類似の非構造化が現れるといっておきたい。

多くの問題をここで扱うことができずに残っている（聾唖者，男女の性差，ある一定の時間感覚を開けての描画，等）。しかし紙面に限りがあるのでやむを得ない。

最後に，この論文が日々の臨床実践に役立てば幸いである。

参考文献

注記

ここでは特にこの章に関係がある著作や論文のみを列挙する。

必要かつ膨大な文献は木のテストをテーマとする研究に加えられると思われるが近日中にパリ第七大学で発表する予定である。

A. Poggiali, M.C. Gragnani : Modificazione del Baumtest di Koch e applicazione de reattivoad un gruppo omogeneo di fanciulli normali, Neopsichiatria, 1954-1955, 20-21, 61-69.

A. Rubino, M.C. Barbiero : Il Baumtest di Koch, applicazioni in campo psichiatrico, Acta neurologica, 1952, 7, 31-48.

A.-M. Cuerq : Interet du test de l'arbre en psychiatrie, these de medecine, Lyon, 1974.

C. Di Naro, G. Escalar : Il test dell'albero di Koch nella pratica psichiatrica, Rass.di Neuro., 15, 1961, 242-255.

C. Ursino, M.R. Vitanza : Proposta di completamento del test di Koch, Minerva psich. e psico. ital., 1974, 15, no 3, 147-154.

C.P. Schick, R. Schroder : Uber den Zen Zusammenhang zwischen korperlicher und seeilscher entwicklung in den pubertat. Il untersuchungen mit dem Baum-Zeichnen-Test, Z. Mensch. Vererb. u. Konstit., Lehre 34, 601, 1958.

E. Arruda : O tema da drvore em psiquiatria, Rio de Janeiro, 1956.

E. Arruda et L.V. Franchi : Tema da arvore e esquizofrenia, Arquivos bras. de Psicotecnica, ano Ⅱ, no 1959, 1-24.

E. Ducceschi : O test de arvore; Contribuicao a sua aplicacao clinica, Porto ALegre, Brasil, 1966.

E. Gastelumendi de Fernadez, A. Isasmendi de Pin : El test del arbol en ninos de 6 anos, Ⅻ Congresso interamericano de Psicologia, Montevideo, 1976.

F. Marzi, F. Biagiotti : Il test dell'allbero nell malattie mentali, Rass. di Neuro., 1953, 7, 313-328.

G. Gaffuri : Il reattivo dell'albero nella diagnosi di schizofrenia,Pisa, Edizioni omnia Medica, 1970.

G.A. Buscaino : Il test dell'aalbero（Baumtest di Koch）nella scuola elementare e nella scuola popolare. Differenze. Considerazioni critiche, Acta neurol., 1956, 11, 254-289.

H. Collon : Hemiplegie congenitale et negligence de l'espace dans le dessin de l'arbre, Acta neurol., et psych.

Belgica, Bruxelles, 1964, vol. 64, 33-42.
I. Scarpitta : Il test dell'albero (Baumtest di Koch) in psichiatria, confronti statistici. Ripetizione del test a distanza di un'anno nei malati di mente. Differenze considerazioni cliniche, Il Pisani, 1958, 11, 279-362.
J. Blase : Der Baumtest in der Jugendpsychiatrie, Zentralbatt. neur, psychiat., 119, 293, 1952.
J. Daddi Toschi : Contributo all'adattamento italiano del reattivo del Koch, Infanzia anomale, mai-juin, 1958,27, 283-195.
L.A. Dourado : O test da arvore e a criminalidade, Ensacio de Psicologia criminal, Rio de Janeiro, Zahar editores, 1969.
M. Comunale, F. Losavil : Il test dell'albero di Koch (modificato) nella diagnosi di 《psciosindrome organica》, Medicina Psicosm., 1961, 6,13-129.
M. Jacquin-Porretaz : Le test de l'arbre, travail de diplome, Strasbourg, 1966.
M. Vinci : Applicazione dei reattivi di Koch e di Murisse nella indagine psicopatologica dell'omosessuale maschile, Folia Medica, 1954, 1, 383-386.
O. Sanchez de Quintana : Investigacin sobre et test del arbol, Novenas journadas uruguayas de Psicologia, Montevideo, 1972 (inedito).
P. Bour : Utilisation nuvelle du test de l'arbre dans un serviced'adultes, Annales medico-psychol., Paris, 1961, t. II, no 3, 529-544.
R. Pasquasy : Le Baumtest, Presses Universitaires de Liege, 1956.
R. Stora : La personanalite a travers le test de l'arbre, Bull. Psychol., Paris, 1964, t. I et II.
R. Suchenwirth : Psychopathologische ergebnisse mit dem Baumtest nach Koch, Confinia psychiatrica, 1965, 8, 3-4, 147-164.
R. Suchenwirth, J. Moritzen : Studies with the Treee test (Koch) in cyclothymic and schizophrenic diseases, Z. Psychotherap. Med. Psych., 1960, 10, 52-63.
R. Ughi, T. Mancini : Il test dell'albero nella schizofrenia, Ann. Neuro. Psich., 1960, 54, 145-153.
U. Ave-Lallemant : Baum-Tests, Olten und Freiburg im Breisgau, Walter-Verlag, 1976.

第3章
ルネ・ストラの方法とその応用

アントワネット・ミュエル

ストラの方法は厳密に手順が決められており，検査者は正しく用いるために，定められた教示通り行わなければならない。必要な用具は至って簡単である。数枚の白い紙，これは普通の規格の大きさで，被検者の前に縦長方向に置かれる。あまり固すぎず軟らかすぎない鉛筆（2Bが手頃である），そして同じ鉛筆を検査の間使うように促すが，鉛筆の先が丸まりすぎている場合には別の鉛筆を使うのもやむを得ない。それぞれの被検者が同じ用具を用いて描くのであるが，それは異なる描画をそれぞれにつきあわせるのに重要なのである。

　次に教示が与えられる。《木を描いてください。どんな木でも良いです。しかしもみの木以外の木を描いてください》
　もみの木は子どもが絵本で目にする機会が多く，クリスマス用に使われるので，あまりに馴染みがありステレオタイプなものを描く可能性があるので，描かせないようにする。
　第1の木を書き終えたら，描画に自分の名前と番号1を記入するように子どもに伝える。
　次に用紙をひっくり返すように言い，第1の木を見ないで次の木を描いてもらうようにする。新しい用紙を用意して，教示を行う。《別な木を描いてください。どんな木でも良いです。しかし，もみの木以外の木を描いてください》
　《もう一枚》という言葉を避ける必要がある。この言葉は繰り返すというニュアンスがあり，第1の木をもう一度描く可能性がある。《別な》という言葉には明らかに前のものとは違うものという意図が伝わる。そうすれば評価する際に有益なものとなる。
　第2の木を描き終えたら，同じように番号2を記入してもらい，裏返しにする。
　次は《夢の木，想像の木，現実には存在しない木を，好きなように描いてください》という教示を与える。そして描いた後に，この木の非現実性についてその理由を尋ね，その内容を用紙の裏側に書いていく。《なぜ，夢の木なのですか。なぜ，現実に存在しないのですか》

ここでも同じように用紙に番号3を記入することを忘れないようにして，さらに用紙を被検者に渡し，《木を描いてください。どんな木でも良いです。ただし，目を閉じて描いてください》と教示する。

　この4枚の描画を描いてもらっている間に，描画時間，描画するまでの態度，つまりすぐに取りかかったか，あるいは躊躇してすぐに取りかかれなかったか，描画に集中できていたか，それとも注意散漫になっていたかなど，被検者に関することを全て書き取ることが重要である。

　被検者が質問してきた場合，それに全て答える必要はないと思うが，教示を繰り返しながら，被検者に安心してもらうように努めるべきである。

　描画時の姿勢を記録する必要がある。机の下で足が絶えず動いていたり，もたれかかるような姿勢，検査者の方をじっと不安げに見つめる視線，手の形，鉛筆の持ち方，そうした記録の全てが被検者の人格を解釈する上で役立つのであり，病歴と一緒に心理検査の所見を報告する際に，こうした観察結果を詳細に記入していく。

　第1の木には見知らぬ場所での振る舞いが表現されている。それは描画を行うという新しい仕事を与えられ，描画を見た人がどのようにそれを受け止めるか不安と戸惑い，それに良く見せようとするために衝動的なものが出ないようにコントロールしようとするからである。

　第2の木は，すでに知っている作業であり，衝動のコントロールが緩み，被検者はより自然にそして馴染みのある環境での振る舞いが表現される。

　夢の木（第3の木）は，不満足なままの状況に対する受け止め方が表現され，そして第1，第2の木で出現した描画サインから読み取れた問題を解決したいと望んでいる方策が見られる。

　第4の木は，目を閉じて実施され，幼少期に体験した重大な葛藤の痕跡が強調される。

　最初の2枚の描画を分析すると，この葛藤がまだ現実のものであり，過ぎ去った過去の経験に照らして被検者の現実の問題として続いていることが理解される。

　それぞれの描画から丁寧に描画サインを読み取ると，描画サインは二つの群に分けることができる。一つは同じ意味を持つもの同士の群，もう一つは

心理学的意味が反対に向き合っている群である。

　そのように見ていくと，相反する力の動きを人格の精神力動に見ることができ，内的な葛藤を抱えながら個々人が生きるための自分なりの方策を持っているのが分かる。

　そうすれば，ルネ・ストラが《個人の心理学的布置》と名付けたものを作り上げることができると思う。この布置は質的にも量的にも人格の力動的イメージを形作る。

　この分析方法を詳細に述べるには紙面が足りない。複雑な構造であり，ルネ・ストラの著作を見ると分かるように精神分析的な視点からのものである。ここでは極力簡潔に書かなくてはならないので，より深く理解したい読者はストラの本を参照し補って欲しい。

　ここではこのテストを実施する上で大事なこと，そして素早く解釈できる方法，表面的になるかもしれないが，そうしたことを詳述したい。

- まず初めに，描画サインとその意味の一覧表である。この一覧表は《参照図》に示したように，木の描画サインを図示してあり，さらに一致したものを見つける際に曖昧にならないように描画サイン番号も付されている。
- 次に心理的項目の一覧表を載せている。これは一般的な描画サインの布置を作るために作成したものである。

　この心理的項目は 820 名の被検者（4 歳から 14 歳までの 212 名の若者，15 歳〜60 歳までの男女 608 名）のデータから作り上げた。

　一般的心理学的布置を構成するために十分に意味のある統計的検定を行い，それを前述した個人的心理学的布置とつきあわせている。

I　描画サインのカテゴリーとその心理学的意味

　《全体の形態，あるいは全体とは調和しない特殊な形態，あるいはすぐにそれだと分かるようなありふれたタイプの形態だが描画の内的構造は異なる形態，いずれにしてもそうしたものは『描画サイン』から理解される》

ルネ・ストラが《描画サイン》という用語で定義しようとしたのは，これなのである。
　ストラが彼女の本の中で扱った全ての描画サインをそのままここに掲載する。これを用いれば，さほど困難もなく描画の読み方を深めていくことができるであろう。それぞれの描画サインは，統計学的な方法から意味が抽出されているので，有意差の問題から必ずその意味が全部のデータに当てはまったわけではない。例えば，臨床的な観察や成熟尺度から抽出された心理学的意味も含まれている。
　それぞれの描画サインをここに図示することはできないが，場合によってはわかりやすく述べることはできる。例えば，木の高さや樹冠の大きさは用紙の占める割合から判断される。
　用紙は縦横にそれぞれ4分割してみる。サイン97：木の高さ1，用紙の4分の1以下の高さ，幅も4分の1以下である。
　樹冠の高さの判定は用紙の縦方向に8分割して測る。サイン101：. 樹冠の高さ1，樹冠の高さが8分割の一マスに収まる高さ，つまり用紙全体の8分の1の高さである。
　しかしどうしても図示しないと分かりにくいサインも少なくない。そのために各カテゴリーごとにまとめてわかりやすく模式的に図示し，確認できるようにして《参照図》（図1：81ページ）を載せている。

　全ての描画サインは15のカテゴリーに分類される。以下である。
　1〜5，教示と異なる描画
　6〜9，地面
　10〜14，根
　15〜22，シンメトリー構造
　23〜25，描線の交叉
　26〜34d，用紙上の位置
　35〜68，樹冠の形
　69〜77b，陰影
　78〜96b，幹

第3章 ルネ・ストラの方法とその応用

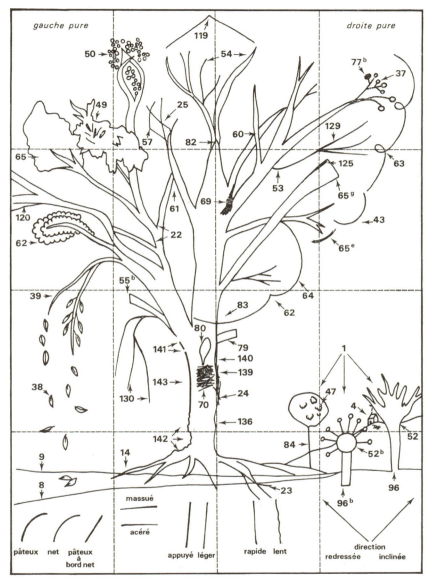

図1 参照図

97 〜 100b，木の高さ
101 〜 112，樹冠の長さ
113 〜 119，樹冠の幅
120 〜 124，用紙からのはみ出し
125 〜 146，描線
147 〜 149，追加項目

●教示と異なる描画[注1)]

＊1）複数の木
　　（一枚の用紙に複数の木，同じ地面ラインの上にない）
　　子どもっぽい振る舞い，与えられた指示に従わない。
　2）2本の木
　　自己と他者を象徴している可能性がある。解釈にあたって木の位置やサインを検討する必要がある。
　3）さまざまな付属物：木の絵に付属物として何かが付け加えられる。
　　想像力，愛情を求める。
＊4）風景：風景が木を囲んでいる。
　　感情的な性格や態度，感傷癖。
　5）用紙を横長方向に使用する：縦方向に差し出された用紙を横長方向で被検者が用いている。
　　独立独歩の精神，知性や利発さのサイン。

●地面

　6）単線の地面ライン
　　目的に向かって努力する。現実の秩序を受け入れる。
　7）地面のさまざまな付属物：地面ラインは引かれていない。被検者に何か意味のあるものが地面に描かれている。自分なりの方法ややり方にこだわる。理想を求める。

注1）　番号の前に＊があるものは《図1参照図：81ページ》に図示されているサインである。参照図をコピーしてサインとつき合わせると分かりやすい

7b) 連続した地面ライン：地面に何本かの地面ラインが引かれ，それが用紙の両端に触れている。
接触を求めつつ，突然引いてしまう。衝動的。気まぐれ。

＊8) 右上がりの地面ライン：地面が用紙の右方向に上がっている。
熱情，情熱

＊9) 右下がりの地面ライン
落胆，高揚感の欠如

●根

10) 幹に比べて遙かに小さな根
隠されているものを見たい，好奇心

11) 幹と同じくらいの長さの根
トラブルを引き起こしかねないほど強い好奇心。

12) 幹より遙かに大きな根
強すぎる好奇心，そのために不安になることもあるほどである。

13) 単線の根：根が単線で表現されている。
子どもっぽい好奇心，隠されていることを知りたいという欲求がある。

＊14) 2本線の根：2本線で根の太さを表現している。
現実に対する分別，判断能力がある。何枚か描いてもらうと，同じ被検者でも描画によって根の形が異なることがしばしば見られる。それぞれの描画を十分検討する必要がある。未知の環境であれ，よく知っている環境であれ，そこで懸命に生きていこうとする意欲が存在する。

●シンメトリー構造

15) 水平方向の対称（幹を軸として）：枝が幹に対して直角で，幹の同じ高さから左右の枝が出ている。
環境に適応しているように見せようと努力する。

16) 斜め上方向の対称（幹を軸として）：枝が幹に対して鋭角に，しかも幹の同じ高さから左右の枝が出ている。
攻撃性を抑えようとする努力。

17) 交互に水平方向の対称（幹を軸として）：枝が幹から直角に左右交互に出ている。
情緒的な事柄に対して，どのような態度をとるか躊躇している。内的葛藤を引き起こす事柄について両価的態度。
18) 交互に斜め上方向の対称（幹を軸として）：17と同じような枝の配置であるが，枝は幹に対して鋭角である。
情緒的な負荷に対して引き起こされやすい焦燥感。精神心理的な問題を抱えている。
19) 水平方向の対称（枝を軸として）：
20) 斜め上方向の対称（枝を軸として）：
21) 交互に水平方向の対称（枝を軸として）：
＊22) 交互に斜め上方向の対称（枝を軸として）
15.～18.では，幹に関する解釈である。19.～22.についても同様の解釈が成り立つが，茂み（枝を軸として）については，幹の場合と異なり，事柄が内在化され，感じられ，想像されるものであって，現実に経験されたものではない点に留意すること。

● 描線の交叉
＊23) 根に見られる描線の交叉：
＊24) 幹に見られる描線の交叉：
＊25) 茂みに見られる描線の交叉：
描線の交叉は葛藤や苦悩を意味する。描線の交叉が描かれている場所（根，幹，茂み），その描かれ方などから他の描画も含めて解釈する必要がある。

● 用紙上の位置
用紙を縦横方向にそれぞれ4分割する。
26) 左に位置する：木全体が，左の区域（左4分の1）におさまっている。過去，母親，母親のイメージを表現するものに対して両価的な感情を抱いている。

27）やや左に位置する：
　保護的な環境の中にあって，保護されたいという気持ちと自立したいという気持ちの両方を持っている。
28）中央やや左に位置する：
29）中央やや右に位置する：
　中央に位置するとは，自己と他者との間で調和と安定を求める強い気持ちを意味している。解釈に際して，左右どちらかの方向に動いている点については，空間象徴の解釈を援用する。左から右への動きでは，外的世界や未来に向けられている。
29b）厳密に中央に位置する：
　厳密に検討して，中央に位置している場合には，日常的な感覚を越えるような厳密さと息苦しさを覚えるような頑なさで，杓子定規に見ようとする欲求を持っていると思われる。
30）右に位置する：右4分の1に位置する。
　権威にすがろうとする，あるいはしばしば不安定にさせる母親にすがろうとする。
30b）やや右に位置する：
　30.の意味に加えて，さらに環境に対して適応しようとする努力が見られることもある。
31）上方に位置する：木全体が用紙の上方4分の1の区域にある。
　はしゃいだりして抑うつ気分を解消しようとする。不安定さと自己コントロールの探求。野心，自分の価値を相手に認めさせようとする欲望。
32）下方に位置する：木全体が用紙の半分以下の区域に位置している。
　抑うつ気分と自罰的感情を伴った見捨てられ感情。不満を感じている。
33）2本の木が左右に位置する：
34）2本の木がやや左と右に位置している：
　二つのサインとも空間象徴理論から解釈される。
　おそらく実行すべきことがなかなかできない躊躇，あるいは豊かな想像力。いずれにしても描線や形態から判断する必要がある。
34d）中央に位置する：

安定を自分なりの方法で求めようとする。

●樹冠の形

35）樹冠部の長さは幹の3分の1以下で，樹冠の形はマルの付いたブーケ型：
しなやかな感受性，感情的な性格や態度，感傷癖。

36）マルのないブーケ型の茂み：
傷つき感，挫折感

＊37）マルが描かれている茂み：
口唇期的。安心感や満足感を求める。

＊38）茂みのマルが落下している：
見放され，裏切られたように感じる。

＊39）下降する茂み：
失望，努力することを放棄する。

40）上方に向かう茂み：枝が用紙の上方を向いている。
熱情，情熱。認められたいと願う。

41）四方八方に向かう茂み：
さまざまな接触を試み安心感を得ようとする。落ち着かず動き回る。

42）開かれた茂み：樹冠輪郭線で縁取られていない。
その場の雰囲気に敏感で，耐えることが苦手である。

42b）糸状の開いた茂み：縺れた糸のような描線。
困難に直面したとき逃げようとする抜け目なさ。

＊43）短い曲線で描かれた開いた茂み：
影響を受けやすい，他人に愛想がよい。

43b）用紙の輪郭に沿った樹冠輪郭線：
生活環境の規範に堅苦しさを感じているが，適応している。

44）樹冠輪郭線がところどころで切れている：
ギブアンドテイクの考え方。できるだけ客観的であろうとする。

45）樹冠は閉じていて，内部がびっしり描かれている：茂みがグルグル書きで描かれている。
幼稚なやり方で所有し続けようとする。

46）樹冠は閉じていて，内部に何も描かれていない：空っぽの円。
あからさまに表現されない攻撃性。

＊47）樹冠部全体から離れてしまったような樹冠内部のディテール。針金で縛ったりあるいは切り離された小さなマル。針金状に挿入された枝：どう見ても余り重要でない，あるいは自分だけの問題を押し通そうとする子どもっぽい判断。

48）樹冠内部が単調なディテールで描かれている：細部で繰り返しが多い。
多少，強迫的な繰り返しの傾向。

＊49）樹冠内部がさまざまなディテールで描かれている：
知識が豊富。判断力がある。記憶力。

49b）幹の内部が細かに描かれている：
日々の出来事を事細かに覚えている。

＊50）樹冠の内部が分割されて系列的に描かれている：
多かれ少なかれシステマティックに統制されたものに惹かれる。

51）テタール型の樹冠：幹のてっぺんが丸い突起物のように描かれ，そこから枝が四方八方に伸びている。
子どもっぽく保護を求める。

＊52）変形したテタール型の樹冠：サイン51ほどには求め方が強くない。（大雑把な丸みが見られるがこれはサインではない）
支えて欲しいという欲求。

＊52b）子どもっぽいテタール型の樹冠：幹の先端に円とその周囲に放射状に線が施されている。
７歳までの子どもでは一般的。それ以上の年齢では知的な遅れを意味する。

＊53）単線の枝：
不快な現実から逃げる。あるいはそうした現実を美化したり，違うものと思い込む。

＊54）単線と２本線の枝が混じっている
きちんと見ようとする。含みを持たせた判断。

55）２本線の枝：

現実に対する普通の判断。
＊55b）先端が切られた枝：
情緒的な外傷体験。
56）菱形模様と未完成の菱形模様が単線で描かれ，マルのある樹冠部：
決して満足することのない欲望を抱くが，そのことに気づいていない。
*57）菱形模様と未完成の菱形模様が単線で描かれ，マルの少ない樹冠部：
サイン56ほどには子どもっぽくない，自分の不満足感に意識的である。
58）枝が単線あるいは2本線の菱形模様で構成され，マルのある樹冠部：
夢と現実を隔てているものについて意識しているが，優しくそれを埋めてくれるものを求める。
59）枝が単線あるいは2本線の菱形模様で構成され，マルのない樹冠部：
もっと大人になりたい。そうすれば，困難に耐えることが出来ると思う。
60）菱形模様と未完成の菱形模様が2本線の枝で描かれ，マルのある樹冠部：
相反する欲望がせめぎ合うのを意識していて，そのため不安定になっていて，慰めてくれるような情緒的代償を求めている。
＊61）菱形模様が2本線の枝で構成されマルが少ない樹冠部：
サイン60よりも選択の優柔不断さを隠すことができる，自信があるように見せようとする。
＊62）花を綱状に編んだような波形の樹冠輪郭線：
防衛的で，慇懃無礼。真っ正面からぶつからないようにする。
＊63）ループ状の樹冠輪郭線：
相手を打ち負かすためには何でも使おうとする。
64）樹冠内部や輪郭線が短い曲線で描かれ，樹冠輪郭は切れていない：
用心深く慎重な人。ガードがしっかりしている。
＊65）糸状の描線で描かれた閉じた樹冠輪郭線：
不愉快にさせるものを避けようとする。
65b）同心円状に広がる樹冠：

できるだけ改善できるものは改善し進歩しようとする。
65c) 激しく揺れているように見える樹冠：輪郭のある小さな樹冠で木全体に繰り返し描かれている。
不安を引き起こす強迫的思考。
65d) 刺繍のような形の樹冠内部：
女性的態度，親切，肉感的。
＊65e) 樹冠輪郭にさらに輪郭線が書き加えられた樹冠：
ありがちな批判をかわすために自分の誤りを隠したり，なかったかのように振る舞いたい。
65f) 木の内部にも木以外の場所にも花が見られる：
苦しみ，感傷，緊張。
＊65g) 先に行くほど太くなり先端が閉じている枝：
多少予想された突然の怒り。
65h) 椰子の木：
環境の変化や気分転換を求めている。
65i) 枝垂れ柳：
大胆さの欠如，原因のあるなしにかかわらない失望。
66) 右に広がる樹冠部：
しっかりした支えが欲しい，積極的な対人接触を求める。
67) 左に広がる樹冠部：
過去や子ども時代の経験への回帰。
68) はっきりとした方向性のない樹冠：
なかなか決断できない。

●陰影

＊69) 樹冠，幹，地面，根の部分に繰り返し執拗に塗られた陰影：陰影が施された部分との関連させて解釈される。
不安のために緊張している。
＊70) 繰り返し，筆圧強く乱雑に，重ねて，塗られた陰影：
69よりも意味が強められ，怒りを伴うこともある。

71) 執拗に繰り返し塗られ幹の陰影。縁取るように描かれることもある：
不安をかき立てる両親との間に見られる深刻な問題。不安ははっきりと表現される場合もあれば表面化しないこともある。積年の恨み，見捨てられ不安。

72) 均等に塗られた陰影：
感受性豊か。何らかの欠如を補うために夢や想像の中に生きる。

73) 黒と白の対比：
かなり融通の利かない態度。攻撃に対しては反撃し，同時に原理原則に基づいて自制しようとする。

74) 輪のようにグルグル書きの陰影：
子どもっぽい依存，諦め。

75) 直線による陰影：
これからのことについて知りたいと思う。計画を立てることを好む。

76) 糸のような描線による陰影：縺れた糸のように見える。
不安が強いために自分自身が攻撃性と怒りを抱いているのではないかという恐怖感。そうした場合に怒りが爆発するかもしれない。

77) 斑点状の陰影：
繰り返し夢みることで紛らわそうとするが，悲しみは消えない。

＊77b) 黒マル：
情緒的欲求が満たされていない。満たされないことに対する問題（食行動の問題）。

●幹

78) 左の冠下枝：
母親に似ていたい，あるいは母親のように振る舞いたいと思う。

＊79) 右の冠下枝：
父親に似ていたい。父親と同じくらい強いと思いたい。

＊80) 幹のウロ：
ダメージの残る失敗だと感じる。

81) 1本線で樹冠から分断されている幹：

束縛されるような躾だったと感じ，それを拒否するかあるいは受け入れる。

＊82）逆V字型の幹の先端：
自分の力を証明したいという思いから反発する。

82b）潰れたドーム型の幹の先端：
外的な束縛を強く感じている。束縛から逃れようとするが失敗する。

＊83）凹型の曲線で幹を分断している樹冠：
受動的，苦しみ，受容。

＊84）単線の幹：
現実をあるがままに見ることを拒否している，そのこと自体は意識している。

85）2本線の幹と単線の枝：
現実を見ることはできるが，自分の欲望に合致しない場合には認めない。夢や遊びで現実逃避を図る。

86）樹冠と繋がっている幹：
知能に問題なく発達も普通。

87）樹冠部に入り込んでいる幹：
手入れたものを手放したくない，しかし性的な対象については不安を抱く。

88）地面から離れている幹：
周囲との接触不良。

88b）幹から離れている樹冠部：
日常生活や知的生活がうまくいっていない。

89）1本線で地面線から離れている幹：
孤立感，不幸だと感じている。

90）左に傾く幹：
攻撃されるのを恐れて閉じこもる。

91）右に傾く幹：
支えを求める。

92）さまざまな方向に傾く幹：

緊張し躊躇する。自分に反対する相手に突然行動を起こすかもしれない。
93）幹の輪郭線が下端で左が長い：
　　　野心旺盛。
94）幹の輪郭線が下端で右が長い：
　　　失望，悲しみ。
95）幹の下部が広がっている：
　　　自分の環境に確固とした立場を求める。
＊96）幹の下部が細くなっている：
　　　望むような支えが得られず，環境に対して不安感を抱く。
＊96b）幹の下端が四角形になっている（ハンダ付け型）：
　　　孤立感。不安にさせる社会を前にして，自我を強くしなければと思う。

●木の高さ

用紙を縦方向に4等分する。
97）木の高さ1（用紙の高さの4分の1以下の高さ）：
　　　依存，未熟さ，自信がないにもかかわらず弱さを代償する強さを夢見ることがある。
98）木の高さ2（用紙の高さの4分の2以下の高さ）：
　　　依存心と1ほどではないが内気。
99）木の高さ3（用紙の高さの4分の3の高さ）：
　　　環境に対する適応がよい。
100）木の高さ4（用紙の高さの4分の4の高さ）：
　　　目立ちたがり屋，他者配慮，承認欲求。
100b）高さのコントラスト（描画ごとで木の高さが極端に異なる）：
　　　自我感情について両価的。自分の感情に気づくこともあれば，気がつかないこともある。

●樹冠の高さ

用紙を縦方向に8等分する。樹冠の長さが1から7へと長くなる。

101) 樹冠の高さ1（樹冠の高さが用紙全体の8分の1）：
内省やコントロールに欠ける。4歳までならよく見られるので特に問題ない。
102) 樹冠の高さ2（樹冠の高さが用紙全体の8分の2）：
経験したことに対して内省できるかもしれない。行動に移る前に思慮できる。
103) 樹冠の高さ3（樹冠の高さが用紙全体の8分の3）：
情動のコントロールができ，内省できる。
104) 樹冠の高さ4（樹冠の高さが用紙全体の8分の4）：
内在化，憧れ，代償的な夢。
105) 樹冠の高さ5（樹冠の高さが用紙全体の8分の5）：
知的な判断や生活能力。4の意味がさらに強まる。
106) 樹冠の高さ6（樹冠の高さが用紙全体の8分の6）：
107) 樹冠の高さ7（樹冠の高さが用紙全体の8分の7）：
樹冠の高さは知的な発達や知的興味と直接関係する。樹冠部が用紙全体に描かれている場合には，夢の中に逃避していると考えられる。その場合には幹との関係や描画の特徴を十分観察する必要がある。
108) 樹冠部よりも大きな幹：
利那的な生き方。即物的なものに興味を示す。多動的傾向と焦燥感。
109) 樹冠部よりも極端に大きな幹，2，3倍の大きさ：
周囲に対してかなり依存的，不安を伴った攻撃性を周囲に向ける。興奮しやすく衝動性が見られ，なかなかコントロールできない。
110) 樹冠部と同じ高さの幹：
何とかバランスをとろうとする。周囲の期待に応えようとする。
111) 幹よりも大きな樹冠部：
自己のコントロールや自立むけてじっくり考えることが出来る。
112) 幹よりも極端に大きな樹冠部：
知的に優秀。芸術的なものへの関心。しばしば認められるのだが，他のサインとの兼ね合いから，夢や想像の世界に没入し，そのため妄想に至ることもある。

● 樹冠の幅

用紙を横方向に4等分して樹冠の幅を測る。

113）樹冠の幅1（用紙の4分の1の幅）：
自分の能力に対する疑い。緊張したりイライラしながら防衛的な態度を取る。

114）樹冠の幅2（用紙の4分の2の幅）：
自分の価値をそれほど認めていない。自分の能力に対して疑いを持っている。

115）樹冠の幅3（用紙の4分の3の幅）：
能力的に優れているが，それを表現するのがやや困難である。接触にジレンマがある。

116）樹冠の幅4（用紙の4分の4の幅）：
話し好きで周囲の注意を惹き，自分の存在を周囲にアピールする。

117）第1の木の樹冠幅は広く，第2の樹冠幅は狭い：
選ぶことが出来ない。自分の気持ちを打ち明けることをしないのに，他者に依存しようとする。葛藤に対して母親的な意識を持つ。

118）第1の木の樹冠幅は狭く，第2の樹冠幅は広い：
固執傾向，反抗的態度。力づくの態度で自分の弱さを見せないこともある。しかしそこには緊張や萎縮が見られる。

＊119）樹冠が尖って幅が狭く，先端が逆V字形：
危機から身を守ろうとする。それが本当の危機であれ想像上のこともあるかもしれないが，自分に向けられたものと感じる。

● 用紙からのはみ出し

＊120）用紙の左側にはみ出している樹冠：
さまざまな理由により満足させてくれなかった母親に対する愛着と攻撃性，きわめて両価的。

121）用紙の右側にはみ出している樹冠：
他者をコントロールしたい欲求。他者との接触におけるジレンマ。防衛的と攻撃的。対人接触の困難さ。

122）上方へのはみ出し：
　　　万能感で劣等感情を補償しようとする。
123）用紙の下縁からはみ出した幹：
　　　見捨てられ感。安全感や安心感や周囲に守られていたいという欲求。やさしさの欲求。
124）小さな木で，用紙の上部からのはみ出し：
　　　押しつぶされてしまう感情とそれを補償されたい欲求が同時に存在する。

●描線 訳注1)

＊125）樹冠が棒状の描線で描かれている：
　　　攻撃的発散であり，その表現は荒々しい言葉によることもあれば，行動による場合もある。攻撃性の発露がどのようなものであるかを評価するには，他のサインが参考になる。
126）幹や地面が棒状の描線で描かれている：
　　　描線の方向や形と，それが幹や地面の象徴性から解釈される。しかし，常に体験されたあるいは秘められた攻撃性が問題となる。
127）樹冠が矢のような鋭い描線で描かれている：
　　　描線の方向によって対象は異なるが，その対象に向けられた非難や攻撃，罪責感もあり得る。（この描線が下方へ向かうなら：自己に向けられた攻撃性，自罰的。罪責感。葛藤。嫌悪。悔恨，嫉妬。憤怒，積年の恨み。）
128）幹や地面が矢のような鋭い描線で描かれている：
　　　日々の生活における欺瞞と非難。自己や他者への非難。
＊129）右側や上部に向かう矢のような鋭い描線：
129b）左側へ向かう矢のような鋭い描線の樹冠：

訳注1）　図1参照図（81ページ）の下段に描線の種類が図示されている
　　　左から順にpâteax（筆圧は強くない太めの濃い描線，net（明瞭な描線），pâteax à bord net（太めの濃い描線で端が明瞭），massué（筆圧の強い棒状の描線），acéré（矢のような鋭い描線），appuyé（筆圧の強い描線），lêger（筆圧の弱い描線），rapide（運筆が速い），leut（運筆が遅い），redressée（左に傾く），inclinée（右に傾く）

*130）下方へ向かう矢のような鋭い描線の樹冠：
　　　鋭さはいずれにしても，攻撃性，それもあからさまであったり隠されていたりする攻撃性と判断されるのが一般的である。茂みの中に見られれば，日々の生活に関連した攻撃性を示す。
131）幹が太めの濃い描線で描かれている：
　　　周囲の環境から影響を受けやすく，それに抗えない。
132）幹は太めの濃い描線，樹冠は明瞭な描線で描かれている：
　　　個人的な関心事や欲望に振り回され，日々の行動が犠牲になりやすい。
133）幹が筆圧の弱い描線で描かれている：
　　　自分を肯定したり，自由に振る舞うことが怖くて出来ない。
134）樹冠が筆圧の弱い描線で描かれている：
　　　鋭い感受性。影響を受けやすい。
135）幹が明瞭な直線で描かれている：
　　　決断，活動性，効率的な思考。
*136）幹が曲線で運筆が速く描かれている：
　　　器用さ，抜け目のなさ。不安になるものからさっさと離れる。
137）幹が運筆が遅い曲線で描かれている：
　　　活動が不安のために鈍る，障害が多く乗り越えられないと感じている。
138）バーミセリ（細いパスタ）のような描線：
　　　予想外の方法で攻撃したり驚かせ，隠そうとする傾向。隠された怒り。
*139）幹の輪郭線が稚拙に修正されている：
　　　罰せられたいという思いから，失敗を明らかにする。さまざまな面で両価的（例としては，目立つことと隠すこと，好んで困難を引き受けることとその背後に欲望や恐怖を感じてしまう，承認欲求と反対にそれを避けること）自己卑下。
139b）樹冠や根が稚拙に修正されている：
　　　139と同じような意味。表現されたり隠されたりしているものを吟味するために樹冠や根の意味を考慮して意味を考える。
*140）幹の輪郭線がきちんと修正されている：
　　　現実の美化，完全を求める，非難されることを隠そうとする。時に緩

慢さ。
＊141）幹の輪郭線が切れ切れに描かれている：
　　　現実の外傷的状況に起因する恐れ。自殺。恐怖や悩みを隠そうとして無気力な態度を取る。
＊142）幹の輪郭線が多種類の描線で描かれている：
　　　内的葛藤に起因するさまざまな行動。（不適応感。内的不確実感。受動攻撃性障害。）
＊143）幹の輪郭線が筆圧の強い描線で描かれている：
　　　自立した行動。
144）アーケード型の樹冠：
　　　秘密主義，不信感。
145）幹の輪郭線が明瞭な直線で描かれている：
　　　決断，行動力。
146）幹や樹冠の内部に図形の模様が見られる：
　　　思考や活動性を統合（合理化）しようとする傾向。思考なのか活動性なのかは図形模様が木のどの部分に使われているかによる。

●追加項目

147）地面に映る木の影：
　　　何らかの傾向を排除する。それがどのような内容であるかを検討するために，描線の構造や方向に注意しなければならない。
148）枝がない：
　　　接触困難，拒否的あるいは防衛的態度
149）幹の根もとが円形に囲まれている。
　　　保護されていると感じ，狭い環境の中で，自分の安全を見つけようとしている。

　一人の被検者が描いたさまざまな描画を比較検討することで，多様な意味からより適切な意味を選択することができるのだが，その際に描画サインが意味を互いに強め合いあるいは反発し合っていることを明らかにしなければ

ならないことをもう一度確認しておきたい。

　一枚の描画に見られる反発し合う複雑さを吟味しながら，解釈を正当化する描画サインの布置がどのように構成されているかは，統計学的な結果によるものである。

II　描画サインとその意味について

　検討しようと思う木を構成している描画サインを全て細かに観察すること，そしてその描画サインをグループ化し，意味の対立やさまざまな色合いを帯びるので，その意味を補強していく必要がある。

　描かれた木が用紙の真ん中にあると仮定しよう。つまりサイン番号 29b）厳密に中央に位置するである。このような位置に木を描く人は厳密で堅苦しい習慣に従うことで身を守ろうとする傾向がある。

　もしこの木の高さが，サイン番号 97）木の高さ 1（用紙の高さの 4 分の 1 以下の高さ）ならば，自分の価値に疑問を持ちそこから脱却するために身構えている人だと被検者のことを判断できるように思う。というのも，サイン番号 97「木の高さ 1」は，未熟で自信がないにもかかわらず弱さを代償する強さを夢見ることを示しているからである。

　もう一方でこの木の樹冠が幹よりも極端に長い（サイン番号 112）とすれば，おそらく被検者は代償を求めて夢や想像の世界に没入しているのである。

　反対に，幹が樹冠部より極端に大きければ（サイン番号 109），それは常同的な反復行為あるいは強迫行為を通して何とか自己を肯定したいと願っている。

　矢のように鋭い描線が見られれば（サイン番号 127, 128），被検者に多かれ少なかれ隠蔽された攻撃的な非難や批判を他者に向ける傾向がある。描線が棒状であれば（サイン番号 126），そこに突然の怒りを認めることができるばかりでなく，描線の方向がどのような対象に攻撃性が向かうかが検討され，さらにこの描線が下方へ向かうならば自己に向けられた攻撃性と考えられる。そうなれば，自己懲罰やマゾヒストの傾向について指摘できるであろう。被検者が表現したものから鮮やかに全てを取り込むことのできるこのテ

ストの使い方は無限である。

　しかし，一つの疑問が湧く。木の描画を分析するために用いた一般的な意味はどのようにして引き出されたのだろうか。

　一方で，検査を受けた被検者（820名）の心理学的所見，もう一方で，この被検者たちの木の描画に現れた描画サインの検討がある。

　描画サインの中には，共通する特徴を持った同じ年齢の子どもたちにしばしば出現するものもある。

　そこから出発して，サインの意味を収束させていく研究から《情緒成熟尺度》を完成させることができた。

　この尺度は，ここで詳細に述べることはできないが，子どもの成長を評価するための道具として，年齢で区分し，年齢別尺度になっている。描画サインの中には，ある性格と規則的に結びつく場合があり，描画サインと性格との関係，つまり統計的研究から引き出された相関関係によりある程度の蓋然性を持って，一つの意味が抽出されることもあった。これら二つの側面が明瞭に見られる。

①直接的に相関関係から出発している心理学的視点が，描画サインと《心理的項目》と名付けられた性格の間に存在する。

②心理的項目のいくつかに結びついた鍵サインが設定でき，描画サインはこの鍵サインを中心にしてまとめられていく。

　例えば，サイン番号81）「1本線で樹冠から分断されている幹」は，6歳の男児に最も多く出現する。この年齢の男児の49％が，この描画サインを描き，その出現頻度は年齢と共に徐々に減少し，15歳では9％になる。

　サイン番号81）は，女児の方が男児よりももっと頻繁に出現し，6歳時は62％，15歳時でも17％である。この描画サインの統計的に得られた心理学的意味は，《現実を検討することもなく漫然と生活し，周囲からの圧力に適応しようとしている。しばしば，しつけや教育に対して反応しない，あるいは反抗的態度をとる》である。

　ここで問題になるのは，環境から教育的な指導や躾に個人的にどのように反応するかである。この反応はさまざまな形をとるのだが，このサイン番号81）が鍵サインとなり他の描画サインと共に明らかになる。

例えば，筆圧が強く矢のように鋭い描線あるいは棒状の描線は多かれ少なかれ荒々しい攻撃的な反抗を表し，筆圧の弱いあるいは切れ切れの描線は恐怖や抑制と解釈できる。
　鍵サイン81）を中心にかなりの頻度である特定の描画サインを見つけることができる。

　サイン番号25）「茂みに見られる描線の交叉」は鍵サイン81）がある場合に61％に出現し，一方，一般群では45％なので16％増加している。
　サイン番号68）「はっきりとした方向性のない樹冠」は，鍵サイン81）と共に52％に出現し，一般群では31％しかない。
　サイン番号113）「樹冠の幅1」は一般群よりも21％増加している。
　サイン番号98）「木の高さ2」では13％増加している。これは7歳の男児の場合である。

　サイン番号81）「1本線で樹冠から分断されている幹」を中心に集まる描画サインを見てみると，葛藤感情の著しい増加，自己疑念のために躊躇や選択困難の意味を持つ傾向がある。
　このサイン番号81）「1本線で樹冠から分断されている幹」を男児よりも女児のほうが多く描く理由を検討してみると，鍵サイン81を中心にいくつかの描画サインが集まるが，その中でもサイン番号113）「樹冠の幅1」は同じ年齢の女児の一般群よりも25％増加している。このサイン番号113）「樹冠の幅1」は，幼稚さ，自分の能力に対する疑念を示し，多くの場合抑制，悲観主義，あるいは自己の信頼感欠如までを示している。
　いくつかの描画サイン同士に見られる選択的な関係性，関係の強い集団が，鍵サインを中心として心理学的な側面を示してくれるであろう。
　ここでは基礎的データを集めた貴重な研究の結果の一部しか提示できないが，深く掘り下げた内容は，ルネ・ストラの本（『バウムテスト研究』）の中にある。
　この研究の基礎になっている心理的項目の一覧をここで紹介しよう。これはバウムテストの解釈を可能にする上で必要不可欠なものである。

III　心理的項目[注2)][訳注2)]

●家族
1) 子どもに対して抑圧的な態度を取る母親
2) 母親の態度は普通である
3) 子どもに対して肯定的な態度を取る母親
4) 子どもに対して抑圧的な態度を取る父親
5) 父親の態度は普通である
6) 子どもに対して肯定的な態度を取る父親
7) 強制的な躾
8) 寛容な躾
9) 両親が離婚し，父親と暮らしている
10) 両親が離婚し，母親と暮らしている
11) 両親ともいない（死亡，親子分離）
12) 両親の不和のため家庭内がバラバラ
13) 修復された家族環境（養子，離婚が片親が再婚）
14) 同胞数：3人，あるいはそれ以上。（被検者は含まない）
15) ひとりっ子
16) 母親－子どもの関係がうまくいっていない
17) 父親－子どもの関係がうまくいっていない
18) 同胞間の関係がうまくいっていない
19) 母親－子どもの関係がうまくいっている
20) 父親－子どもの関係がうまくいっている
21) 同胞間の関係がうまくいっている
22) 乳幼児期に発達面で問題があった
23) 言語の障害
24) 運動系の障害（震え，チックなど）

注2)　ルネ・ストラの『バウムテスト』（1975年）の205頁から207頁までの引用である
訳注2)　日本語訳『バウムテスト』（みすず書房2011年）では，xviii-xix に掲載されている

25) 深刻な出来事，病気

●情緒的反応
26) 循環気質（悲しみと高揚が周期的）
27) 悲しみ，悲観的
28) 陽気，楽天的
29) 恐れ
30) 不安
31) 情緒不安定，見捨てられ感
32) 周囲の人々やモノにあたる
33) 自罰的，不全感，白黒をはっきりさせる態度，罪責感と懲罰欲求，自己に向けられる攻撃性
34) 敵意，嫌悪と嫉妬，悔恨。
35) 抑制，引きこもり
36) 大袈裟な感情表現，感情表出，親切，優しさ，
37) さまざまなジレンマ，被検者が感じる困難さ，躊躇。
38) 特定のモノに対する先入観，全か無かのけんか腰の態度
39) 性的関心にとらわれている
40) バランス感覚が無く，周囲と協調できない
41) モラルに関する問題を抱えている。善良でありたいという欲望はある，反対されたり批判されたことに攻撃を向ける。

●興味・関心
42) 摂食に関する問題。過食症，拒食症。
43) 知的関心，好奇心，探求心。
44) 芸術に関する関心
44b) 社会的関心
45) 口唇的，皮膚的，筋肉的な感覚優位
46) 身体的動き
47) 表現，アイロニー，ユーモア

48）具体的で現実的な興味
49）日々の生活からの逃避，夢想：感情的な出来事で頭が一杯になっている，実際的にあるいは空想的な逃避。

●周囲への関わり
50）積極的態度，自立に向けられたエネルギー
51）自己に対する過大評価，虚栄心，傲慢
52）あからさまな承認を要求。野望。
53）周囲に調和しない不適切な勝手な行動，行動にまとまりがない，頑固。
54）受動的反対，すねる。
55）周囲からの承認欲求，支持や共感を求めすぎる
56）年齢よりも子どもっぽいやりかたで周囲に対して依存する。あるいは周囲を支配しようとする。

●社会的関係
57）良好な社会関係。仲間をもっている。
58）社会的な関係がうまくつくれない。陰険な行為
59）社会的なつながりに関する恐怖，内気，不信，陰口に対する恐れ
60）ある程度は社会関係がうまくいっているが引きこもる。関係がうまく作れない。
61）貪欲，搾取，独占欲
62）収集癖，溜め込もうとする
63）浪費癖

●行動パターン
64）安定性，規則性，安心感に対する欲求。
65）ぎこちない動き
66）組織化，方法論，世話，応用。
67）反復，トレーニング
67b）こだわり

68）高望みと失敗
69）機転
70）揺れ動く衝動的な行為
70b）関心がめまぐるしく変化する
71）焦燥感，衝動的な行動
72）のろさ
73）俊敏さ
74）努力をしようとしない，怠惰，諦め，疲労感。
75）目標，確信，理想などを強く求める

●知的水準
76)，77)，78）知的水準が，優秀，普通，劣る。
79）判断が主観的，幼稚，感情的。現実が認めようとしない，あるいは現実を直視できない。
80）注意力が劣る，不注意。
81）記憶力が劣る。
82）想像の世界に入りやすい
83）学業優秀
84）学業不良
85）学校の先生との関係が良好。
86）学校の先生との関係が不良。

ここで作業をするうえでのシェーマを示そうと思う。
- まず，子どもと成人の両方を含めた被検者をできる限り完全な資料として収集した。4歳から14歳までの子ども212名，15歳から60歳までの成人608名。この人々は心理的項目に関しても十分に観察されている。
- 次に，被検者全員にバウムテストが実施され，しかも決められた実施方法で行われている。

これまで確認したように，要するに，際立った2つの側面が見られるので

ある。
　①描画サインと心理的項目の間に存在する相関関係を統計を用いて抽出したという心理学的側面。
　②鍵サインを中心にして描画サインのグループ化が図られ，しかもその描画サイン群は心理的項目のいくつかと緊密に繋がっている。

　これらの結果を扱った表は載せていない。その表が示している事柄をより具体的に示すために，2つの例を挙げることにする。
　一つ目は7歳男児におけるサイン番号25)「茂みに見られる描線の交叉」である。
　二つ目は7歳と13歳の女児におけるサイン番号76)「糸のような描線による陰影」である。

Ⅳ　2つの描画サインの研究[訳注3)]

●描画サイン25)「茂みに見られる描線の交叉」の研究

　7歳の男児：N=51名（一般群）
　描画サイン25)の一般的な意味は，《内在化された葛藤》である。
　ここからこの葛藤についていかに詳細に述べることができるか，子どもにとってこの葛藤がどのように体験され，同時に課せられた問題の重要性について見ていこうと思う。
　この描画サインは7歳の男児23名に見られた。つまり，この年齢の男児は51名なので45％にあたる。この子どもたちは心理的項目のR24，R71，R80，R84の性格特徴のいくつかを持っている。これらの心理的項目と描画サイン25)「茂みに見られる描線の交叉」の間にある関係を検討していく。

R24との関係
　心理的項目R24) 運動系の障害（震え，チックなど）
　7歳男児51名のうち15名（29％）にR24の特徴が見られた。彼らのうち

訳注3) 心理学的項目はRで表記する

2名だけが描画サイン25）を描かなかった。この描画サイン25）を描いた23名のうち13名がR24に該当（つまり56%である）していた。7歳男児の一般群でこの描画サインとR24が重複したのは29%だった。

また，R24の性格特徴を持つ15名のうち13名が描画サイン25）を描いた，実に86%である。これは重要と思われる。描画サイン25）とR24の間に存在する関係は0.001の有意水準で相関が認められた。

特に次のことを指摘しておかなければならない。つまり，運動系の障害がある男児が茂みの中に描線の交叉を描く場合が多いとかなりの確率で言えるにしても，茂みの中に描線の交叉を描く男児に運動系の障害があるとは言えない。

子どもに茂みの中に描線の交叉を描かせる要因はいくつかある。それを見ていくことにする。

R71との関係

心理的項目R71）焦燥感，衝動的な行動

7歳男児51名のうち39名（78%）にR71の特徴が見られた。

描画サイン25）を描いた23人中22人（96%）にR71の特徴が見られた。しかしながら，R24の場合よりも相関は強くない，というのも7歳男児の一般群でR71は17名しかおらず，従ってこの性格特徴を持っているが描画サイン25）を描いていない。彼らは焦燥感を抱いているが他の描画サインでそれを表現しているのである。ある描画サインに単純に性格特徴を当てはめていくことはすべきでなく，常に慎重でなければならない。ここでの有意水準は0.005である。

R80との関係

心理的項目R80）注意力が劣る，不注意

7歳男児51名のうち30名（59%）にR80の特徴が見られた。

描画サイン25）を描いた23人中18人（78%）にR80の特徴が見られた。7歳児男児で描画サイン25）を描いたのを見ていくと，一般群よりもR80の特徴を持つ被検者の比率は大きい，有意水準は0.025であった。

描画サイン25）を描く子どもが，R80の特徴を持っているかもしれないと言えたとしても，この性格特徴を持つ者が描画サイン25）を描く可能性

が高いとは言えない。不注意の根っこは周囲から感じた葛藤とは別のところにあるかもしれないし，この葛藤はさまざまな仕方で体験されるのであろう。

R84 との関係

　心理的項目 R84）学業不良

　7 歳男児 51 名のうち 20 名（39%）に R80 の特徴が見られた。そのうちの 5 名が描画サイン 25）を描かなかった。描画サイン 25）を描いた 23 名のうち，15 名が R84 の特徴を持っていた。65%である。

　一般群において分布がかなり増加している。有意水準は 0.001 である。描画サイン 25）は子どもの内在化する葛藤を意味しているのは知られている。運動系の障害は，それがどんな性状によるものであれ，家族の関わりを難しいものにし，葛藤の原因となり，あらゆる種類の不手際や失敗を引き起こすことになる。さまざまな試みはうまくいかず，葛藤が解決できない状況にある子ども自身に，目に見えるはっきりとした形で出現する。

　不安焦燥感も同様に，いつも叱責されている子どもにとってさまざまな困難の原因となる。注意力の欠如に結びついた学業不振，さらに周囲の環境との葛藤が見られる。

　今見てきたように，描画サイン 25）を描いた子どもが全てこれまで述べた心理的項目を満たすわけではないが，その中のいくつかは当てはまるようである。

　他の描画サインが描画に表現されている場合には，それぞれのサインの意味が多少弱まることもあるようだ。

描画サイン 25）「茂みに見られる描線の交叉」と頻繁に結びつく描画サイン

　描画サイン 25）を鍵サインとして考察すると，いくつかのサインの出現が 7 歳男児の一般群でも同じように見られる。しかしそれらのサインに関して，描画サイン 25）との関係は有意ではないので，考慮に入れない。

　描画サイン 27）「やや左に位置する」の場合がそうである。この描画サインは，一般群の 76%に出現し，描画サイン 25）を描いた 7 歳の子どもたちでも 73%に出現している。ほとんど同じような比率であるため，このサインは検討しないことになるだろう。

　一般群の中で増加や減少がはっきりしているものを引用してみよう。つ

まりそれなりの有意差が認められるものである。描画サイン81)「1本線で樹冠から分断されている幹」がそれである。これは一般群の41%に出現し，描画サイン25)を描いた人の56%に見られる。描画サイン81)の心理学的意味を知ると，子どもたちが束縛されるような躾をどのように感じてきたかが理解できる。

描画サイン41)「四方八方に向かう茂み」も同様である。7歳男児の一般群の29%にこのサインは見られ，描画サイン25)を描いた男児の43%に出現している。描画サイン41)の意味は《さまざまな接触を試み，安心感を得ようとする。落ち着かず動き回る》である。

このようにさまざまな意味に収束されていくことが理解されると思う。

一般群よりも出現頻度の少ないものとして，描画サイン66)「右に広がる樹冠部」，描画サイン67)「左に広がる樹冠部」がある。これは描画サイン41)「四方八方に向かう茂み」の比率が高いので普通のことのように思える。男児が感じている葛藤を解決したいという希望を持ちながらも，家の中では居場所がなく場当たり的な解決を偶然見つけられればと思っている男児の問題を詳しく検討するのに役立つ。描画サイン125)「樹冠内部が棒状の描線で描かれている」も少ない。この描画サインは，攻撃性や荒々しさを伴う攻撃的発散を意味している。これに描画サイン25)「茂みに見られる描線の交叉」が一緒に見られるならば，最終的には暴力にまでいってしまう葛藤状況において，環境に対する能動的反抗が問題であると考えて良いように思うが，こうした反応はあまり見られるものではないようである。

描画サイン25)「茂みに見られる描線の交叉」の意味は，《感じられた葛藤》であり，一般群よりも描画サイン81)「1本線で樹冠から分断されている幹」と描画サイン41)「四方八方に向かう茂み」を伴う頻度が高く，より葛藤が強く表現される。これらのサインは，周囲の人々を満足させるために，知能が高く自分の問題を意識できる子どもが，葛藤状況にあって困難を感じていることを理解するのに役立つ。子どもは自己肯定を強く望むが，運動系の障害，不安焦燥感，注意力の欠如などさまざまな理由からそれが妨害されている。

学業はその影響を強く受けている。それは当然のように思われる。

●描画サイン 76)「糸のような描線による陰影」の研究

　7 歳と 13 歳の女児：N=98 名（一般群）。

　描画サイン 76)「糸のような描線による陰影」（縺れた糸のように見える）の意味：《不安が強いために，自分自身が攻撃性と怒りを抱いているのではないかという恐怖感。そうした場合に怒りが爆発するかもしれない》

　この描画サインは 7 歳と 13 歳の女児 19 名が描き，一般群の 19％にあたる。こうした女児たちは心理的項目 16,29,37,43,60,64,76,58b に書かれている特徴のいくつかを持っている。

　この心理的項目が 7 歳と 13 歳の女児 98 名に描画サイン 76) とどのように関連するのかを検討しよう。

R16 との関係

　母親－子どもの関係がうまくいっていない

　7 歳と 13 歳の女児で 27 名がこの特徴をもっており，27％である。

　彼女たちのうち 18 名は描画サイン 76) を描かないが，R16 を満たす。つまり 9 名がこのサインを描いた。描画サイン 76) を描いたのは 19 名で，このうち 9 名が R16 を満たす，つまり 47％である。この心理的項目は 7 歳と 13 歳の女児全体よりも描画サイン 76) を描いた女児たちにより頻繁に出現する，と 0.050 の有意水準でいえそうである。

　しかし，母親との関係がうまくいっていないということは，描画サイン 76) を描いたことだけで表現されるわけではない。なぜなら，R16 を満たす 27 名のうち 9 名しかこのサインを描いていないのである。他のサインからや心理的項目からも検討できると思われる。他の描画サインや心理的項目からより深く研究してみる。

R29 との関係

　恐れ

　7 歳と 13 歳の女児でこの項目は 50 名，つまり 50％に見られる。

　そのうちの 35 名が描画サイン 76) を描かず，一見しただけでは，関係があるようには見えない。しかしながら，このサインを描いた 19 名のうち，15 名が R29 を満たしている。描画サイン 76) を描いた女児の 78％にあたる。相関関係は明らかであり，有意水準は 0.025 である。

R37 との関係

　さまざまなジレンマ，被検者が感じる困難さ，躊躇

　この項目を満たす女児は 27 名，27%である。

　彼女たちのうち 18 名が描画サイン 76）を描かなかった。これを描いた 19 名の女児のうち，R37 を満たしたのは 9 名，47%である。

　つまり，この心理的項目は 7 歳と 13 歳の女児全体よりもサイン番号 76）を描いた女児に頻繁に見られるのである。有意水準は 0.050 である。

　しかし，描画サイン 76）が R37 と強く結びつくとしても，同様に強い結びつきのものは他のサインでも認められることを常に留意しなければならない。さらに，R37 の性格は他の描画サインでも示されている可能性がある。それぞれの被検者に特有な意味を見つけるために，同じ木あるいは同じシリーズの木に描かれている描画サイン全体に目を配らなければならない。ここで，全般的な視点というものを示すとすれば，それぞれの特徴的な視点を見つけるように努力する必要がある。

R43 との関係

　知的関心，好奇心，探求心

　7 歳と 13 歳の女児 29 名，このグループ全体の 29%にこの性格が見られたが，そのうち 17 名が描画サイン 76）を描かなかった。このグループでこのサインを描かなかった 19 名のうち 12 名に R43 の性格が認められた。63%である。この性格は描画サイン 76）と相関すると判断される。有意水準は 0.001 である。

R60 との関係

　ある程度は社会関係がうまくいっているが引きこもる。関係がうまく作れない

　7 歳と 13 歳の女児でこの項目は 15 名，つまり 15%に見られる。この女児のグループ全体は 98 名である。

　15 名のうち 9 名が描画サイン 76）を描かなかった。このサインを描いた 19 名のうち，6 名が R60 を満たしている。これは描画サイン 76）を描いた女児の 31%で，7 歳と 13 歳の女児全体のよりも 2 倍の頻度である。有意水準は 0.050 である。

R64 との関係

安定性，規則性，安心感に対する欲求

7歳と13歳の女児でこの項目は12名，つまり12%に見られる。

そのうち6名が描画サイン76）を描かなかった。このサインを描いた19名のうち，6名がR64を満たしている。これは描画サイン76）を描いた女児の31%であり，7歳と13歳の女児全体でより頻繁に見られた。有意水準は0.050である。

R76 との関係

知的水準が優秀

7歳と13歳の女児でこの項目は23名，つまり23%に見られる。

そのうち14名が描画サイン76）を描かなかった。このサインを描いた19名のうち，9名がR76を満たしている。これは描画サイン76）を描いた女児の47%であり，7歳と13歳の女児全体でより頻繁に見られた。有意水準は0.010である。

R58b との関係

虚言

7歳と13歳の女児でこの項目は7名，つまり7%に見られる。

そのうち1名だけが描画サイン番号）を描かなかった。このサインを描いた19名のうち，6名がR58bを満たしている。これは31%である。R58bと描画サイン76）の相関関係はきわめて緊密である。有意水準は0.001である。

観察：描画サイン76）の意味はとても複雑である。あらかじめ与えられている意味以外に，以下のような別な意味が見つけられた。《衝動的で攻撃的な力に対して不安を感じている。不安に対して対峙し克服する。自分や他人を責める。攻撃し犠牲になる。緊張感を生む矛盾した欲望。個性を尊重する》

母親と理解し合えないことが原因と思われる数多くのジレンマが指摘される。それと同時に生活や社会的な接触においても恐怖感を抱いている。

基底に，躊躇，引きこもり，虚言，時には怒り，他者や自己への非難を伴っためまぐるしく変化する態度を指摘することができる。

一方で描画サイン76）は，知的優秀，探究心，旺盛な批判精神を意味する。

そのため多かれ少なかれ，内的葛藤を意識することができ，さらにそれを解決するためにさまざまな試みを行うことができる人，ということができるかもしれない。

その解決のための多様な試みの方向性を理解するのに，このサインと一緒に出現している他のサインが役立つのである。

描画サイン 76)「糸のような描線による陰影」と頻繁に結びつく描画サイン

まず初めに，描画サイン 99)「木の高さ 3，用紙の 4 分の 3 の高さ」

7 歳と 13 歳の女児でこのサインを描いたのは 32％で，描画サイン 76) を描いた女児の 57％だった。

このサインの意味は，《理性的な方法で自分を目立たせたい，周囲から認めてもらいたいという欲望》

従って，これもすでに述べたように多様な試みの方向性の一つである。困難に直面しているという意識があり，理性的な方法で承認を勝ち得ることでこうした状況を解決したいと望んでいる人の場合もある。

しばしば，描画サイン 72)「均等に塗られた陰影」が一緒に見られる。7 歳と 13 歳の女児でこのサインを描いたのは 24％で，描画サイン 76) を描いた女児の 47％だった。このサインの心理学的意味によると，困難さを意識することで悲しみや落胆が生まれ，夢想の中に逃げ込もうとしている可能性が高いと理解される。

この 7 歳と 13 歳の女児たち全体を見ると，描画サイン 131)「幹が太めの濃い描線」で描かれているが数多く見られる。このサインを描いたのは 20％で，描画サイン 76) を描いた女児の 42％だった。このサインの心理学的意味によると，協調性が高く，感受性が豊かで周囲との接触も良好である。

描画サイン 96)「幹の下部が細くなっている」は全体の 30％で，描画サイン 76) を描いた女児の 42％だった。ここで明らかなことは，子どもが危険だと感じる攻撃的な力のために不安がわき起こり，そこから不安定感が導き出される。

さらに描画サイン 114)「樹冠の幅 2」が加わると，自分の能力に疑いを持っている意味なので，そこから不安感が強まることを意味している。

また《内在化，憧れ，代償的な夢》を意味する描画サイン104)「樹冠の高さ4」や描画サイン72)「均等に塗られた陰影」が加わると，感じている困難さからどのように逃げるかが示される。

描画サイン76)「糸のような描線による陰影」に描画サイン65e)「樹冠輪郭線にさらに輪郭線が書き加えられた樹冠」が加わることもある。グループ全体の18%に見られ，描画サイン76)を描いた女児の31%だった。サイン65b)は，《批判に対して取り繕う，隠す自己防衛する》という意味である。自己防衛や周囲に対して取り繕う方法の一つである。

さらに葛藤を意味する描画サイン25)「茂みに見られる描線の交叉」をみることがある。7歳と13歳の女児のグループでは減少傾向にある鍵サイン76)の系列にあるサインが見られることもある。それは描画サイン128)「幹や地面が矢のような鋭い描線で描かれている」である。このサインの心理学的意味によれば，攻撃性は描画サイン76)を描く女児が具体的に生き生きと経験するのではなく，攻撃的な感情を内在化させていると理解される。妥協点を見つけるために，葛藤を知的に解釈しようとする傾向が見られる。

「一般的な心理学的布置」として示したものは，7歳と13歳の女児98名について統計的に行った結果によるものである。実践を通して，ここで示したそれぞれの描画サインからここで一般的な心理学的布置を見つけられそうにはないかもしれない。しかしそれぞれの事例について，被検者の個人的な心理的布置に光を当て，それを見つけるためにはそれぞれの描いた木の描画サインの総体を検討することが必要なのであろう。

特に子どもの場合には，情緒成熟度尺度の発達段階を留意する必要がある。発達段階によって，困難さは周囲との関係によって新しい段階に入ることもあるからである。

全く同じ木，連続して同じに描かれる木は決して存在しない。しかしながら，例えば人型の木のように一般的に良く似た木を見ることがあるが，詳細に検討すると，一人一人それぞれに個性を持った異なった木であり，被検者の現実がそこには表現されている。

それゆえ，それぞれの描画サインについて一般的な意味がまれに良く適応

することがある。全ての描画サインはそれぞれが互いに影響し合っていることを，訓練と注意深い検討によって初めて，被検者の最も本質的な現実を明確にできるのである。

V　バウムテストによる事例研究（病歴・テスト・結果と考察）

1．病歴

　症例Pの両親は中流階級の出身である。彼の母親は10人の子どもがいる田舎の家庭で育った。彼女は幼い頃から貧しい生活を送り両親の間では口論が絶えず，口論の原因はいつもアルコールであった。

　Pの母親は，てきぱきと行動したり懸命に働くこともあまりなく，そのくせ衝動的で口うるさくすぐに怒りを爆発させてしまう人であった。しかし彼女は自分が愛する人には優しく献身的でもある。彼女は無気力で飲んだくれてばかりいる男と結婚した。彼女にとっては幼い頃に見慣れた光景と暴力が再びそこにあったのである。

　結婚して間もなく子どもが生まれた。決して疎まれて生まれてきたわけではないが，喧噪の雰囲気から逃れることはできなかった。この雰囲気をPはすでに乳幼児期に味わうことになる。成長は早く，オムツもすぐにとれ，よくおしゃべりをする子どもだった。しかしながら，子どもの神経質なところと頻繁に繰り返す発作が母親には気がかりだった。

　Pが3歳の時，両親は離婚し，彼は田舎で育てられた。彼は田舎が気に入り，すくすくと成長し物静かな子どもであった。

　2年後に母親は自分よりも若い男性と再婚した。その男性は働き者で家計も支えてくれた。子どもは母親と義父のもとに引き取られ学校に通い始めたが（バウムテストの最初のシリーズ：Pは5歳半），義父から厳しくしつけられた。義父と一緒にいるのがつらく，母親に甘えたかったが，Pは厳しい躾の中でつらい幼年時代を過ごす。Pは閉じこもりがちになり，饒舌に喋るかと思えば押し黙り，義父の前では身じろぎもせずに黙り，学校では絶え間なくイライラと注意散漫になってしまうこともあった。初めはそれなりの成績を収めていたが，彼の興奮ぶりをあまり理解できていない女教師の目にと

まり教室で厳しく叱責されることもあった。
　彼は歴史や自然科学に興味を持ち，絵を描くのを好んだが，書写や計算は熱心に取り組めなかった(読み書きは12歳になってやっとできるようになった)。
　Ｐは義父を恐れていても，彼は義父の仕事での能力や器用さを「すごい」と思っていたのは間違いない。
　義父が重い病気になり，Ｐは修道女が経営する田舎の学校に転校になった。なかなか馴染めなかったものの地域の生活には溶け込んでいくように努力した。勉強はよくするようになり行動も周囲は褒めてくれた。ところが家族に対してはわがままになっていき，旅行した時にも苛立ちがひどく，聞き分けのなさは甚だしいものであった。
　それまでに比べて，行動が根本的に変化したのだった。
　Ｐが７歳の時に弟が生まれ，彼は家族に引き取られ，義理の弟をとても可愛がった。しかしＰに対する義父の厳しさは激しくなるばかりで，弟の気まぐれにも従順に従う。叫び声と衝撃音だけが続いた。Ｐは再び閉じこもるようになり同時に本心を隠し，嘘をつくようになる（第２回目のバウムテスト：Ｐは８歳半）。
　学校の成績も再び低下していった。予習復習も増え，文字が読めなかったので，教科書を理解することができず，授業内容が全く頭に入らなかった。
　女教師は心理検査を受けるようにアドバイスした。検査を実施している訓練センターは何も深刻なものは見つけ出すことができず，精神科医は集中困難と注意力欠如を指摘した。この検査の後に，Ｐは母親に対して自分のことを馬鹿者扱いしていると長い間攻め続け，際限のない罵詈雑言が続いた。彼は治療的な配慮や心理的な介入などは何もしてもらえなかったのである。家庭内の不和は大きくなっていき，とりわけ両親の暴力的な場面（子どもたちの前で繰り広げられた）が見られるようになり，両親は離婚した（バウムテスト第３回シリーズ：Ｐは11歳）。
　母親は夫が家を出て行くことに耐えられず，抑うつ神経症になり二人の子どもたちと一緒に自殺すると語るようになった。この頃，Ｐは母親に対してとても優しくなり，看病し，食事を取らせ，家事仕事の手伝いをしている。

必要に迫られて母親も徐々に元気を取り戻し，再びゆっくりと穏やかさが家庭内に見られるようになっていった。しかし，弟がしばしば父親に会い，贔屓をされていたため，Ｐは弟のわがままにまたもや従わざるを得なくなっていく。Ｐの学業成績はいつも平均以下であった。それでも，彼はできれば植字工になりたいと望んでいた。15歳になると，暫定的に第４学年になったものの，誰も彼に勉強を続けさせようとは考えなかった。一般検定で特に学習能力が低いことが明らかとなっている。周囲は彼に３年間勉強できる園芸センターに入るように勧めた。

そのように進路を考えるのはもっともなことのように思われたのだが，一つ問題があった。それはＰが土を扱うのを徹底的に嫌い，図案や印刷の仕事に就くことを夢見ていたことである。

ここまで私が詳しく述べてきたことは，彼にとっては印象的な出来事であり，同時にさまざまな困難でいっぱいの人生に起きた予期せぬ出来事である。

しかし，この若者が感じたこと，想像したこと，生きていく上で最も必要不可欠なものが何だったのかわれわれに知ることができただろうか。彼は緊張し心の奥にしまい込んで何も語らず，打開すべき方法もなく，全てを恐れていた。身体面では身長はすらりと伸び，ほっそりとした繊細な表情，腕力でも負けることはなかった。柔道を始めてからそれが得意になった。ボーイスカウトにも参加し，集団で行動することを好んだ。

彼の生活態度についていわれることは，誰とも喧嘩もせず行儀が良く，母親と弟と一緒に仲良く暮らしていると評判が良いのである。

彼は自分の意見をあえていおうとせず，誰の意見にも反対せず，納得できないときでも黙っている方を選んだ（バウムテスト第４回シリーズ：Ｐは12歳半）。

とはいえ，母親は彼の家での無頓着さ，鈍さ，不潔さに対して不満を述べ，それはすぐに悪口や激しい口答えになっていった。

彼は内心ではこう思っていたであろう。《母親には我慢ならない。延々と続く悪口と叫び声でイライラする》。ところが，こうした葛藤が続いていたとしても，母親はＰが機嫌は悪くないことが多く，優しさと気配りで母親を支え，彼女がとても疲れているように見えるときには，心のこもった思い

やりを示すことも母親には分かっていたのである。

　10歳の時点での問題点はこうしたものであり精神療法が始められた。これは2年間続けられ，バウムテストは12歳まで実施され，それが最後になった。

　週に2回のペースで2年間行われた精神療法の中身は次のようなものである。

　記録によれば，穏やかなそして恵まれた環境の中で，Pは成長した。その頃は自分を開示し，自分自身のこと，生活は大変だと感じていること，自分の夢や懸念について語っている。

　フランス語の勉強については，短い文章を書き，その中で彼が好きなものや嫌いなものについて語っている。そうした文章は彼の心の奥底にあるこだわりを明瞭に見せてくれ，この寡黙な少年が自分自身で現実の困難さを何とか解決しようとしているのが理解できた。彼は世間を危険なものだと感じており，あまりに耐えがたいので接触を避けたいという思いから，孤独でいる方を望んでいるのである。

　ここで彼が書いた文章のいくつかを紹介してみよう。いわば覚醒しているときに見た夢である。文章は教室ではあまりぱっとしない子どもが書いたものにしてはまあまあの出来であり，彼は喜んで書いている。

海：
《母（海）[注3]は唸る。巨大な波が押し寄せては引き，荒々しい音が怖い。海は爆発し怒り狂う。船は海がこんなふうだと出発できない。船は海に一杯あり，流されたりひっくり返りそうになったり岩に打ちつけられ壊れてしまう。船員たちは甲板から落ちてしまい，船がものすごいスピードで離れていき，大きな波に飲み込まれ，泳ぐことも出来ずみんな溺れてしまうだろう。》

《強風が吹き荒れ，通りのものはみんな吹き飛ばされてしまう。鈍い音が耳に残り，全身を音が通り抜け，激しい身震いがする。》

《何もかも全部台無しにしたものが去ると，全てはもとの秩序に戻る。壊れたものを修理するのが好きだ。》

注3)　Pは la mer（海）を，同じ発音の la mère（母親）と書いている

山：
　《みんな山に登ることが出来る。そこから平原を見渡し、楽しい気分になる。自由な気分で自分が大きくなった気になり、他のものは小さく見える。一人になるとあれこれいろいろなことを考え、これから起こることを思い描いたり、非難したり後悔したりする。それからこれから起きる出来事も普通の将来に起きることだと思う。》
　《山を下りていくと、あまりうまくいっていないイライラさせられる生活の騒音と心配事の中に入っていく。静けさと孤独の中に上っていくことを夢見ているのだから。》

音楽：
　《音楽は声とは違う方法で自分を表現することが出来る。音楽はそれを聞く人の趣味によって良いものにも悪いものにもあるのだろう。僕は、モーツアルトの音楽からアメリカの有名なジャズシンガーのルイ・アームストロングまで音楽なら何でも好きだ。》
　《音楽は現代において必要不可欠なものだ。と言うのも、何か心配事があるときには、人間は自分の好きな音楽を聴き、別な時間に自分を連れて行く》

スピード：
　《車に乗ると、スピードを感じることが出来る。僕はスピードが好き。だって風を感じ髪の毛が舞い上がり、顔がひんやりとする。その時吐く息は生気に溢れている。》
　《それと同時に自分がとても自由だと感じる。》
　《スピードは危険でもあるので、ちゃんとコントロールしないといけない。そうすれば事故を避けることが出来る。》

カモメ：
　《カモメは大移動をする。僕は空を飛べたらいいなと思う。人間がみんな小さく見えるんだろうな。歩いているよりも飛ぶ方がずっと速く行ける。もし空を飛べたら、自分はもっと強くて、高くて速くて自由だと感じられるだろう。》

火：

《火は料理をする時に役立つ。原始人は暖を取るために火を使った。火は役に立たなくなったものを燃やすのにも使う。》

《僕は火の中に入るのは好きじゃないけれど，火をおこしたり歌うのはとても好きだ。火山を見に行きたいけれど，地面が陥没したり火の中に飲み込まれてしまうのは怖い。》

柔道：

《柔道は日本のスポーツ。どんな技を使うか，相手がどんな技を使ってくるのかを考えないといけない。だって返し技があるのだから。床に叩きつけられてしまうかもしれない。》

《相手を不安定にさせ倒すには，驚かせるような効果が必要なのだ。相手を驚かせるには頭を使う必要がある。》

《男らしいスポーツだと思うから柔道が好きだ。注意深くそれでいてスピーディーにそして柔軟さが求められる。自分が不利にならないように倒れたときにも素早く立ち上がるように練習する。》

《以前は誰かが攻撃してくるんじゃないかとびくびくしていたけれど，今は一人で外を歩くのも全然怖くない。ラジオで子どもがひどい目に遭ったという話を良く聴く。誰かが僕をつけてきたら，僕を追い越していくのかずっと後ろについているのかを確認するために歩くスピードを緩める。この場合，僕は立ち止まり，相手を知っているようなふりをする。そうすれば，そいつは逃げていく。》

オオヤマネコ：

《これはネコ科の動物。犬よりも少し大きくて，肉食で動物を食べている。威嚇して野牛に攻撃を加えるが，あまり速く走れないので取り押さえることが出来ず，木によじ登り群れの中で一番弱そうなのを狙って上から飛び降りる：怪我をしていたりあまりよく走れないもの，あるいは子どもの野牛を狙うのだ。》

《僕はオオヤマネコが好きだ。いろいろな策略を巡らすから。》

森：

《静かな孤独が支配している大きな森林で狩りは行われる。人間に相対するのは孤独だが，本当は，森の中でもたった一人ということはない。鳥のさえずり，木々を揺らす風の音，空を飛びあるいは森の中を歩いている動物が動いている。森の中ではいろいろな音が聞こえるので，たった一人でいることを忘れてしまう。》

ここに示した短い文章に，これを書いた人間の心を占めているものを明らかにする感受性と省察が読み取れる。それは内容を分析することで少年 P の問題の大部分を明らかにすることができる。象徴表現は豊かで，対象の選択は感覚的にキャッチされたものを通して，繊細な観察力を示している。ここにいる少年は学校の勉強に何の関心も持てなかったのだった。彼はぎりぎりのところで生きてきたのだ，あるいはむしろ自分の人生を夢見ていたのだった。

すべてのことがわれわれからバウムテストを引き離すように思えるかもしれないが，そうではなく，この少年が表現した全てのことが描画の中に見つけることができる。

それ以外にも，P は興味深い方法で描画を始める。彼はとりわけ肖像写真を模倣するのが好きだった。しかもそれは印象の本質を浮かび上がらせるもので，とりわけ印象主義の肖像写真である。

それと同時に彼はリノ版画（木版の代わりにリノリウム用いる凸版画）を始め，それがとてもうまくなった。この版画を始めてから，彼の中で封じ込められていた息が詰まりそうなほどの激しい攻撃性を幾分なりとも発散できるようになったのである。

ここで示された文章は，明らかに P が自分自身を評価し，批判的に眺め，自分を叱責しているのと同時に，他の人よりも優れた強い重要な人間になりたいと思っているようである。相反する二つの欲求から，両価的な感情が生まれ，それがおそらく引きこもりや対人接触や攻撃されるのではないかという恐怖の基底にあったと思われる。このようにして，自由連想の文章に表現されている孤独感が，周囲の人々との関係にいつも彼につきまとうのである。

「森」の中で，彼は『人と対峙する孤独感』について語り，それは同時に自然とのコミュニケーションは自由に保たれている。さらに一歩進んで，『一人でいることを忘れる』というのも，生はそこにあり，彼はそれに注意深いまなざしを送る。

「オオヤマネコ」の文章では，策略を賞賛し，一番弱いものを攻撃する。柔道では，不意討ちが効果的と強調している。力は直截な表現では語られていない。死のテーマ，破壊的な意味でなくても，「海」や「火」の文章では，足下で地面が裂けてしまうのではないかと不安になっている。

自分の力をコントロールすることも，あるいは率直に『他者』と比較して自分の力量を知ることも出来ないまま，身を潜めるか偽りの姿をさらすしかないのである。

しかしながら，彼の攻撃的な衝動は生来のものであり，リノ版画を見つけたことで彼に啓示が与えられ，衝動性を有効に用い，最初の数年ではそれを目立たせないように用いたのだった。突然に，彼にとって価値あるもの，創造的なもの，肯定的なものの中に衝動性は表現されたのだった。成功は彼にとってご褒美であり，彼は版画を贈り物にしたり，その中にはすてきな額縁に入った絵として商品化できると考えた。彼は人生で初めて家族から賞賛されたのである。この時期は母親に対する最初の反抗期であり，版画や印刷の仕事をしたいという希望から園芸の仕事を拒否している。

バウムテストはこの数年間で何回か繰り返し行われている。この子どもの発達から見て重要な節目になっている4つの時期に行われた4枚法によるバウムテストを提示する。それは5歳半，8歳半，11歳，12歳の時期である。

最初の時期は，両親が離婚し，母親と二人きりで生活していた時期，2回目は母親の再婚間もない時期，3回目は新たな離婚の時期，4回目は彼がやりたいと思うことを主張し，気に入らないことを拒否し，母親に逆らい，これまでできなかった新しいことを始めたのである。

2．4つの異なる時期に実施されたバウムテスト

紹介した病歴の少年が描いたバウムテストを検討していくことにする。

まず，子どものそれぞれの時期に存在するさまざまな問題の重要性を調べるために，ルネ・ストラが書いた『バウムテスト研究』第3章にある情緒成熟度尺度の視点から検討する。

各年齢ごとに与えられた描画サインのプロフィールから被検者がどのような状況に置かれ発達が進んでいるのか遅れているのかが明らかになる。次に，病歴で述べられた7年間のさまざまな出来事を通して，この少年がどのように成長発達を遂げたのか長期的に眺めながら所見を作成しようと思う。

●第1回目のバウムテスト：子どもは5歳半
第1の木（図2）

木は97）木の高さ1（用紙の高さの4分の1以下の高さ），31）上方に位置する（木全体が用紙の上方4分の1の区域にある），30b）やや右に位置する。描画サインからこの子どもは，依存的，自信がないにもかかわらず弱さを認めず強さを夢見ることがある。母親を感情的で絶対的で短気な人と受け止めている。65g）先に行くほど太くなり先端が閉じている枝，62）花を網状に編んだような波形の樹冠輪郭線，63）ループ状の樹冠輪郭線から，突然の怒りを抱えながら，防衛的で，慇懃無礼で真っ正面からぶつからないようにしているように見える。

96b）幹の下端が四角形になっている，81）1本線で樹冠から分断されている幹から，子どもは孤立感。不安にさせる環境を前にして，自分を抑圧し，束縛されるような躾だと感じながらも，それを受け入れる。

79）右の冠下枝と78）左の冠下枝が見られる[訳注4]。右の枝は木にきちんと接しておらず，62）花を網状に編んだような波形の樹冠輪郭線の幅は狭く，65g）先に行くほど太くなり先端が閉じている枝。左の枝は63）ループ状の樹冠輪郭線と55）2本線の枝が見られる。これはおそらく母親に対しては，魅惑的な優しさを示しながら，父親に対しては次第に遠ざかり葛藤を抱えた接触であり，慇懃に振る舞い，怒りを表に出さず不安も悟られないようにしている。

訳注4）これを冠下枝と呼べるか疑問であるが，幹の横から生えている枝は冠下枝と呼んで良いのかもしれない

第3章 ルネ・ストラの方法とその応用

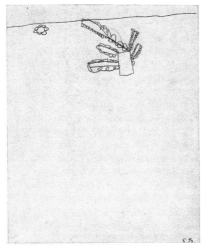

図2 第1の木

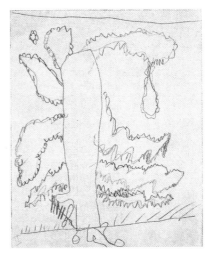

図3 第2の木

図4 第3の木

図5 第4の木

木の右側で幹にきちんと接していないもう一本の大きな枝も62）花を網状に編んだような波形の樹冠輪郭線の幅は狭く，筆圧の強い描線で描かれ，この描画サインから安心感を与えてくれない父親に対する愛着が読み取れるのだが，大きな枝は反対側の母親の領域（枝は左に大きく伸びている）の方向に伸び，子どもは欠如している安心感を得ようとしている。
　左側の領域では，描線は固く運筆は速いが，こわばった引きつるような線でありこれは潜在的な不安を表現している。
　樹冠部の描線は幹の描線よりも筆圧が強く，想像と現実の間の乖離を示している。夢見ることもなく，あるいは夢は何にも現実にはならない。
　左側の太陽と描画の上部から張り出している直線3）は，愛情を追い求める子どもの想像力を表現している。しかしながら，これまで述べてきたように幾多の障害にぶつかっている。

　情緒感情尺度によれば，2本線の枝（55）は5歳の子どもが描くのは稀であり，7歳から8歳でも25〜43%にしか出現しない。81）1本線で樹冠から分断されている幹は，学校に行き始めた子ども，つまり学校での束縛を感じ始めた7歳の子どもにしばしば見られる。97）木の高さ1（用紙の高さの4分の1以下の高さ）も年齢と共に増加する。5歳では3%，6，7歳では21〜23%である。従って，この子どもの描画サインを見ると実年齢よりも発達が早いことを示している。

第2の木（図3）

　この描画は100）木の高さ4，116）樹冠の幅4である。目立ちたがり屋で，承認欲求が強く，話し好きで周囲の注意を惹く，自分の存在を周囲にアピールする。8）右上がりの地面ラインは，この少年の力強い生命力が示している。この激しさは言葉となってさまざまな考えを巡らせているのが理解される〈65c）激しく揺れているように見える樹冠〉。62）花を網状に編んだような波形と63）ループ状の樹冠輪郭線は，子どもが欲望を表現するのに格好の形態であり，不安を隠すのに用いられ，さらに幹の左下端に描かれた53）単線の枝には，69）樹冠，幹，地面，根の部分に繰り返し執拗に塗られた陰

影の短い描線が交叉している。この領域には，幹の左側に亀裂と，この単線の枝にぶつかるように葉のない枝がある。このサインから『母親』を強く望み，母親に似ていたいと思い，イライラさせられる母親を目の当たりにした際の不安な感情を見ることができる。

106）樹冠の高さ6は，子どもの想像的ファンタジーの大きさを示し，137）幹がゆっくりとした描線で描かれているは，活動が不安のために鈍り，問題が多く乗り越えられないと感じている。

96）幹の下部が細くなっているは，望むような支えが得られず，環境に対する不安感の大きさを示し，幹や根の描線の交叉23），24）から現実に葛藤を感じているとすれば，それを表現しようとしながら抑圧しようとしている。子どもっぽい好奇心，隠されていることを知りたいという欲求13）は，彼の年齢では普通に見られるものである。

情緒感情尺度に関しては，彼の実年齢から見て，以下のようなサインから発達について確認できる。

116）樹冠の幅4は，6歳児でわずか8％しか出現しておらず，13歳でも39％である。

106）樹冠の高さ6は，6歳児で9％しかなく，全体で見てもとても出現率の低いサインである。

78）左の冠下枝は，5歳児で13％に見られ，13歳児では43％に達する。

これらの描画サインと共に，この少年の発達は進んでいることは，描画に見られる多様な描線からも理解されるのだが，知的発達の可能性に関しては，深刻な心理的な問題が足枷になっている。

第3の木（図4）

84）単線の幹で描かれた92）さまざまな方向に傾く幹の描画で，大きな不安と不満足な現実を変えたいという欲望のサインである。この幹の上に重すぎる枝がバランス悪く接ぎ木されていて，42b）糸状の開いた茂み（縺れた糸のような描線）が描かれ，困難に直面したときに逃げようとする抜け目なさが見て取れる。Pはこの木を描きながら1つのお話を想像していた。彼

のお話はとても上手で，語彙も豊富であり言葉に酔っているようにも見えたが，話の内容は首尾一貫していた。

　ここでは父親から与えられた失望と母親との間に続く欺瞞に満ちた関係に起因する大きな不安定感を何とか乗り越えたいという強い思いを見ることが出来る。抑鬱感，無力感を感じながら，受け入れがたい現実を変容させるために作り話をするのである。

　実際にはこの状況を乗り越えることは出来ていない。それは描画の右側に描かれた2本の短い交叉する53)　単線の枝が19)　水平方向の対称に69)　繰り返し執拗に塗られた陰影の描線が施され，右方向，将来の方向へのバリケードになっている。

　そこから現実を生きることの困難さ，不安や罪責感を生み出す情緒的な危機，そうしたものが情緒的な生活の足枷となっていることが理解される。この木は風景に囲まれて4)　いて，木の左側に樹冠にもたれかかるように蛇が見える。木の根もとに人間が描かれ，背中を丸め出来損ないの球形のようにつぶれている。丸い目をした大きな牛がこの人間をじっと見つめ，右側の家はそっと建っていて煙突から僅かに煙がたなびき右方向に流れている。Pのおしゃべりは描画中ずっと続いた。彼は次々といろいろなものを描き，しゃべり続けた。彼が描いたものについては，はっきりと識別できるものであり，年齢の割にしっかりしていた。

　もっと内面に接触できたなら，この子どもが強迫反復という防衛機制を用いて不安から逃れようとしていると考えることも可能である〈第2の木ですでに見たように65c 激しく揺れているように見える樹冠〉。

　父親の不在は子どもに重くのしかかり，父親を見ることも語る権利も自分にはないと子どもに感じさせた。強迫的に考えることから逃れ，思考はもはやコントロール不能となり，子どもは幻想の餌食となった。学校に通い始めた頃，Pは注意力が欠如して何も学ぶことができなかった。

　第2の木と同じように，この木でも内容が一杯詰まっていて実年齢以上の描画になっているのだが，理解力は普通，知的能力は普通以上を示しながら，彼の隠された不安のせいで全般的な発達では深刻な停滞が見られた。

第4の木（図5）

　目を閉じて描画したものであり，ばらばらな形態であるが，これまで述べた3本の木に見られる本質的な要素，65g）先に行くほど太くなり先端が閉じている枝，62）花を綱状に編んだような波形の樹冠輪郭線，63）ループ状の樹冠輪郭線，それに42b）糸状の開いた茂みが見られ，第1，第2，夢の木のレプリカになっている。しかし，この木は34d）中央に位置し，飲み込まれる不安と41）四方八方に向かう茂みから，子どもはさまざまな接触を試み安心感を得ようとして，落ち着かず動き回っているのが理解される。

　これまでの描画サインを全て検討してみると，年齢に比してこの少年は発達しており，そのために葛藤状況をかなり早い段階で意識し，想像力と焦燥感でこれを避けようと懸命に努力し，周囲の人々に愛想良く振る舞ってきたのだった。

　まとめ：この5歳の少年は知的に優秀で年齢に比して発達していて何事にも好奇心を持ち，創意工夫の精神を持っていると言える。

　彼は嘘ばかりついているように見える母親と不在がちだった父親との間にあって，安定した関係が築けなかった。不安と怒りに満ちて，自分を無力だと感じ，支えを見つけたいと強く望み，そうすれば自力で生きていけると考えた。攻撃性をコントロールできる状況を求め，それが得られればもっと穏やかな良い子になれると思うのだった。実際，手に入れたいものを得るためと同時に自分の心の均衡を保つために穏やかに振る舞うことができるのである。

●第2回目のバウムテスト：子どもは8歳半

　この描画は前回のものに比べてかなり変化している。

第1の木（図6）

　この木は32）下方に位置し，幹は123）用紙の下縁からはみ出し，96）幹の下部が細くなっていて，描線は1種類で樹冠部も幹も弱々しい。そうした，描画サイン全体から，抑うつ，無力感，依存，不安，恐怖感が読み取れる。

139) 幹の輪郭線が安定しない直線で描かれて，恐怖とパニックが直截に表現され，子どもはわざと困難を引き受けることとその背後に欲望や恐怖を感じてしまっている。樹冠部の形は，45) 樹冠は閉じていて，内部がびっしり描かれていて，外からの攻撃に対してそれがほんのちっぽけなものでも幼稚なやり方で防衛しようとしている。樹冠部の形態は，66) 右に広がる樹冠部になっているが，右側にやや平板に広がり，父親の代わりに学校の先生との接触を強く望みながらも，その願いは叶わずトラブルの種になっている。樹冠内部では枝がきちんと繋がっておらず，47) 樹冠部全体から離れてしまったような樹冠内部の枝で構成され，これはどう見ても余り重要でないことや，あるいは自分だけの問題を押し通そうとする子どもっぽい判断を示している。

樹冠内部の19) 水平方向の対称〈枝を軸として〉から，あからさまな同意を得るために抑制と不自然なぎこちない努力をしていることが認められ，69) 樹冠部繰り返し執拗に塗られた陰影から何かをするにも不安になること，そして 53) 単線の枝からは不快な現実から逃げ，現実を美化したり，違うものと思い込む傾向が見られる。樹冠内部のたくさんの描線の交叉は，子どもが直面せざるを得なかった葛藤のサインである。

しかしながら，彼は外部からの姑息な圧力を受けながらも何とか適応しようとしているのは，81) 1本線で樹冠から分断されている幹から理解される。Pは両親の人物像に模倣すべきモデルを見つけたいと思うのだが，幹の左右から出ている小さな枝〈79) 右の冠下枝と 78) 左の冠下枝〉があまりにも窮屈そうで，そのことからこうしたモデル探しは不満足な結果であったことが見て取れる。131) 幹が太めの濃い描線で描かれていることから，この子どもは周囲の環境から影響を受けやすく，それに抗えない事が分かる。従って，彼の環境は彼にとって息苦しいものであり，そこには母親の性格や父親の不在による不確実性と焦燥感が見られる。

情緒感情尺度に関しては，Pは5歳児の時に示されたような発達は表現されていない。53) 単線の枝を描くが，すでに5歳の時に 55) 二本線の枝を描いていたのである。

第3章 ルネ・ストラの方法とその応用

図6 第1の木

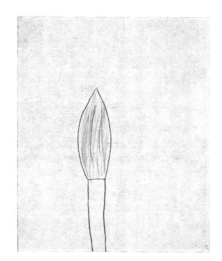

図7 第2の木

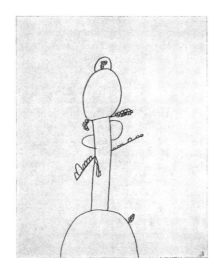

図8 第3の木

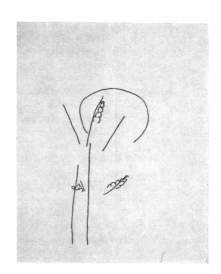

図9 第4の木

129

81）1本線で樹冠から分断されている幹は，5歳よりも8歳では少ない，このサインの出現は描画時の実年齢に合致する。ここで採用された描画サインから彼がそれなりの場所にいるように見えたとしても，彼自身は多くの問題を抱えていることを示すサインが存在し，その問題のために彼は不意打ちを食らい飲み込まれてしまい，カタストロフィの状態になってしまう。彼の年齢では正常でないやり方で反応している。

第2の木（図7）

この木では，123）用紙の下縁からはみ出した幹，96）幹の下部が細くなっている，81）1本線で樹冠から分断されている幹が見られ，その意味はすでに確認できていると思う。新しいサインとしては，119）樹冠が尖った幅が狭く，先端が逆V字形が挙げられ，その意味は，危機から身を守ろうとする。それが本当の危機であれ想像上のこともあるかもしれないが，自分に向けられたものと感じている。ここでは99）木の高さ3（3/4の高さ）と111）幹よりも長い樹冠部が見られる。そこには子どもがあれこれと思いを巡らし，適切な方法で内的『自己』を防御しながら，自己の統合を図ろうとしている。樹冠内部の75）直線による陰影と72）均等に塗られた陰影は，Pが葛藤場面に対して自分なりのやり方で反応しようとしているとみることが出来る。しかし，どんなに防衛的に身を守ろうとしても，悲しみが続く。

117）第1の樹冠幅は広く，第2の樹冠幅は狭い。このサインはどちらにつこうか葛藤し，選択に苦慮しているサインである。

この木を通してこの年代の子どもに一般的なサインがいくつか見られた。それは117）第1の樹冠幅は広く，第2の樹冠幅は狭いである。このサインは8歳では9％の出現率で，15歳まで段階的に増加していく。

従って，この少年はこの年齢では尋常ではない数多くの困難と恐怖を経験し，子どもっぽい方法ではあるが反応している。

第3の木（図8）

これは夢の木である。99）木の高さ3（4分の3の高さ）。第1，第2の木に比べて，明らかにぎこちなさは少なくなり，適切な位置と大きさになっ

ている。ここでは子どもは自己をゆったりと表現し，日常生活の中で夢を見ることができている。

　しかしながら，46）樹冠は閉じていて，内部に何も描かれていないのは，あからさまに表現されない攻撃性であり，罪責感が見られる。

　80）幹のウロは，ダメージが残る失敗だと感じ，周囲の人から加えられた自己愛的傷つきである。短い53）単線の枝に62）波形の輪郭線が施され，幅は狭く筆圧が強いのは，不快な現実から逃れ，現実を美化したり，防衛的で，慇懃無礼に，そして真っ正面からぶつからないようにする態度である。

第4の木（図9）

　99）木の高さ3（4分の3の高さ），66）右に広がる樹冠部は，しっかりした支えが欲しい，積極的な対人接触を求めるサインである。しかし全体は分割され，80）幹のウロと53）単線の枝が見られ，そこから蒙った衝撃と葛藤に満ちた現実を見ることを拒否している。

　描線は強い筆圧で，運筆は遅く137），活動が不安のために鈍ることを意味している。

まとめ：

　恐怖や不安に苛まれた少年が，自分の心の中にわき起こってくる攻撃性を表に出さないように気を配り，罪責感の中に身を潜めている。5歳の時よりも自己のコントロールができるようになっているが，もはや自発的に自分を表現することはない。

　この4枚の連続描画の最初の2枚は大きさが異なり，第1の木は樹冠幅が広く，第2の木は狭くなっている（サイン117）。これは選択の問題であり，道徳的な問題から葛藤が生まれてきている。この少年が感じた罪責感と思われ，この年齢ではほとんど見られない表現である。8歳で9%，14歳で35%に上昇する。

　119）樹冠が尖って幅が狭く，先端が逆V字形も年齢と共に増加する。80）幹のウロも同様で，8歳までは0%，15歳で33%である。

　従って，この被検者の年齢で，葛藤や挫折感を意識するのはきわめて珍しい。

学校は彼にとって傷つきの場所であり、どんな科目も得意になれず、ほとんど本も読めなかったのである。

●第3回目のバウムテスト：子どもは11歳
第1の木（図10）
　98）木の高さ2（用紙の高さの4分の2以下の高さ）。子どもはまだ環境に依存しているが、42b）糸状の開いた茂みから分かるように葛藤に直面したとき逃げようとする抜け目なさが見られる。彼は自分の心の中にわき起こったものを内在化し熟慮反省することができる、というのも、ここには111）幹よりも長い樹冠部が描かれ、これまで見られた81）1本線で樹冠から分断されている幹のサインが見られないからである。

　しかし、まだ53）単線の枝は存在し、不快な現実を変えたいという思いがある。

　そのうえ、この木では96）幹の下部が細くなっていて、幹はもつれた濃い描線で描かれ、57）菱形模様と未完成の菱形模様が単線で描かれ、マルの少ない樹冠部をもち、これは不満足感をずっと抱えていることを意識しているサインである。

　木は僅かに左に傾き90）、樹冠部も左に傾き67）、これは過去や子ども時代の経験への回帰を示すサインである。攻撃されているという恐怖感が存在する。

　開かれた樹冠は巧みに描かれ（44）、部分的には閉じた樹冠で単線の枝を包み、できるだけ客観的であろうとするがまだ幼さが残っている。

　単線の小さな根13）は、隠されていることを知りたいという欲求と同時に、中心に描線の交叉23）が見られるので、ある種の罪責感を抱えていると思われる。従って、そこには彼が知りたがっている葛藤的な現実がある。57）菱形模様と未完成の菱形模様が単線で描かれ、これと単線の小さな根から、新しい認識を手に入れたいという欲望と解釈できる。

第2の木（図11）
　これは実をつけて、幹が91）右に傾くバナナの木。99）木の高さ3（4分の3の高さ）である。

第3章 ルネ・ストラの方法とその応用

図10 第1の木

図11 第2の木

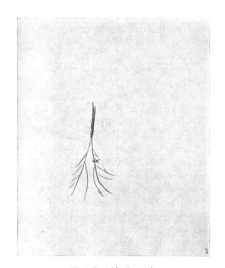

図12 第3の木

図13 第4の木

これは環境に適応し，自立性を身につけ始め，自分自身を未来へと向かわせ，努力した結果を得ることを望んでいる。しかし，この木は下方で細くなり，根がなく，地面もない。さらに幹の描線は樹冠部のそれよりも薄い。さらに現実に根付かない夢を重視している。

　樹冠部は，76）糸のような描線による陰影が見られ，これは不安が強いために攻撃性と怒りを押さえることができないのではないかという恐怖感を示している。非難と同時に自分が犠牲になるのではないかとも感じている。

　41）四方八方に向かう茂みは，さまざまな接触を試み安心感を得ようとして，落ち着かず動き回ることを意味する。

第3の木（図12）

　転倒した木であり，樹冠部が下になっている。『この木はもう生きることは出来ない。だって空から落ちてきたんだ』と，この少年は言った。木はもう存在しないと言いながら，奇跡を待っている。

　この木の幹は75）直線による陰影と72）均等に塗られた陰影からなり，これからのことについて知りたいと思いつつ，何らかの欠如を補うために夢や想像の中に生きている。

　この子どもは自分に影響を及ぼし，しかも何ら満足を与えてくれない状況を変えたいと切実に望んでいる。彼は変化を望んでいる。しかし彼の欲望には恐怖感がつきまとっている。

第4の木（図13）

　目を閉じて描かれたこの木は，単線の樹冠輪郭線の中に数本の幹が入り込んでいる。これまでの2回の描画で見られた第4の木よりも纏まりがあり，まるで過去の生活をうまく統合できているようである。

　ここではこれまでの生活の修復が表現され，過去の体験の総体がより統合され，現在は過去を平穏な気持ちで眺めることができている。

まとめ：

　この少年の自立性獲得の始まりを第3回描画から確認できるように思う。

第3章　ルネ・ストラの方法とその応用

それはまだ補償されたものではないが，自分の困難さを意識しその原因を知りたいと望んでいる。さらにまだ多くのことを夢見ていて，現実に十分適応していない。まだ内面的な問題のために苦しんでいて，彼の学習能力はより高い評価を得られておらず，これまでの傷つき体験が重くのしかかっている。

●第4回目のバウムテスト：子どもは12歳半

第1の木（図14）

　この木は27）やや左に位置し，98）木の高さ2（用紙の高さの4分の2以下の高さ）であり，環境に向き合ったときのこの少年の依存心を表している。かれはまだオドオドしていて，自分に自信が持てないでいる。

　しかしながら86）樹冠と繋がっている幹と55）2本線の枝が見られ，普通の知能と現実に対する客観的な判断ができることを示している。

　142）幹の輪郭線が多種類の描線で描かれ，139）幹の輪郭線が安定しない直線で描かれていて，さらに24）幹に見られる描線の交叉25）茂みに見られる描線の交叉から，内的矛盾を抱え，思春期に入った少年の内的危機の激しさが示されている。現実をきちんと判断すればするほど，両価的な感情，受動攻撃性が心の中で錯綜し，生活の一瞬一瞬で葛藤が生まれ，彼は混乱するのである。75）直線による陰影は，これからのことについて知りたいと思う，また計画を立てることを好むという意味があり，95）幹の下部が（少し）広がっているは，確固とした足場を求めることに関連している。ところでこの木を支える地面はかなり気詰まりな感じに見える。心の安定を求めているにもかかわらず，描線の多様さが行動の多様さと関連している。66）右に広がる樹冠部と42）開かれた茂みの見られるこの木は，社会との関係を強く意識し他者と接触を望み，さまざまな機会を歓迎しているようだが，選択を誤るのではないかと，そして自己拡散と悪しき影響を受けることが危惧される。Pはさらに内的葛藤を抱えているため，まだまだか弱い存在なのである。

第2の木（図15）

　この木は，97）木の高さ1（用紙の高さの4分の1以下の高さ）で，家庭環境，つまり母親との関係が示されていて，Pは依存的，未熟な，そして自

図14　第1の木

図15　第2の木

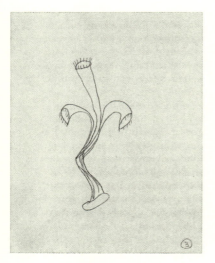

図16　第3の木

図17　第4の木

信のない子どもであったことが確認され，それは53）単線の枝や96）幹の下部が細くなっていることからも不安感が確認される。そのうえ，この少年がさまざまな方法で反抗していることも見て取れる。これからのことについて知りたいと思い（サイン75），夢と内省（サイン53, 111），衝動的な爆発（サイン76），さらに積極的な対人関係を求めようとするため（サイン66），矛盾と両価的な状況が作り出されている。

第3の木（図16）

夢の木は，『月の上の木』と語っている。99）木の高さ3（4分の3の高さ），92）さまざまな方向に傾く幹は75）直線による陰影が施されている。そこから夢の重要さ，困難さ，どのような解決策をとれば良いかと悩んでいる姿が浮かんでくる。

左右に太い枝が垂れ下がり（サイン38），中心の太い枝が上に伸びて絶えず逃げ場を求めなくてはならず，環境に裏切られた子どもの問題が示され，また自分を認めて欲しいと強く思っている。彼は家庭から切り離され，不安を掻き立てられる環境を前にして，自分への慰めを求めている。このことは，96b）幹の下端が四角形になっていることから理解できる。

第4の木（図17）

31）上方に位置する（木全体が用紙の上方4分の1の区域にある），数本の幹，多くの描線の交叉（サイン24, 25），中央の幹は分かりにくい（サイン34d）。子どもの立場は葛藤的であり，幼少期から彼はあらゆる矛盾にぶつかりながら，気持ちを高揚させることで抑うつ感情から逃れようとしてきた。そうすることで罪責感を感じつつも，身を潜めながら環境に適応できるような方法を探し求めている（サイン27）。

12歳になったPは家族と距離をとるようになり，外の世界に自分を向けるようになっていった。しかし外の世界はさらに恐怖を感じるものであった。自立性の確立という彼の欲望はまだオドオドしたもので，強い拘束力を持った母親との関係はまだ続いていた。この子どもは発達の途中にいるのだと考

えることも可能で，これから先の良い出会いが，彼を現在の内的葛藤から抜け出すように導いてくれると期待できるかもしれない。

3. バウムテストから得られた結果と病歴から明らかになった状況の突き合わせ

　描画サインはそれぞれに独自の意味があり，これを用いて5歳から12歳半の間に見られた子どものそれぞれの時期を解釈してきたところで結論を出そうと思う。

　Pが3歳の時に両親は離婚し，この描画を実施した最初の頃は，家庭の雰囲気はかなり険悪なものであったと思われる。母親の性格が家庭を支配していく。この衝動的な風土ではあらゆる事が発作の引き金になり，どんな些細な出来事も惨劇になりかねない。

　Pがバウムテストの最初の連続描画を実施した2年前に，すでに両親は離婚していて，母親と二人暮らしであった。この頃の彼は乱暴でお喋り，じっとしていられず，要求の多い子どもだった。いつも母親の傍らにいたいと思っていた。父親はもはやそこにはいない。父親に会うこともなく，気むずかしい独裁者で怒りっぽい母親の傍らに彼はいたのだった。しかし，母親は，彼のことを優しくて，よく気がつきとても陽気な相棒だと語る。

　われわれの結論は，この少年の気質についてとても合致している。バウムテストは，彼の専制的な振る舞いが，父親不在に結びついた深い不安感を隠していることを解明している。

　母親の再婚後，義父の出現は喜びと共に挫折でもあった。それまで母親を独占していたのに義父と分かち合わなければならなくなった。義父は神経質で専制的で，我が儘で好き勝手に振る舞うPに対して暴力的に躾を行った。

　その頃，何が起こったのだろう。8歳時の第2回描画を見るとそれがよく分かる。Pは束縛され見捨てられたと感じ，自分を卑下し，無力感に襲われた。彼は自分のことを『立ちすくんで，唖になってしまった』と語った。心の内は恨みや憎しみでいっぱいだったのである。

　5歳の頃は溌剌としていたのに，8歳では頑なで閉じこもりがちになり呼んでも答えない子どもになってしまった。クラスの成績は最下位であった。

しかしながら，この時期の木の分析からPが普通の知能を有していること，弟が生まれたことで家の中で困難さを感じていることが分かった。彼は内的葛藤と罪責感を感じていたのである。

　11歳になると両親は再び離婚し，義理の父親は家を出て行った。彼は解放され以前よりも明るくなったが，不安と問題を抱えていたのである。というのも，困難に気がつきそこから逃れようと思い，夢見ることで現実から逃避し，学校でも家でも積極的に行動することをしなかった。まさにこの時期に，彼は精神療法中に短い文章を書き，自分を表現する方法を見つけたのである。しかし学校では，遅刻が多く周囲から追い越されていった。

　同じ時期に母親に対する反抗的態度が始まり，母親の手助けをしようとしなかった。

　連続描画の最終回，つまり12歳では依存と自立の問題が詳細に分析され，矛盾した欲望の中でもみくちゃにされ，その欲望をいかに乗り越えるか調和と統合への方策を見つけたいと望んだのである。程なくして，意味深長なテーマを見つけた。それは彼の内的葛藤に対する有効な解決策として自発的に選択されたものである。解決策とは逃亡，策略，現実逃避，実現不可能な魔術的能力，他の人間よりも大きくなりたい，他人を支配したいという欲求であった。全ては夢想と子どもっぽい想像の中でのことである。

　その後のPについて述べておこう。彼は専門学校に入り18歳で卒業して建具屋になった。学校時代の教師からの評価は高く，友人たちともうまくいっていた。

　母親との関係も改善されていった。彼は少しずつ自立していき，同年代の子どもたちとも安定した関係をつくり，母親も息子の自由に振る舞う欲求を理解し，それを尊重するようになっていった。

　もちろん，彼の人生における外傷的な葛藤が描画サインから消えたなどと言うつもりはない。Pはまだ不安定になることがあり，自分を信じ切れていないのだが，明るさと自己をコントロールできるようになり社会生活を順調に送れるようになった。

Pが辿った人生を，バウムテストから眺めていき，私の結論と母親やP自身がわれわれに語った内容を比較して関係が明らかになった。子どもが生きてきた外傷的な状況は描画サインの意味から明らかとなり，同時に解決策も多くの描画サインから目に見えるものとなり，病歴とつきあわせることで，描画の分析がより一層理解できるようになった。

Ⅵ　左利きに関する臨床的観察

　ここで，私はある観察結果を述べようと思う。
　7歳から14歳までの70人の子どもたちにバウムテストを施行した。そのうちの12人が左利きであった。彼らの左利きの度合いはかなり強いものからそうでないものまでいろいろであったが，12人とも鉛筆は左手に持って描画した。
　彼らのうち9人はみんな木を用紙の右側に描いている。
　他の3人は木を用紙の中央に描くものの，若干左右にずれていた。この年齢でもっとも多い位置は中央やや左の位置である。
　左利きの少年たちの年齢分布は以下のようになっている。
- 7歳が1人
- 10歳が4人
- 11歳が1人
- 12歳が3人

用紙の中央に木を描くのを躊躇したのは幼い子どもたちだった（2人が5歳半だった）。

　右利きの子どもはほとんどが中央やや左に木を描くが，成人の場合も例外はない。この位置は『保護的な枠組みの中で，保護と自立の欲望』を意味していることはよく知られている。
　木を中央や右側に描くのを躊躇した3人の左利きはひとまず除いて（2人は幼すぎてまだ利き手どちらなのか決められない），9人の左利きがみんな木を右側に描いたのである。左利きが全体の12％であり，これは一般人口の

比率と変わらないと思われる。中央やや左側の位置は7歳の子どもの68%に見られ，右側と中央やや右側はきわめて稀で，同じ年齢では2%しか出現しない。私にとって重要だと思われるのは，右利きの子どもが右側に描くのが多いからではなくて，8歳の少年たちの30%がそうするだけでなく，ここで調査したグループの左利きの子どもが全員木を用紙の右側に描いたことである。その場合，説明としてどのような事が提示できるだろうか。

　ウェルナー[訳注5]（1948年）は次のように述べている。『子どもが作り出す空間は自我と外的世界の漸進的分化であり，それは精神活動と独自の身体に結びついた実践的な概念から出発している』

　ここで述べた空間をピアジェ[訳注6]は『感覚運動空間』として記載していることを思い起こしてみよう。

　言葉で指示したわけでもないのに3歳の子どもたちは自発的に右手を選んでいる。大人の模倣か，あるいは右利きが多いという環境のせいなのだろうか。

　左右に関する投影的な概念は自我中心で未分化な状態から始まり，脱中心化や異化という最終の状態まで漸進的に練り上げられてきたのである。

　とても幼い子どもが絵を描くときでも，それはほとんどデッサンである。絵の上に寝てしまうこともある。そこでは子どもとデッサンは未分化な状態なのである。ここでの対象は，いわば自分自身である。次に自分の周囲を見渡し始め，5，6歳になるとしばしば周りの人に見せたい絵を描く。子どものデッサンはコミュニケーションや価値判断の手段となる。

　右利きの子どもが絵を左側に置くとき，身体の側に腕を折り曲げるようにした動きが見られ，絵を隠そうとしたり見られないようにする。ボクサーが身体を守るためにする動きがまさにこれである。腕を身体側に引き寄せて身を守る。これと同じ動きが描画時にも見られ，左利きでは自然に絵を保護するように腕を折り曲げ用紙の右側に木を描くことになる。

訳注5）ウェルナー Werner, Heinz, 1890～1964：発達心理学者
訳注6）ピアジェ Jean Piaget, 1896～1980：スイスの心理学者。20世紀において最も影響力の大きかった心理学者の一人

描画サインでも筆跡学や書字の視点から検討されたものもある。鋭い横に流れるような描線の動きは，右利きでは右方向へ書くのはたやすいが，これは指の運動に関連している。左利きにとっては，右方向に広がる動きよりもどうしても右から左方向への動きが容易である。つまり左方向へ向かうと言うことである。
　左利きにとって書字の運動はフランス語では左から右に動くのでかなり書きにくい。仮にそれがどうにかできても，ｔの横棒やアンダーラインは右から左に引くことが多いようである。
　アンリ・ワロンは次のように語る。『屈曲運動は伸展運動よりも容易である。それは手の動きを見れば分かる』
　その一方で，左利きは世の中で右利きに比べて少し生きにくい。子どもたちは左利きをしばしば障害のように感じている。と言うのも，素早くしかも判読できる文字を書かなければならないときに，左利きはハンディだと思われている。しかし，常にそうだというわけではなく，多くの左利きの人はこの困難さをきちんとクリアーして，それなりの解決策を見つけたり，周囲の援助を受けている。
　私はただ１つの仮説を述べたのであって，詳しく分析するには多くの要因を研究しなければならない。また，以下のような疑問も残る。
　左利きを右利きに変えようとする運動は，右利きを左利きに変えるのと同じ意味があるのだろうか。
　左利きの子どもについて，その子どもの空間の象徴的解釈をどのように考えれば良いのだろうか。

第 4 章
バウムテストの一般的な描画への応用

マリーフランソワーズ・フロマン

第4章　バウムテストの一般的な描画への応用

　本章の目的は，バウムテストの解釈方法がどのような描画にでも適用できることを示すことである。そうであれば，子どもが描くバウムテスト以外の描画も次々と検討できるであろう。本章で扱う事例については，まず病歴を取り上げ，さらに知能検査やバウムテスト以外の性格検査の結果も手に入れることができた。病歴とテストの結果がどのような関係にあるか，どのように一致するかを，描画を分析することで，読者はこの解釈方法の価値を理解できるように思われる。

I　Pの描画と解釈

　まず，前章でアントワーヌ・ミュエルが取り上げた少年Pの描画（図18）を提示する。描画時の年齢は10歳半で，母親と義父の不和はひどいもので，二人の間で繰り広げられた暴力沙汰を彼はいつも見ていて，数ヶ月後に彼らは離婚した。この絵はまず鉛筆で下書きした後に彩色されている。彼の彩色は意味深長である。例えば，空の色は紫色で家庭内の荒々しい雰囲気が伝わる。しかし，バウムテストを解釈するための描画サインによる方法で描画を解釈しよう。というのも，この解釈方法から得られた結果が，この子どもの生きていくことの困難さとそれにどのように立ち向かっているかを良く反映していることが理解できるように思う。

　絵が何を表現するのか。まず子どもが木を描き，次にその周りを念入りに柵で囲う。原っぱに配置された動物は，人間に追いかけ回されている牛である。上の中央に描かれた道路にこれからバカンスに行く自動車，左には交通事故の現場，右にはオートバイに先導されたパトカー，左下ではピクニック，右下に小さな家と家庭菜園が描かれている。

　描画全体をまず見てみよう。彼は用紙を目一杯使って描く。四隅をすべて使っている。このことからかなり強い欲求，つまり執拗に自分が目立ちたいという欲望が読み取れる。彼の病歴を思い出してもらえれば，Pは学校でも家でも《絶えずイライラして，じっとしていられない子ども》だったことが分かる。この少年は自分自身を『カモメ』という短い文章の中で《もし空を飛べたら，自分はもっと強くて，高くて速くて，自由だと感じられるだろう。》

図18　少年P（10歳半）

といい，強く見られたいと思っていた。しかしながら，描画は上方へはみ出し，《劣等感情が抑制された形で現れている》[注1]。つまり，子どもは自分は無価値な人間だと思い，弟の我が儘に振り回され，学校での成績も低下していき，A. ミュエルが述べたように《子どもは再び閉じこもってしまった》。Pが注意深く描いた柵，鋭く長い描線と棒状の描線が入り混じって，牧草地を取り囲んでいて，子どもの強い攻撃性が表現されていることが理解される。空も鋭い描線で描かれ，Pにとって外の世界は自分を脅かすものと捉えていることが分かる。左側の描線は右側の描線に比べてかなり多く目を引く。描画の左にある描線は，母親に対する子どもの感情が表現され，母親を怖い存在と受け止めていると理解される。詳しい病歴から，Pの母親は《衝動的で

注 1）　R. Stora : Le test du dessin d'arbre, coll.《Encyclopédie universaire》, Paris, Ed. Jean-Pierre Delarge, 1975, p. 67, rubrique 124.

大声で喋りまくりすぐに怒る》女性で，子どもたちを《しつける》ために，夫に手伝わせる人だと思われる。夫は不満で失望しながらもこの女性にくっついていた。左側へのはみ出し，木の幹は左に下降し右側に伸びている。これは積極的な反応や悲しみから逃れようとする描画サインである。子どもは母親のほうが好きだった。第1回描画を思い出して欲しい。木は用紙の左に位置し，樹冠部は右よりも左側に広がっていた（左に広がる樹冠部）。Ｐの母親は同時に《情が濃く，愛する者のために献身的に支える人》のように表現されていた。その上，彼女はＰの人生において安定した存在であり，一方父親は家族から離れてしまう。子どもは義父に対して父親と同一視していた。このあと述べるように，Ｐが描いた描画では，用紙の中心に描かれた雄牛，その雄牛の頭は右を向いていた。すなわちこの動物は男性性の象徴である。ここでも病歴に一致している。A. ミュエルはこう書いている。Ｐは義父を《仕事っぷり，力強さ，器用さ，権威》から賞賛していた。

　描画の外観を見たところで，**その詳細を検討し**，描画サインの解釈がＰの生育歴に合致するか，そして前章で彼が短い文章で述べたこととの関連についても調べていくことにする。

　まず牧草地にいる人物が，無意識的投影の対象であることに注意する必要がある。実際，子どもの不安はこの人物に投影され，Ｐがこの《人物像》に抱いている感情は，母親と義理の父親に向けられたものと同じである。さらに彼特有の不安定感と個人的な罪責感もそこに投影されている。描画サインに注意しながらこの描画を観察すると，描画サインの意味からさまざまな無意識的投影を読み取ることが出来る。警官隊の帽子をかぶり，警棒を持ち威嚇するようにやや左側に立ち，それはおそらく子どもの母親を象徴していると思われる。　執拗に繰り返し縁取るように塗られた陰影が施された空のサインを解釈するとそのことが理解できる。この陰影の意味は次のようである[注2)]。

　《母親に関する問題。例えば，母親が口汚くわめき立てる。（ここではＰの母親は子どもを子守に預けたり，寄宿舎に入れたりして，遠ざけようとし

注2)　R. Stora : Le test du dessin d'arbre, coll.《Encyclopédie universiaire》, Paris, Ed. Jean-Pierre Delarge, 1975, p. 61, rubrique 71.

ている）そして，息子を娘のように扱う怒りっぽく，男性的な母親なのである》
　ところで，柵の杭を性的シンボルと見るならば，この柵の杭の形から性的な囚われ〈凹型の曲線で幹を分断している樹冠（サイン83）と樹冠部に入り込んでいる幹（サイン87））〉が表現され，Pは自分の男らしさを肯定できないでいる。つまりこの杭には3本の横線が引かれている。そのことは，彼の心の中にあまりに大きすぎる罪責感が呼び起こされていることを意味するだろう。杭は黒と白の陰影が施され，杭の左右の縦線は歪な描線で描かれている。このことから，軍隊の帽子をかぶり手に棍棒を持っているこの人物は，子どもの義理の父親を表していると判断できるであろう。
　描画の右側にパトカーが描かれ警察沙汰になっていることに気がつく。さらに右側の描線から父親に向けられた（あるいは父親の代わりになるものに対する）子どもの感情が表現されている。つまり，柵の高さの杭は，すでに記したように，黒と白，左右の歪な描線から，Pの母親と義理の父親の二人ともが去勢する者として感じられていたといえるであろう。
　軍人が母親のように，警官が父親のように彼の目に映っている。別ないい方をすれば，子どもの自我は，強すぎる超自我のために弱められている（幹は弱々しく，木の下部が細くなっている）。
　このような解釈は病歴からも裏付けられ，子どもは家の中で殴られ，母親と義理の父親は子どもを《調教する》ことに専念していることが理解できる。
　ここでこの人物に対する第3の解釈を見てみよう。つまりこの人物を子ども自身だとみる解釈である。この人物は足があるのに動かない。雄牛も子どもを表象していると思われるのだが，やはり前に向かって歩くことができず（足は細く単線で描かれている，蹄がない），この人間が持っている棒は直線で筆圧が強く，まっすぐに立っているところから，むち打ちを食らうのではないか，荒々しく攻撃が始まるのではないかという恐れが表現されている。
　ところで，鋭い棒状の描線は柵の内部に数多く見られ，柵の外には見られない。ここで再び，病歴に一致していると思われるものを見つけることができるのである。つまりこの描画をPが描いている時期に《子どもは再び引きこもる》とA.ミュエルが書いている。このようにして，次のように結論づけることができる。この人物はP自身でもあり，同時に母親や義父でも

第4章　バウムテストの一般的な描画への応用

ある。それは，他の描画サインを検討してみても，そこかしこにこの解釈が成り立つことが分かる。

　ここで，母親に対するPの行動と彼が母親に抱いた感情について検討してみよう。
　彼が母親に愛着を感じていると同時に裏切られていると感じたことを示す描画サインをすでに示した。この失望・裏切りの理由は何だろう。左側の芝生の上に左のバリケードのマルと繋がっている大きなフックが見える。これは，できるならば母親の愛情を手に入れたいと子どもが望んでいることを示している。しかし，母親は子どもが期待している優しさを与えようとしない（左のフックは柵のマルと同じように横一列に並び，かぶっている帽子の左からぶら下がっている）。従って，彼は無力感を感じ（葉のない木），葛藤的な状況に身を置いている（芝生や左の木の樹冠に見られる描線の交叉）。
　この葛藤は，（この柵の外側の左に位置する柵のマルの重なりから）明白に表現されているし，さらに（木がシンメトリー構造で，四方八方に広がる樹冠部から）焦燥感と高揚感を示されている。愛情欲求は裏切られ，この子どもは母親に対して強い攻撃性（左樹冠部の鋭い描線と芝生の棒状の描線）を感じ，この攻撃性は方向を変えて彼自身に向かい（幹の左側の下方に向かう鋭い描線と芝生の下方へ向かう鋭い描線），謂わば彼自身に向けられた自罰的感情である。
　下方へ向かう鋭い描線で区切られた左から上方へ向かうバリケードの描線は歪で，下方へ向かう描線も歪である。母親の優しい心遣いを手に入れたいと思い，子どもは自分自身を優しい子どもであるかのように振る舞う（短い曲線の樹冠輪郭線で切り取られた幹，短い曲線で左の柵は草の描線で切り取られている）。
　この優しさを追い求める行為は，口唇性の困難さと関係がある。つまり野牛の唇は大きなマルで描かれ，その後ろには鼻の黒い大きなマルがある。それ以外にも，左側の芝生は均一な陰影が施されていて，こうしたサインから養育に関する問題があることが理解される。
　さらに，左の柵の上部に典型的なテタールを見つけることができる。つま

149

り子どもは身の回りの世話や養育を欲している。あるいは描画の左側と下部ではピクニックの情景がはっきりと描かれている。

　結論からいえば,子どもは口唇期に見捨てられ感を強く経験したのである。この経験がずっと心に残っている（下方からはみ出す芝生）。Ｐもまた悲しみと抑鬱感を感じている（左側の芝生の均一な陰影）。それにもかかわらず,彼は自分を強い人間だと見せたがっている（芝生と樹冠部の菱形模様）。

　しかしそれはうまくいかない,というのも,母親が彼に激しい不安感を吹き込むのである（左上部の分断されたバリケード）。

　棍棒を持った人物がＰの母親を象徴していることを思い出して欲しい。つまり,左側の空が筆圧で殴り書きされた陰影で描かれており,これも同じように母親を意味している。Ｐが自分自身について作文の中で示したことが,私の分析に確証を与えている。意味深長な書字の間違い（海の代わりに母親と書いている）。

　彼は次のように書いたのである。《母は唸る。巨大な波が押し寄せては引き荒々しい音が怖い。……鈍い音が耳に残り,全身を音が通り抜け激しい身震いがする。》

　今,描画の左上隅で事故があったことが分かる。ここではある不安が予期されている。つまり,母親と義父が数カ月後に離婚するのである。少年の母親は神経症性の抑うつ状態になり,この時期に子どもと一緒に死のうと言ったかもしれない。子どもの義父はやむなく家庭から離れていく。描画の右側に平べったい貧弱な家がそのことを説明している。

　《事故》から何が生み出されたと子どもは考えただろう。この時期,子どもの心を支配していた葛藤的状況があまりに激しい反応を生み出し,怒りの爆発を抑えることができなかった（火の中の棒状の描線とその交叉）。事実その通り,病歴を参照すれば,夫婦が《とりわけ激しい暴力が展開されていた》時期に,Ｐが描いた描画であることが理解される。

　少年には,この事故がまるで現在起きているかのように思われ,困難な状況を受け止めることができずに恐れ戦いている。柵は丁寧に描かれ,3本のねじれた描線はバリケードの端から端まで素早く引かれ,そのうちの1本の

描線は左の木の幹を縁取っていることをもう一度確認しておこう。何とか困難を避けながら，ここから逃れようとする。自動車がまさにバリケードに衝突したところなのである。彼は母親から受け取ることのできるほんの僅かの愛情さえ失ったのではないかと心配でたまらない（左側を占めている自動車の前にタイヤの黒いマル）。こうした全ての葛藤は不安全感となって彼を飲み込む（この場所にあるバリケードの描線の交叉，その上に典型的なテタールが乗っかっている）。

　実際，Pの眼には《爆発》が起きたとき，家の中は葛藤状況にあり（火の上に描線の交叉），助けてくれる人は誰もいないと，この少年は不安になっている（炎の上の赤いフック）。描画サインに基づいたこうした描画解釈は，子どもの病歴と一致している。母親の最初の離婚後，3年間，母親は子どもを里子に出している。この新たな別離の後に母親はどのような反応をするのか子どもは気が気でない（左側に位置する事故）。

　一方で，この別離は，子どもが書いた火についての文章から，この事故との結びつきを明らかにしてくれる。《火山を見に行きたいけれど，地面が陥没したり火の中に飲み込まれてしまうのが怖い。》

　ここで，Pの義父に対する行動や感情を分析するために，木の右側にあるものや描画内の右側に配置されている描画サインを検討していくことにする。

　これまでに草むらにいる野牛が子どもを象徴していると書いたが，中央やや右に位置しているこの動物は，棒を持った人物に威嚇されている。つまり病歴からも解るように少年は家の中で叩かれているのである。それでいながら，この少年は尊敬する義父に同一化しようとしていることも指摘できる。義父の優しさを期待しているのである（芝生の上のフック，野牛の上部に描かれたフック，右の方向に角が向けられている，右側のバリケードのマルと関連する野牛の目と舌のマル）。

　しかし，義父の愛情を手に入れることも出来ず（鼻のマルは黒く塗られ，柵のマルは横線で分断され，フックは樹冠部の右側に垂れ下がっている），意気消沈し見捨てられたと感じている（右に垂れ下がった樹冠，野牛の位置

は下方，野牛のからだは黒く塗られ，下方へのはみ出しも見られる）。

　柵のマルは左側よりも右側のほうが大きく横線は明らかに右側のが濃く太いことから，子どもは義父よりも母親に愛されていたと考えることができる。右側に位置する野菜畑の中の横線の入ったマル，家は下方に位置し，あまりに小さすぎて心許ない。つまり，子どもは必要としている安全感や安定感を義父からもらえずにいたことが理解される。

　こうしてPは義父に対して怒りを感じ，攻撃性を示すことになる。右側の樹冠と角の上に鋭い描線がみられ，これは芝生と右側のバイクに用いられている棒状の描線と関係している。この子どもは自分の攻撃性を非難されていると感じ，さらにその思いがとても強い。いくつかの描画サインからもそのことが理解される。

　右側の自動車と野牛は黒と白，殴り書きの陰影，黒々とした野牛のからだと前脚の歪な描線，同じような歪な描線は右側の幹にも見られ，矢のように鋭い描線は芝生の右下方に引かれている。この2つの描画サインから敵意や対立を自分なりの表現でできないので，Pはこれを自分の方に向けている。だから，子どもは葛藤状況の中にあり続ける（動物の角の描線の交叉，同じように前脚の描線の交叉，右側の樹冠部と芝生の描線の交叉）。

　以前に，母親に対して明らかな衝突があったことを指摘したが，義父に対しては同じような態度を示していない。つまり，右側のバリケードのマルは左側のような描線の交叉で終わっていない。さらに右側の芝生の描画は柵まで達していない。この2つの間には空白が存在しているのである。

　子どもは義父に対して葛藤をより一層抑圧している。優しさの要求に対して，義父は脅迫（棒を持った人物）と攻撃性で応じている。パトカーの上にあるマルは，鋭い描線で縁取られている。子どもは自分が招き入れた恐怖と不安でがんじがらめになる。

　描画中の人物は子どもであり，動けないままでバリケードは右上の方で分断されている。野牛の脚は単線で描かれ，危険と向き合ってもしっかりした支えにはなっていない。

　動物は棒を持った人間に背を向け（おそらくここでは義父を象徴していると思われる），攻撃しようと踵を返すこともしていない。足は絡まり交叉し，

第4章　バウムテストの一般的な描画への応用

サボも履けず，もはや逃げることもできずにいる。だから動けずにその場に固まってしまっている。右側の幹の描線は軽いタッチで描かれはみ出していることがこの解釈の根拠となっている。

　A.ミュエルの言葉《義父の前では，固まってしまい何も言うことができない》によれば，Pの態度はこの解釈に符合する。だから，彼は自分が望むような男性性を主張することができなかった（野牛はすでに指摘したように男性性のシンボルであり，これは中央やや右に位置している）。この時すでに恐怖を感じているのである（棍棒を持つ人物が野牛の後ろに位置している）。

　この点について，Pの柔道に関する作文が明らかにしてくれる。《男らしいスポーツだと思うから柔道が好きだ》と，書いている。さらにこう続けている。《以前は誰かが攻撃してくるんじゃないかとびくびくしていたけれど，今は一人で外を歩くのも全然怖くない》。

　このように，描画サインを分析することで，義父に対する子どもの両価性，彼の関係資料に見られる両価性が確認された。

　A.ミュエルは次のように述べている。《Pは義父が食事の時に飲酒するのに怯えているとしても，仕事をしているときの様子を賞賛している》等。（このことはすでに引用している）。

　Pはまだ危機に直面できるほどに成長していないと感じていたとしても，困難を巧みに避けることはできた（幹の糸状の陰影や右側の空の陰影）。そのことは，彼が書いた文章に策略をテーマとした内容が何度も繰り返し出てきていることからも理解できる《誰かが僕をつけてきたら，僕を追い越していくのかずっと後ろについてくるのかを確認するために歩くスピードを緩める。

　この場合，僕は立ち止まり，相手を知っているようなふりをする。そうすれば，そいつは逃げていく》。さらに，犬よりも大きいオオヤマネコは《肉食で動物を食べている。威嚇して野牛に攻撃を加えるが，あまり速く走れない》。この文章と描画の間に見られる類似性に驚くしかない。

　この最後の分析から次のような疑問が湧いてくる。Pはこのような状況をどのように感じ，どのような方法で心の均衡を図っていたのだろうか。

きちんと見なければならないのは，描画の中心と木の中心に見られる描画サインである。子どもは悲嘆に暮れ，裏切られ，無価値な人間だと感じていることを示す描画サインについてはすでに示した。Pは心の平安が葛藤によって脅かされ（木の中心に見られる描線の交叉），それでも自分自身が安定することを望んでいる（樹冠部と同じ高さの幹，描画の真ん中に位置する自動車は上部に描かれている）。

　幹は弱々しく下方で狭くなっていて，幹の輪郭線は左端が長い，幹は右の樹冠部とつながり，樹冠部は上方に広がっていて，柵からはみ出している。ここでの描画サインの集まりから，何かの弾みで一挙にこの不安全感を一掃したい欲望があると解釈される。

　この欲望を実現するために，Pはいくらかやんわりと鷹揚に（木の下端から離れた枝），そして時に鋭く（鋭い描線で描かれた短い枝），時に弱々しく（木の下にいる子ども）自分を守っている。彼は野心を持っていて（右を向く幹，柵からのはみ出し），自分の失望や失敗を取り消すことができるものを見つけようとしている（木の下で左に傾く人間）。

　少年は柔道について次のようなスポーツだと書いている。《どんな技を使うか，相手がどんな技を使ってくるのかを考えないといけない。だって返し技があるのだから……》

　旅行に出発しようとしていると思われる上方に描かれた自動車について解釈してみよう。描画の中心に位置するモチーフである。これまで見たように描画の中心あるいはその付近にあったモチーフは，棒を持った人間と野牛である。それに描線の交叉である。芝生の鋭いあるいは棒状のフックである。

　子どもは描画の中心に，旅行に出発する風景を描き，家庭内に渦巻いている恐怖，攻撃性，葛藤から逃れたいと思っている。単線の枝（現実を美化したい欲望）は，この解釈が妥当だということを示している。Pは家の中にカタストロフが生まれつつあることを見抜いている（左側の事故と原形をとどめない自動車）。

　しかし，彼は纏まりのある家族を夢見ていて（自動車の中に4人が乗っている，少年の家族は4人で構成されている），静かに幸せそうに車（旅行への出発というテーマはこのことを象徴している）を走らせている。

他の描画サインからは，すでに指摘したように，困難さや不安から逃れたい欲望が示されている。幹の糸状の陰影と右側の空の陰影，素早く描かれたバリケードのねじ曲がった描線，それらはここでは道路の素早く描かれたねじ曲がった描線と繋がって見える。原っぱの野牛が前進することができず，子どもは恐怖のために動けず（バリケードで分断されている），この自動車だけが前に進もうとしている。

ここで子どもが書いた作文を参照すると，彼がスポーツ（柔道）の中に自己肯定感を求めているのが理解される。あるいは，今分析した自動車が上方に位置していることから，《運動の欲求》[注3]が読み取れるかもしれない。

その他の描画サインからもPが活動的に振る舞うことができることを示している（幹の左端が長い，左の幹輪郭線がはっきりした描線で描かれている）。

しかしながら，子どもにとって困難から逃れることはたやすいことではない。というのも，単にバカンスに出発するということだけで困難を消し去るには十分ではない。交通が遮断されたまま（下方で自動車が分断されている），滞在客は道一杯を占めている事故のために動けない（事故の場所に道が分断されて黄色いラインがある）。

車は逃避を連想させ，愛情のかけらさえないと感じている（車に乗っている人の頭は歪なマルや描線の交叉で描かれ，ドアの取っ手は黒マル）。

従って葛藤的状況は続き（車の後ろに描かれた描線の交叉），攻撃性も見られる（道の上方に向かって引かれた鋭い描線）。再び子どもは攻撃的な感情に囚われ自罰的になり（車体の黒と白），攻撃性を自分に向け，自分を罰することばかり考える（車体を描く描線が歪んでいる）。こうしてPは自分が望んだように状況を変えることができず（自動車の上に乗るボート），悲しみを経験する（ボートの陰影）。

その上，自動車の真上に描かれた空の描画サインから，優しさの欠如に由来する葛藤（描線の交叉），しかもその葛藤はあまりに大きすぎて避けることができない（空は一面に素早く描かれた描線で覆われている）。しかしながら，

注3) R. Stora : Le test du dessin d'arbre, coll. 《Encyclopédie universitaire》, Paris, Ed. Jean-Pierre Delarge, 1975, p. 57, rubrique 31.

希望が見られる。それは描画が，この箇所で上方にはみ出しているからである。つまり，子どもは困難を乗り越え自分の優秀さを明らかにしたいと望んでいる（高さのある描画）。

このテーマについて，ここでもＰの作文から次のような一文を引用することができる。《みんな山に登ることができる。……自由な気分で自分が大きくなった気になり，他のものは小さく見える。……これから起きる出来事も普通の将来に起きることだと思う》。自分の優秀さを確認できることはこのように《普通の将来》を思い描けることであり，いい換えれば，それは子どもにとってある心の安定を見つけたのと同じである。

少年は愛されていないと感じ，世の中は危険なところだと感じていると繰り返し示してきた。つまり，彼は孤独を感じていたのである。それを示しているのが，描画の中に数多く見られた太めの濃い描線，つまり幹，上方や右のバリケード，道路，自動車，家，庭の菜園，ピクニック，野牛の輪郭線に用いられた太めの濃い描線である。鉛筆で描かれたところはほとんど全て太めの濃い描線である。木の樹冠部は開かれている。

描画サインのすべては，子どもが刺激や感覚に対して敏感に反応していることを示している。この感官性は彼の文章からも垣間見られる。《僕はスピードが好き。だって風を感じ髪の毛が舞い上がり，顔がひんやりとする。その時吐く息は生気に溢れている》。

さらにＰは「森」の中で，《鳥のさえずり，木々を揺らす風の音，空を飛びあるいは森の中を歩いている動物が動いている》。Ａ．ミュエルは作文を引用した後に，《対象の選択は感覚的にキャッチされたものを通して，繊細な観察力を持っていることを明らかにしている》。このことは少年が自然と一体となり，孤独感から逃れられることを意味している。さらに続けて《「森」の中で，彼は『人と対峙する孤独感』について語り，それは同時に自然とのコミュニケーションは自由に保たれているのである》とも書いている。

Ｐは自然だけでなく人間とも交わろうとしている。バリケードのマルは単線で杭と分断されている。つまりこの描画サイン（１本線で樹冠から分断されている幹）は，子どもが《束縛されるような躾だったと感じ，それを拒否

するかあるいは受け入れる。つまりあまり外的な圧力だと感じていない》[注4]。こうして，かなり重苦しい過去を背負っているにもかかわらず，子どもは自分を脅かすように見えた将来に立ち向かうためのエネルギーが不足していることはなかったのである。このような結論は病歴からも確認でき，さらに義父が家を出た後にPがうつ病になった母親を支え，介護したり家事の手伝いなどをしている。

　描画サインの分析が，病歴や子どもの文章と一致することを確認できたように思う。バウムテストの解釈方法が，さまざまな描画に応用できることが明らかになった。さらに他の描画を用いて証明しようと思う。次の描画を分析するに当たって，描線に関してヘガーの理論[注5]を用いている。

II　リュックの描画と解釈

　まず，子どもの生育史の概略と診察した精神科医の結論を示すことにする。
　リュックは14歳で，第4学年の特別クラスに入っている。彼は母親と二人暮らしで，喧噪に満ちたアパートで生活し，夜もほとんど眠れない状態であった。彼の母親は今にもうつ病になりそうな気配で，激しい喘息発作を繰り返していたので，もう少し静かな部屋を借りることにした。中等教育コレージュは，リュックの成績を高く評価している。しかし，リュックはうつ病と不安症のために精神病理センターに通院していた。彼を診察した精神科医は，リュックが母親とあまりに接近しすぎていると指摘した。しかし，リュックには大勢の友人がいて，ボーイスカウト運動にも参加していたのだった。
　ウェクスラー検査の結果は以下である。

言語性 IQ　　125

動作性 IQ　　126

全体　 IQ　　129

そのため彼に会ったとき知的に優秀な子どもという印象をわれわれは持つ

注4）　R. Stora : Le test du dessin d'arbre, coll.《Encyclopédie universiaire》, Paris, Ed. Jean-Pierre Delarge, 1975, p. 63, rubrique 81.

注5）　W. Hegar : Graphologie par le trait, Paris, Ed. Vigot Frères, 1938, t. I.

図 19（7 月 22 日）

たのである。ここに示した描画（図 19）は，9 月 22 日に，黒い鉛筆で描いた彼が飼っているネコである。

　まず，大まかにこの描画について見てみよう。描画は用紙の中央やや左に位置し，左側にはみ出している。つまり《用紙の左側にはみ出している樹冠：さまざまな理由により満足させてくれなかった母親に対する愛着と攻撃性，極めて両価的。》[注6]

　描画が用紙のこのような位置にあるということの意味は，リュックについてこれまで述べてきたことに見事に符合する。それ以外にも，いくつかの描画サインからリュックが決められた規則にうまく従えないことが分かる。

　描画の直線について検討してみると，上下方向のまっすぐな線は，用紙からはみ出さず，下方に向かう鋭い描線や糸のようなぼんやりした描線と交叉している。規則やそれに従うことの困難さに関してリュックがとてもこだ

注 6）　R. Stora : Le test du dessin d'arbre, coll.《Encyclopédie universitaire》, Paris, Ed. Jean-Pierre Delarge, 1975, p. 67.

わっていること，母が期待していること，あるいはそれに対して彼自身が感じる罪責感を，このような描線が表現している（下方へ向かう鋭い描線が左側に見られる）。この描線の修正に関する解釈は，ヘガーのそれと同じと思われる。ヘガーは，《直線の能動的な役割は生活を律することである》[注7]と述べている。子どもは何とかこのがんじがらめの規則から逃れようとしている（描線を糸のようなぼんやりとした別描線と交叉させている）。このように彼は母親に対して不満を持っており，それが罪責感を生み出しているのだが，それは左前脚から下方へ向かう鋭い描線や左前脚の交叉する描線とぎこちない歪みから理解される。これまでのことからリュックは母親を苛立たせ，自分を罰するように仕向けながら，母親を支配していると結論づけられる（右側の前脚があからさまにぎこちなく描かれ，右方向に上がった描線で終わっている）。

それ以外にも，このネコが安定感を欠いていることが指摘される。つまり左の前脚と右の前脚がそれぞれの脚で同じ高さにない。両脚がきちんと地面についていないようにも見える。さらにからだ全体と比較して脚がとても細く，うまく支えられないようである。リュックはしっかりとした大きな形を描くことで（ネコの胴体に描かれた菱形模様と用紙いっぱいの大きさ），この不安定感を代償しようとしている。しかし，こうした試みはうまくできなかったため，衝動的な行動のために失敗が明らかになった（両脚，尻尾，頭がうまく修正されていない）。

リュックの記録から，彼が優秀で友人関係も良好，社会性を持っていることが読み取れる。そうした事柄について，この描画は何を示しているだろう。左側へのはみ出しはともかく，この描画は用紙の右側が広く空いている。さらにネコはよく観察されていて，きちんと描かれている。つまり詳細まで丁寧なのである。ここでその詳細な部分について左から右方向に検討していこうと思う。

すでに述べたように，リュックの母親に対する愛着は満足のいくものではなかった（左側にはみ出した尻尾）。他の描画サインからも愛着に関してヘ

注7) W. Hegar : Graphologie par le trait, Paris, Ed. Vigot Frères, 1938, t. Ⅰ. p. 105.

ガーが述べているように《描画した者の過去の生活を支配してきた人物や状況に対する情緒的固着》[注8)]を意味する左の不明瞭な太く濃い描線のように，リュックの愛着は固着と解釈される。同じように左方向へ向かう両脚の高さの違いからも同様に解釈される。尻尾の端に見られる描線も歪である。

　つまり子どもはいまだ手に入れることができずにいる優しさを探している。実際に，左の後脚がとても強い筆圧で濃い陰影が施されているのが分かる。この描画サインは《突然わき起こる見捨てられ不安》[注9)]を意味している。子どもの母親が，激しい喘息発作に苦しめられており，入院しなければならないと子どもは心配していることが思い起こされる。

　母親から精神的な支えを得ることができないリュックは，（左の胴体の下方にあるフックと左の後ろ脚のボリュームのなさ）葛藤状況にある（とりわけ後ろの両脚に見られるたくさんの描線の交叉と左側の胴体の下に見られるフック）。さらにこの描画サインと糸状の陰影（左後ろ脚）が結びつく。つまり敵意の感情に罪責感が伴い，いわば子どもが自己卑下したり，自罰的になる傾向のものと同じである。リュックは《衝動的で攻撃的な力を前にして不安を感じている》[注10)]。彼は敏捷な注意力と先を見る力でそうした力から逃れようとしている（敏捷なネコの頭，耳は立っている，目は見開き，口元はしっかりと閉じている）。

　さらに描画の右側を検討しよう。まず何よりも右の前脚が左の前脚よりも上に描かれている点に注意する必要がある。つまり父親の不在がリュックに精神的安定をもたらしていないことを意味する。彼は父親に接近したいと望んでいるようである（頭と胴体に見られる数多くのフック）。

　しかしそれは彼にとって不可能なことであった。右の前脚を見ると少し前に出ている脚と不自然に人工的に繋がっている様に見え，骨折しているようである。リュックは葛藤状況に置かれている。この前脚は交叉しながらもう

注8)　W. Hegar : Graphologie par le trait, Paris, Ed. Vigot Frères, 1938, t. I. p. 101.

注9)　R. Stora : Le test du dessin d'arbre, coll.《Encyclopédie universitaire》, Paris, Ed. Jean-Pierre Delarge, 1975, p. 61.

注10)　R. Stora : Le test du dessin d'arbre, coll.《Encyclopédie universitaire》, Paris, Ed. Jean-Pierre Delarge, 1975, p. 62.

一方と繋がっている。後ろ脚の上の方に目をやると同じように描線の交叉が見られるが，これは糸状の陰影と濃い陰影が連続している。つまりリュックはこの葛藤状況を避けようとして，夢や逃避の中に逃げ込むのである。

しかしそれだけが彼のとった方法ではない。後脚の下の部分に歪な修正が加えられているのが見られる。少年は権威に対して対抗しようとしていて，このことは同時に彼の葛藤の原因（歪な修正を伴う描線の交叉）にもなっている。逆Ｖ字形になっている尖った耳やそれが描線の交叉になっていることから，これらは他者との葛藤の原因になるかもしれない相対立する欲望を示している。同様に，子どもはこの２つの態度のどちらを取るべきか決断しかねている。私は対抗すべきか受け入れるべきかと。

しばしば対抗心が彼の頭の中を支配する，というのも，リュックの攻撃心は常に発動されようとしているのだから。そのことは眼のすぐ上にある筆圧の強い矢のような鋭い描線が示している。左耳が胴体とうまく繋がっていないことに注目しよう。アパートの騒音がリュックや母親の悩みの種になっていることを忘れてはならない。

リュックが優しさを求め，それが不満足な結果で終わっていることは何度も確認している。黒マルで表されている鼻の描かれ方がそれを示している。このことは口唇期的問題と関連する。黒マルのすぐ傍に，口の高さに描線の交叉があり，それは強い筆圧の鋭い描線で描かれている。

このようにして，今見てきたように，リュックのカルテと観察した描画サインの意味との間に共通点が存在する。描画サインは用紙上の描画の位置，高さ，左側は子どもが母親に対して感じていることやどのように振る舞うかを表している。一方用紙の右側は現実の体験を意味し，この場合にはリュックの父親に結びついている。最後にそれぞれ異なる描画サインとその組み合わせを詳しく観察する。そうすれば多様な描画サインからさらにリュックの反応のいくつかについてその原因を理解できるかもしれない。

しかし，ここではリュックの描画すべてについて詳細な解釈をすることはできない。11月1日の描画（図20）について検討することにしたい。これは空想小説からインスピレーションを受けたものである。状況は6302年に

図20（11月1日）

設定されている。テーマは次のようなものである。住民の全てがそれまで平和に暮らしていた惑星から離れなければならなくなった。6302年，アメリカ人が再び地球に戻って来る。描画はその様子を描いている。地球は汚染されて誰も住めなくなっていた。全ての住民は地球を離れて他の惑星に移り住んで，幸せに暮らしていた。6302年，アメリカ人が地球に舞い戻ってきた。

　描画にその時のことが描かれている。避難していた惑星が，用紙の上部にはみ出すように描かれている。ここでは描画が用紙いっぱいに描かれている。宇宙船が用紙の右側の領域に描かれている。描画の中で描かれているものの大きさが，彼にとって重要な意味がある。左から右へ眺めていくと，アメリカの国旗，開いた上蓋，人間が右側を向いている。これまで暮らしていた惑星は，小さく，そしてその全体は描かれていない。子どもは劣等感を抱き，行動が抑制されているように見える（用紙の上方へのわずかなはみ出し）。彼の代償欲求がますます強くなっている（小さなはみ出しと高さ4）。むしろリュックは用紙の下部領域に絵を密集させている。ここに見られる劣等感

情が悲しみの原因である。

　多くの描画サインが，すでに犬の描画で観察してきたものと一致していて，われわれを驚かすようなものはない。子どもは母親と結びつき（左にはみ出す描線）と父親に似ていることを望んでいる（人間は右方向に進むが，中央やや左に位置している）。彼は愛されたいと思っている（人間のベルトから延長して左の背中）。ここに優しさの探究と口唇期的問題のつながりがはっきりと見て取れる。2つのマルが横線で交叉している口に繋がっている。アメリカの旗は黒丸が先端に描かれ，星条旗の星は小さな黒い点になっている。従って，この探検は満足のいくものではなく，子どもはぽつんと取り残されている。旗はたなびいているが支えがなく，人間の足も地面にしっかりと着いていない。両脚は傾いていてあまり安定感がない。左足は右足ほどには傾いていない。垂直方向の線は歪で（自意識過剰や自罰傾向）はあるものの，ネコの描画よりも描線は整っている。つまり，《揺れのない直線は，描画時に躊躇がない。妨げるものもなく，目的に向かってまっしぐらに進んでいくことが可能である》[注11]と，ヘガーは指摘している。さらに，同じ方向に靴やピッケルの細かな陰影が施されていて，子どもは安心するために，《現実の秩序を受け入れたい》[注12]と思う。

　リュックは，この頃母親に再婚するように言っている。つまり彼は父親がいないことを強く感じていたのだった。さらに詳しくサインを観察していくと，われわれが知っているリュックの別の面と一致することが分かる。

　描画上の人間は，何度もいうように，右の方向に進んでいる。地球に戻ってきた宇宙船は右側に位置している。犬の描画と関連させてみても右側にあることに重要な意味があり，子どもがある男性に精神教育学センターで治療を受けていることと関係がある。しかし，11月1日は治療初日である。宇宙船の窓は円い。リュックは父親的な愛情をもらいたいと思うものの，葛藤状況に置かれている（マルの中の交叉）。彼は不在の父親に対して攻撃的になっていて（ピッケルは右方向に鋭く向いている），攻撃性を持つことに罪

注11）　W. Hegar : Graphologie par le trait, Paris, Ed. Vigot Frères, 1938, t. I .p. 107.

注12）　R. Stora : Le test du dessin d'arbre, coll.《Encyclopédie universitaire》, Paris, Ed. Jean-Pierre Delarge, 1975, p. 62.

責感を抱き，それを自分の方に向ける。

つまり，宇宙船は6本の足で支えられ，その描線は鋭く下方を向いていて歪である。だから宇宙船は実際にはしっかりと地面に固定されていない。3本の足だけが地面に着いていて，全ての足が下に行くほど細くなっている。さらにその上，右側の方が左側よりも不安定な印象を受ける。つまり右側の2本の足が，地面とも宇宙船ともきちんと繋がっていない。さらにリュックはこの葛藤と不安定さに満ちた状況から逃れたいと思い，まるでそうした状況が存在しないかのように振る舞っている（宇宙船のすぐ上の黒い陰影）。

こうした状況はまだ続いているがリュックにとって今はすこし和らいでいる（糸のような陰影が交叉している）。リュックもそれを感じているのは，母親に対して再婚するようにいっているからであると思われる。

1月19日に《人を探せ》と題した描画を彼は描いている（図21）。彼の家族状況が変化したのである。リュックが心配したように，母親は喘息の治療のために離れなければならなくなった。C.E.S.（中等教育コレージュ）の社会扶助が彼に適用され，ある家族のところで面倒を見てもらうようになった。この描画には次のようなコメントがつけられていた《海の真ん中に船は碇をおろしている。これはクストー船長の船である。西インド諸島の海洋調査をしていて，そこでウナギの養殖をしていた。船は海の生き物と調和していてあまり注意を引くこともなかった。赤い珊瑚礁がそこかしこに見られた》。

この描画もこれまでに指摘したのと同じように，用紙いっぱいに描かれている。その上右側に大きな岩礁がある。このことはリュックの欲望を的確に表現している。つまり父親を捜し求めているのである。同時に母が再婚するのを望んでいると思われる。2匹の魚が互いに向き合い用紙の上部に描かれている。一匹は，大きく左側にあり，もう一匹は右側の位置を占めている。この二匹の魚はリュックを向かい入れる家族を表しており，どちらが母親で父親であるかはともかく，描画の構成に違和感はない。家族団欒の中に父親がいるということは，子どもにとって，とても重要なことである。錨の鎖が左から右へ用紙全体を横切るように描かれ，右端の錨まで延びていて，このテーマをよく説明している。それと同時に母親への愛着も強い。というのも，

第 4 章　バウムテストの一般的な描画への応用

図 21（1 月 19 日）

左上の魚は，これと向かい合っている右の魚よりも遙かに大きいからである。鎖は左上にはみ出しているが，右下に固定されている。

　ここで，左側の描画アイテムを詳細に検討してみよう。すでに述べたように，リュックは母親から離れていて困難を抱えていた。この子どもは自分が期待した優しさをいつも受け取ることができずにいたのである。それは，見上げるようなイソギンチャクの波形の描線，上方の魚と同じように左方向を向いている下方の魚の黒マルで描かれた眼が表現している。さらに上方の魚の口は濃く描かれ，そこから口唇期的問題と愛情を求めている関係が見て取れる。ここから攻撃性が出現する（上方を向いているイソギンチャクの鋭い描線と描画の上部にいる魚の鰭に見られる上方に向かう鋭い描線）。

　リュックはこうした自分の感情を恥ずかしいと感じ，それを周囲に分かってもらいたいと思い自分を罰しようとしている（2 匹の魚の鰭は下方に向かう鋭い描線で描かれ，上方の魚の輪郭線は歪んでいる）。さらにこの 2 匹の魚の下に木が延びているが，木の上部が逆 V 字型になっている。リュック

165

は自分を裏切る母親に対峙し，母親の前で強い自分を見せたいと思っている（灌木の描線が不完全な菱形模様）。

　最も左にある植物は，それを支える曲線と繋がっておらず，2本の植物は根もとにいくほど細くなっている。つまり，子どもは安定を欠いており，不安定感を抱いている。これはすでによく知られたことである。子どもはこのように葛藤状況にあり（左の植物に見られる描線の交差），不安感が彼の活動性を阻害している（左の木に見られるゆっくりとしたねじれた描線）。しかしながら，この不安感はすぐに消えてしまう（左の木の素早いねじ曲がった描線）。実際のところ，リュックはこうした状況から逃れようと現実を美化し歪め（左の木に見られる単線の枝），何とか自分を強く見せようとする（植物の菱形模様が単線や2本線で描かれ，シンメトリー構造をしており，高さ4）。反抗的態度をとることで自分を強く見せようとする（逆V字型になっている。植物の枝）。

　次に描画の右側に見られる描画サインについて検討してみよう。すでに分析したのと同じようなタイプの植物が見られる。下方の部分は素早いねじれた描線で描かれている。子どもは不安が強く，そのために活動的になれずにいる。しかし，なんとか面目を保ち，強い自分を見せたいと望んでいる（シンメトリー構造，二本線の不完全な菱形模様）。しかし枝はシンメトリー構造で描線は交差し，葛藤状況にあるために，彼は圧倒され，失敗するのではないかという気持ちになっている。つまり，上方の左の枝は切り取られている。父親の不在がもたらす不安感は，母親が不在になってしまったことによる不安よりも強いと思われる。

　この描画は，《人を探せ》と題されていた。というわけではないが，右側の大きな岩が人間の横顔に見えることに気がつく。リュックはその横顔の人から優しさを与えられることを望んでいる（鎖のマルと岩の中に見られるフック）。この期待は裏切られるしかない。描画サインからそのことが理解できる。というのも，黒マルが至る所に出現しているからである（大きな魚の眼，小さな魚の尾鰭）。すでに見てきたような感情が，リュックの中に生まれているのである。それは攻撃性（岩の鋭い描線が上方や右方向に向かっている）であり，リュックはそれをいけないことだと思い，自分自身に向け

ている（下方へ向かう小さな魚の鰭）。すでに見てきたように，自分を罰しようとする傾向が強く（岩や上方の魚に見られる歪な描線），こうした感情や態度は権威に対する彼の感情であり，それは紛れもなく父親を象徴している。

　リュックは葛藤状況にいながら，なんとかそれを避けようとしている。右下の植物は，実際のところ，描画の左側に見られる植物と同じような心理的布置を表現している。描線の交差，素早くねじ曲がった描線，単線の枝と不完全な菱形模様で描かれている。彼は現実を美化し，自分は強い人間なのだと見せることで失望を誤魔化そうとしている。

　横顔に見える人間の《口》の高さに置かれた植物を検討すると，子どもの口唇期的問題（小さな黒マルと鋭い描線が交差する樹冠）を見つけることができる。

　すでに右上の魚の描画について述べたが，ここでさらにこの描画について別な傾向について付け加えようと思う。父親の不在が，不安全感を生み出す。左の魚にこれと同じ描画サインを見つけることはできない。不満足感を抱かせる母親ではあるけれども，安定感が欠如しているという強い印象は認められない。

　彼が描いた数枚の描画をさまざまな視点から分析しても，リュックの家族状況や感情は同様に反映されている。

　リュックの他の描画を分析しても同じような結果を繰り返し述べるだけになってしまうだろう。しかしながら，7月28日の描画（図22）を手短に提示しよう。この描画は，最初の描画から1年経過している。学校の成績は改善し，第4学年では成績は芳しくなかったが，第3学年では普通級であった。外国でバカンスを過ごした後に，彼は再び母親と同居し，以前と同じ騒がしいアパルトマンに転居した。ここに示した描画は，前の年に描いたようなサイエンスフィクションに登場する人間ではなく，リュック自身である。具象的に描かれ，15歳の少年が自己のアイデンティティを求めて描いたのである。この描画では用紙の右側に初めて著名しており，自分をはっきり表現し

図22（7月28日）

ようとしている。これまでの描画はすべて左側がはみ出しているのに対して（不満足感をもつ母親への愛着），この描画は用紙の中央に描かれ，ここには《自己と世界との間の均衡を見つけたいという欲望であり，周囲の考え方を受け入れようとする》[注13]ことを意味する。顔の位置はやや左側に位置し，眼は横に広がり幾分女性的な印象を与えるものの，リュックは成熟し，さらに問題に立ち向かおうとしている。問題のいくつかを挙げてみよう。まず騒音（耳は髪の毛で隠されていて見ることができない），次に見捨てられ感と優しさの渇望（下方へのはみ出し，顔面に見られる小さな黒い斑点），そして裏切られた精神的安定（顔の中心に描かれた鼻は眼とつながり，眼と鼻の縁取りが奇妙な感じを与える）。リュックは先を見ることで(表情と鋭い眼)，あるいは我慢強く（丁寧に描かれた睫毛と眉），あるいは頑なに緘黙することで（逆V字型になって固く閉じている唇），自分自身をコントロールしよ

注13) R. Stora, Le test du dessin d'arbre, coll.《Encyclopédie universitaire》, Paris, Ed. Jean-Pierre Delarge, 1975, p. 56.

うとしている。さらにここでも彼は強く見られたいと思っている（頬は大きく，しかも右よりも左の方が膨らんでいる）。

　教育センターでの治療はまだ終わっていないが，簡潔にそして迅速に，描画サインの研究という実り多い成果をわれわれに示してくれた。

Ⅲ　ダニエルの描画と解釈

　木のテストの解釈方法はすべての描画に応用できる。ここでもう一人の子どもの描画を提示しようと思う。名前はダニエル，年齢は13歳半である（図23）。

　ダニエルは，学業に無関心なため精神教育センターに連絡された。ウェクスラー知能検査の結果は以下の通りである。

　　　　　言語性IQ　　　88
　　　　　動作性IQ　　104
　　　　　全IQ　　　　　96

　知能検査を実施した心理士は，《情緒面での全般的な無関心》についても指摘している。

　ダニエルは，男5人兄弟の第三子で，望まれて生まれた子どもではなかった。実際，母親は《もう子どもを育てるなんてうんざりだよ》と言っていた。さらにその上，彼が生まれてから半年間母親は病気になり，ダニエルが乳児の頃，ほとんど世話ができなかったと自分を責めている。

　ダニエルは第4学年になると勉強が困難になる。国語ができないのだが，それは《復習をしなかったからである》。

　ダニエルを診察した医師のコメントによると，学校環境を重苦しくつらいと感じ，自分の殻に閉じこもる。さらに，彼は自信と闘争心に欠けている。同時に彼は状況を分析することができない。困難に直面すると，最初は微笑んでいるが次第に固まってしまう。医師によれば，彼の態度はかなり未熟である。彼は男兄弟の中にあって競争意識はかなり強い。

　自宅でのダニエルの行動記録も彼の所見をさらに補強するものであった。つまり，一人でいることを好み，ほとんど会話に加わろうとしない。それで

図23（13歳半）

も彼は父親よりも母親と進んで話をする。とりわけ，学校の勉強のことが問題になるとなおさらである。それはおそらく，父親が技術者で母親とは違って研究を続けているからである。落第して高等証書をもらえなかった母親には想像できなかっただけでなく，息子が授業についていけなかったのは普通のことと受け止めていたのである《理解できないとしても，彼に責任はない。私がそうだったのだから》。ダニエルに薬が処方され，ミニチュア模型を作ることを好んだ。彼は自分よりも年下の子どもと遊ぶのを好み，特に自動車の模型で遊んだ。

描画の中に行動特性と同じものを見つけることができるのではないだろうか。最初の描画は，3月の日付が入っているので，最初のリハビリテーションから3カ月後の描画と思われる。彼はトラリー動物園の中を散歩した様子を描画している。

まず，車の中に誰も人間が乗っていないことに気がつく。これは何か問題が起きたわけではない。実際のトラリー動物園では，ライオンがいる区域を通る際に，車から外に出てはいけないことになっている。それでもダニエルは二頭のライオンと小さい寝そべっている一頭の子どものライオンを描いている。まるで兄弟を排除して一番末の子どもになろうとしていて，資料にあるように，《彼は男兄弟の中にあって競争意識が強い》ことが理解される。他の描画サインからもこの競争意識を読み取ることができる。樹冠は閉じていて，内部がびっしり描かれている（サイン45）の解釈は《自己防衛，保身，制御》[注14]である。これは心理項目R18「同胞間の関係がうまくいっていない」に詳しく述べられている[注14]。《13歳男子：男児は自己を守り，獲得したものを守りたいと望んでいる》[注14]。ルネ・ストラは，「同胞間の関係がうまくいっていない」について，《男児も女児も共に同じ問題に直面している。つまり自己をいかに守るかである》[注14]。さらにストラは続けて，《隠すこと，癒やすこと，保持することの努力には，よき存在でありたいという欲望が下支えになっている》[注14]。あるいは，描画の中に，「白と黒の対比」（サイン73）（子どものライオンと右側のライオン）は，《精神的善悪の問題。善であ

[注14] R. Stora : Le test du dessin d'arbre, coll.《Encyclopédie universitaire》, Paris, Ed. Jean-Pierre Delarge, 1975, p. 254.

りたいという欲望》^{注15)}と解釈できる。

　地面に寝そべっている小さなライオンは受動的で，「均等に塗られた陰影」（サイン72）《子どもっぽい依存感情》^{注16)}のように依存的であり，この描画サインと共に左側へのはみ出し《母親への両価的な愛着》^{注17)}を結びつけることができる。しかし，ダニエルはこの印象（樹冠の高さ7）から，対立することで（逆V字型の樹冠），逃れようとしている。対決姿勢は，日常的には表面化することはない。木は3つの連続する逆V字型なっていて，そのうち2つは木の内部にある。

　子どもは頑なさ（三番目の逆V字型がぼんやりとした陰影）と不適切な行動（逆V字型の単線の枝は幹と繋がっていない）を呈している。ダニエルは自分が望むように自己肯定感を手に入れることができない。彼は固まってしまい（木の左側が分割されている），直接困難に立ち向かうよりも避けようとしている（右側の枝と子どものライオンの右側に施された糸のような描線による陰影）。この二つの反応は，すでに見てきたように資料にも記載されているものである。

　ダニエルは自分自身を小さい存在だと思っている。子どものライオンは用紙の下方で，腹ばいになっている。それに対して二頭のライオンは真っ直ぐに立っている。とはいっても，子どもは大きな欲望と相手を支配したいという欲求を持っている。用紙の方向や配置を見ていくと，まず縦方向に描画アイテムが集まっていて上方にはみ出している。ダニエルが二枚目の用紙を受け取ると，最初と同じように縦方向に使っている。「二本線の枝」は現実に対する普通の判断を示し，枝には棒状の陰影が施され，同じ方向を向いている。子どもは他人に興味を持ち，他人をコントロールしたいと思っている。

　しかし，この「右側へのはみ出し」は，相手に対して威圧的な態度をとるといった意味もある。ダニエルは自己を肯定し，失敗や不全感を補償し（上

注15）　R. Stora : Le test du dessin d'arbre, coll.《Encyclopédie universitaire》, Paris, Ed. Jean-Pierre Delarge, 1975, p. 62, rubrique 73.

注16）　R. Stora : Le test du dessin d'arbre, coll.《Encyclopédie universitaire》, Paris, Ed. Jean-Pierre Delarge, 1975, p. 62, rubrique 72.

注17）　R. Stora : Le test du dessin d'arbre, coll.《Encyclopédie universitaire》, Paris, Ed. Jean-Pierre Delarge, 1975, p. 67, rubrique 120.

方へのはみ出し），優しい人間として振る舞う（幹を分断する樹冠部）。二本線の枝は黒々としていて，幹などと繋がっていない。木の輪郭は左右に膨らみがない。このように，ダニエルは他人を支配しようとしながら，それに困難を感じ，反対に引きこもってしまう。さらに自分を肯定したり他者に向かって行動することに恐れを感じ，引きこもりになってしまっている（幹輪郭線は筆圧の弱い描線）。さらに資料にも，この子どもは学校でも《殻に閉じこもり》，自宅にばかりいて周囲とほとんどコミュニケーションをとろうとしていないことが詳細に報告されている。

　ダニエルは普通の知能の子どもであり，知的な文化領域に関心をもつことも可能である（幹を分断する樹冠部，幹よりも遙かに大きな樹冠部）。しかし，社会に対してあるいは何か刺激に対して年齢相応に反応することもなく，防衛が強く，はぐらかす傾向が見られ（樹冠は閉じていて，内部がびっしり描かれている），彼の判断はしばしば独善的（単線の枝で陰影が濃く，枝が繋がっていない）である。だから，ダニエルは《状況を分析することができない》とか，学校で《復習をしない》ことを周囲から非難されることも，資料で示されているので驚く当たらない。

　子どもは母親に愛着を示す。子どものライオンは，木と同様に左側にある。すなわち，木が描画の中でその大きさから見ても，重要なモチーフになっている。母親に対して不満があり（左へのはみ出し），子どもは父親を好む（右へ向かう樹冠，左のライオンより右の方が大きい）。しかし，この右側のライオンは裏切るかもしれない。何故なら，右側のライオンは子どものライオンに背中を向け，用紙の下方に描かれているのだから。

　描画を見ても，ダニエルについての資料と同じような所見を得ることができた。ここでは，子どもの行動をさらに詳しく説明するために，描画の詳細を検討しようと思う。

　左のライオンは右のライオンとは異なり，子どものライオンに背中を向けていないがどこか別のところを見ているようで，岩の上にじっとしている。描画の左に位置するものは母親に対する感情を意味しているので，ダニエルは母親が遠くにいて近づけないでいる存在と思っていると解釈できる。左の木は樹冠輪郭線が平べったく同じ方向を向いている。左にある岩も尾っぽも

木の幹もクロッシュで上方に向けて施されている。つまり優しさを求めているが不満足な結果で終わっている。左のライオンの目は黒マルである。筆圧の強い描線で陰影が施されたライオンの口は，口唇期的問題があることを示している。従って，子どもはこの裏切る母親に対する攻撃性を感じている（左へのはみ出し，左の枝は上方への鋭い描線で終わっている）が，その感情を敢えて表現しようとせず（鋭い描線は木の内部に残っている），むしろ自分自身に向けている。

　ライオンの背中と同じように，幹の下部に向けられた鋭い描線。この鋭い描線は歪んでいる，ということは，子どもは自罰的感情を抱いているようである。さらに木の左側の樹冠の描線が歪んでいることに気がつく。この歪んだ描線には上方へ向かうものもある。つまりダニエルは対決し，支配し，強要しようとする。しかし，彼は裏切られたと感じ（グルグル書きの垂れ下がる樹冠），母親の関心をどのようにすれば手に入れられるかと考えている。ここでも彼は葛藤状況にいる。歪な描線が木の内部で描線の交差を作っている。幹の左側にも同様の交差が見られる。さらにダニエルは困難を抱えたまま，夢や逃避によってこの困難から逃れたいと望んでいる（均等に塗られた陰影，幹よりも遙かに大きい樹冠部）。

　右のライオンが子どものライオンに背中を向けていること，樹冠の輪郭が右上で平べったく膨らみがないことについてはすでに触れた。右側は父親への感情を示し，子どもは父親との接触や会話が少ないことが指摘できるのだが，それはダニエルの資料でも述べられていた。この父親が安心感や心の支えになっていないことも付け加えられる。つまりライオンの前脚が地面についておらず，子どものライオンは右の方に傾いている。それでも子どもは父親からの優しさを期待している。ここにたくさんのクロッシュがある。それは地面の上，樹冠内部の右側，右のライオンの足下に。しかし，ダニエルはこの優しさを手にれていない（眼や鼻の黒マル，左脚の上の陰影）。ここにも同じように葛藤状況がある。ライオンの下や腹部にクロッシュが交差して見られる。

子どもは父親に対して攻撃性を感じ（ライオンの口髭の上にある鋭い描線），不安におびえて身体を振るわせながら父親と対決している（大きなライオンの上に位置する子どものライオン，たてがみが逆Ｖ字型の陰影）。しかし，ダニエルは罪責感と攻撃的な感情を感じている。

　つまり左のライオンの胴体に見られる陰影，上方へ向かう鋭い描線が下方へ向かうものよりも筆圧が強くない（口と後脚）。自分自身を罰しながら父親にさまざまな感情をぶっつけ（背中と後脚の歪な陰影），埋め合わせをするためによく見られたいと思っている（黒と白の対比）。樹冠部の右側に右方向に走る鋭い単線が枝のように描かれ交差している。つまり父親に対して抱いている攻撃的な感情が彼を葛藤状況に引きずり込む。

　もちろん，ダニエルはこの状況を避けたいと望んでいる（鋭い描線に重ねて糸状の陰影）。自分を強い人間に見せようとしているのは，この陰影が菱形模様をしていることから解釈できる。

　上方（幹の右側）と右方向（樹冠内部の右側）への鋭い描線が，木の内部に見られる。つまり，子どもは父親に対して感じた攻撃性を外在化できない。この点については，医師がダニエルには闘争心がないと記載している。しかし，ダニエルは父親に対する葛藤を明らかにし，何とか優しさを手に入れたいと望む。実際に，木の右側の部分にたくさんのクロッシュが見られる。これが歪んだ描線になっている。子どもは何とか注意を向けさせようするが，方法が不器用なために攻撃的な感情をうまく表現できない（木の右側の鋭い描線は下方に向いている）。

　ここまで述べてきたように，木の上方にある３つの逆Ｖ字型のうち２つが樹冠内部にあることから，ダニエルは対抗する自分の気持ちをうまく外在化できないのである。ここで，葛藤状況にあってこの対立的な欲望が子どもの中に生まれ，それが明らかになったとき，不適切な仕方なのだということを付け加えておこう。実際，樹冠部にある３つの逆Ｖ字型樹冠の最初は，木の右側の輪郭線上にあり，歪な描線の交差が見られる。

　この絵の中心にある描画サインとして，小さなライオンを眺めてみよう。そうすると，私たちがこれまでに実施した分析のいくつかがはっきりと確認され，同時にダニエルが心の安定を見つけようとしていた方法も分かるだろ

う。寝そべっているライオンは，受け身的な態度であることはすでに指摘した。つまり，均一な陰影のサインから，この受け身的態度が理解される。

そして，まだ与えられていない愛情を探し求めているのである。それは，左右のクロッシュ，頭のてっぺんにある大きな黒丸，大きなライオンに向かって延びた右足とそのライオンに向かう右側のクロッシュから理解される。

右足と右側のクロッシュは，ダニエルが父親に自分の方を向いて欲しいと強く望んでいることを示している。このことからも，彼が攻撃的な感情（鋭く筆圧の強い描線で描かれた尻尾と樹冠内部）を経験し，そのためダニエルは葛藤状況（ライオンの右側と木の中心に見られる描線の交差）に置かれているのである。

この状況から逃れるために，ダニエルは自分自身に攻撃性を向け（矢のような鋭い描線は下方に向かっている），自分に注意が向けられるように，自らを罰しようとする。つまり，ライオンの尻尾にある鋭い描線は，歪で整っていない。幹に沿って上方に向かう鋭い描線の描画サインがあり，ライオンの子どもは黒白の陰影になっている。つまり，ダニエルは自分が感じた敵意を打ち消すために，自分を良く見せようとする。

彼は困難を避け，不安から逃れようとする。それは，ライオンの子どもの左側に素早く描かれた曲線，ライオンの子どもの右側と木の中心に描かれた糸状の陰影から解釈される。しかし不安は彼の行動の足枷となる。それは小さなライオンの傍に見られる糸状の陰影とのろのろした曲線から理解される。

しかしながら，ダニエルは自分を認められたいと望み，自分の知的能力を活用する。木と樹冠は堂々と成長している。対立しながら，自分を認めてもらおうとするのである。すでに指摘した3つの逆V字型樹冠もまた木の中心に位置している。

車の描画についてまだ考察を加えていなかったのだが，すでに示しているのと同じである。ただ，黒マルのタイヤが地面の上に置かれていないことに注意したい。つまり彼が望んでいる愛情も優しさも受け取っておらず，支えがないのである。誰にも見向きもされないこの子どもは，あえて何も見ようとしない。フロントガラスは黒く，何も見えない。自分に攻撃性を向け，敢

第4章　バウムテストの一般的な描画への応用

図24（14歳半）

えて対決しないでいるダニエルが，権威に対して問題と拒絶で臨むことにわれわれはもはや驚かない。車のドアや下部が歪な描線で描かれている。さらに，横に引かれた直線は歪で，車の下部に地面ラインが接していない。

　ダニエルに1年後に再会した時に，彼は困難さをある程度解決していた。その方法を見てみよう。短時間でテストを行い，彼の描画（図24）は2本マストの船であった。子どもはまだ支えを探し求めている。右のマストが右に傾いていた。しかし，描画は以前に比べてクロッシュが少なくなっている。とはいうものの，ダニエルはある種の支えを見つけていたのだった。1年間続けたリハビリはおそらくこの事実と無関係ではない。帆船のキャビンに窓はない。つまり，いつも外を眺めるということをあえてしなかった。ところが彼の活動性は良くなっている。マストは黒いのだが真っ直ぐである。ヘガーの指摘が思い起こされる《揺れていない直線は描線に躊躇が見られないから

177

である。障害物もなく，目的に向かって真っ直ぐ進むことができる》[注18]。ヘガーは次のようにも書いている《真っ直ぐであるとは，攻撃的な原理が背後に存在する》[注19]。

ところで，矢のような鋭い描線は，ここではもはや単に下方に向けられた描線に過ぎず，船の一部を構成しているだけである。これらの描線は左右に向かっていて，船体から浮き上がって見える。ダニエルが，自分のことをあまりに強く認めてもらおうとするしている（上方へのはみ出し）にも関わらず，より適切に成長したことを示している（描画の高さ3）。こうして，子どもは自分を承認してもらうために，自分と向き合い，安定する場所を探し求める。そうすることで，子どもはさらに行動的になれるのである。この時期に診察した医師が，次のような指示を出している《もっと身体を鍛えなさい。もっと自己主張をしなさい。それほど時間はかからない》。しかし，カルテには《来年，受診予定》とある。ダニエルにはまだ支えが必要なのである。

Ⅳ　ヤニックの描画と解釈

ヤニックについて考察しようと思う。彼の描画（図25）にバウムテストの解釈法を適応してみると，他の資料の不足を補っていることが確認できる。ヤニックは13歳6カ月。父親はイタリア人で，専門職についている。子どもから見るとこの父親は厳格な人のようである。子どもは父親を懼れ，面と向かって話すことがない。父親に対して，決して《いいえ》と口答えしたことがない。ヤニックの母親は，フランス人である。子どもは父親よりも母親の方が話をしやすい。特に学校の勉強のことになるとなおさらである。

ヤニックには6歳の妹がいて学校の成績がとても良いため，ヤニックの学業不振が目立ち，教育心理センターに通うことになってしまった。彼は生後3カ月で里子に出され，1歳半の時に家に戻っている。父親の労働時間が不規則なため，子どもたちはほとんど父親に会わない。ヤニックは自宅では感情を表に出さない。ほとんど話をしないのだが，何かを言いつけられると役

注18）　W. Hegar : Graphologie par le trait, Paris, Ed. Vigot Frères, 1938, t. Ⅰ. p. 107.

注19）　W. Hegar : Graphologie par le trait, Paris, Ed. Vigot Frères, 1938, t. Ⅰ. p. 105.

第4章　バウムテストの一般的な描画への応用

図25（13歳半）

に立った。泣くこともなかった。暇なときには，ミニチュア模型を作り，柔道や自転車を乗り回している。または町の交響楽団が開くサキソフォーンの練習に行っていた。去年この練習を辞めたいと思い，両親に嘘をついた。しかし，父親が息子の欠席を知って叱り，再び練習に戻らされたのだった。

　ヤニックは父親の祖国が大好きで，イタリア語を話す。彼は，イタリアに飛行機で旅行したことをテーマとしてフランス語の作文を書き16点を獲得した。

　ヤニックは実際には第4学年だったのだが，学業不振で，校長先生から《落第》と判定されている。彼はフランス語の教師を除けば，教師たちとうまくいっていた。数学は優秀で授業中も活発であった。彼の行動と授業での評価は決して満足のいくものではない。《努力はしているようだが成果に結びつかない》というのが去年の評価。今年の評価は，《努力はしているが真面目さに欠ける》というものだった。

179

心理教育センターでヤニックの学力検査を行った教師は，《知的に高いのだが，勉強に対してはある種の不安が見られ，勉強ができるようにと強く望んでいる》と記している。実のところ，ヤニックはパイロットになりたいと思っている。この教師は，さらに子どもの得意な科目である数学の授業中に見られる教師への抗議や馬鹿騒ぎも，《自分自身の価値を貶める行為》だと指摘している。

　ヤニックは投影法検査を受けている間，積極的に取り組んでいるようには見えない。つまり，心理士の目には，彼は《困惑している》と記載している。

　ロールシャッハテストの反応は少なく，過度に理性的に反応し，限定的な子どもっぽい興味の領域に終始していた（動物や平凡反応が多い）。

　ヤニックは自分の攻撃性を抑圧し，情緒的な反応をコントロール（適応しているように振る舞い），あるいはそうした影響を否認している（しかし，こうした反応は彼の能力を知らぬ間に適切に評価させないかもしれない）。

　深刻な精神病理的な危険も，神経症的な精神構造もなく，あるのは性格の弱さだけである。

　TATの結果から，ヤニックが学業不振を気にしていて，一方両親は彼の成績については心配していない。ある時は成功の夢に浸ることで否認し，またある時はそれを認め自己破壊の誘惑に囚われ，さらに罪悪感に苛まれる。両親のイメージ，とりわけ父親のイメージに対する攻撃性は激しかったが，ヤニックはそれを認めなかった。ヤニックが語る話は，敵意の感情を隠した表現と敵意の否認の間に揺れていたのである。概ね，彼は敵意を向けるよりも，自分を責めるほうを選んだ。その上，母親との親密すぎる関係を断ち切ろうとしたように見える。愛されすぎて飲み込まれそうになり，さらに去勢された関係だからである。彼は勉強を続けることも自己を肯定する力も自分にあるとは感じていなかった。問題に妥協し，少なくとも一時的ではあるが，周囲から興味のあることを遠ざけた。

　描画を見てみよう。曳航する帆船を描いている。旅と逃避のテーマは，イタリア旅行を語ることで良い成績をもらえたヤニックにとって，貴重なものである。それ以外でも，彼がパイロットになりたがっていたことを思い出す。ヤニックは描画の風景を細々と描くことはないが，帆船は詳細に描くのであ

る。投影法検査の時よりもずっと豊かに自分を表現している。

　描画は3本のマストがあり，バランス良く描かれているものの，上方へのはみ出しが見られる。ヤニックは悲しみや抑うつ感（べったりとした陰影）の原因になっている劣等感を払拭しなければならなかった。気持ちを盛り上げることで（上方に位置する，帆柱のロープで構成されている鋭いシンメトリー），この抑うつ感と闘っている。

　この描画の心理的布置は，問題を起こした時に見られたいくつかの要素を指し示している。ヤニックは教師たちに《真剣みが足りない》と言われ，数学の時間に騒がしくしていたのだった。彼は《学業不振をとても気にしていた》と，教育センターの心理士が確認している。黒く何度も塗られた陰影からも，ヤニックが逃れようとしていた不安（帆船の前方に糸状の陰影，海を表している軽い筆圧の曲線）が読み取れる。

　描画が左にはみ出しているのが分かる。他者に対して正面から向き合うことに躊躇している。自分が攻めるべきか守るべきか，どちらの態度をとって良いか分からない。他の描画サインからも彼の躊躇が分かる。帆の花綱状に見える均一の陰影は受け身的態度を表現し，単線の菱形模様とロープの逆V字型は，自己肯定感と対立を示している。このような振る舞いは，13歳男子では普通に見られることである。

　ストラは次のように書いている。《13歳男児の特徴は，張り詰めた困惑のように思われる。内的葛藤に直面した男児は，躊躇と両価性のため強情さを見せることが多く，そうすることで思い悩むことを押さえ込み，同時に感情の弱さを隠し，表面的には何もないように振る舞う》[注20]。

　ここまで示した描画サインは，このストラの記述に良く当てはまる。ヤニックは不安の渦中にある。相手と対立してでも自己肯定感を得ることなど到底不可能だと感じている。ロープの大きな逆V字型は，マストのてっぺんにある黒々とした陰影に繋がっている。

　投影法検査の結果から，もう一つ別な困難さが示されている。それはこの

注 20)　R. Stora : Le test du dessin d'arbre, coll.《Encyclopédie universitaire》, Paris, Ed. Jean-Pierre Delarge, 1975, p. 146.

描画の全体を眺めると理解できる。左へのはみ出しである。欲望を満たしてくれない母親に対して抱く子どもの感情である。つまりヤニックが避けようとする困難である（船体の左側に見られる糸状の陰影）。さらにここには不安も示されている。何度も重ねて塗られた船首の陰影は，船体の糸状の陰影よりも筆圧が強い。

　投影法検査の結果と同じように，ヤニックは，《時折，満足できるそして適応したやり方》で，つまり年齢相応に情緒面での反応をコントロールできるのである。同じように，そうした情緒的反応の影響を無視することも可能である。描画テストは困難さから逃れようとする傾向を見事に指摘した。しかし，こうした反応は，《知らぬ間に》ヤニックの《能力を押さえつけているかもしれない》。なぜなら，彼の肯定的な発言とは裏腹に，何度も不安に沈んでいくのが確認されるのである。

　描画の左側が被検者の母親に対する感情を表現していることを思い起こしながら，もう一度この描画を眺めてみよう。左側に描かれている描画サインは何か。まず，帆船は左側に向かって進んでいる。さらに帆船は左側にはみ出している。子どもは，《満足に甘えさせてくれず，神経質で，不安感や途方もない厳格さで抑圧する》[注21] 母親に愛着を抱いている。子どもは母親からの優しさ（左側の船首に見られる強い筆圧のマル，網のクロッシュ）を待ち望んでいる。しかしこの母親も不安（何度も繰り返し塗られた黒い帆柱と左の大きなマストの上方）を感じている。さらに，母親はヤニックに安心感を与えていない。つまり，左のマストは下に行くほど細くなっている。帆船の見張り場所は安定せず，ロープはタラップに繋がれていない。しかしながら，母と子のコミュニケーションは可能である。見張り場所と艦橋を繋ぐ縄梯子は続いている。それ以外にも，カルテの中にヤニックは《父親よりも母親との方が良く喋る》。さらに，この縄梯子は描画の左側に位置しているのである。しかし，この関係は偽りである（マストの先端にある2つの小さな黒マル。子どもは常に求めている優しさを手に入れることができず），それが悲しみの源泉である。マストの全ての横棒が左方向へ傾いている。こうし

注21）　R. Stora : Le test du dessin d'arbre, coll.《Encyclopédie universitaire》, Paris, Ed. Jean-Pierre Delarge, 1975, p. 67, rubrique 120.

て，子どもは葛藤状況（網の描線の交差，ロープが形作る描線の交差）に置かれていることが分かる。そして，母親に対して攻撃的な感情を抱く。網の右側にある描線の交差は，2種類の矢のように鋭い描線が上方へ向かっている。つまり，そのうちの一本の描線は見張り場所の右上方に向かっている。この攻撃性は表立って表現されていない。今述べている3本の鋭い描線は，網や船体，ついには見張り場所の内部にも見られる。

　ヤニックはこの攻撃性（何度も塗られた陰影）に後ろめたさを感じ，つまりこれを自分自身に向け（左のマストの上方から下方に向かう鋭い描線），そして自分を罰することで自分に注意が向くようにしようとしている。この鋭い描線は見張り場所の右側と艦橋で歪である。罪の意識を感じた子どもは，優しくよい子を演じながら，母親をつなぎ止めようとする（黒と白のコントラスト，花綱状の帆）。それでも強い自分を見せるために対抗したいという気持ちを持っている（ロープは逆V字型になっていて，単線の菱形模様が形成されいる）。

　ヤニックは自分の両価性や困難さと直接向き合っていない。反対にこれを合理化することで（左側の大きなマストの直線の陰影）避けようとしている（船体の左側に見られる糸状の陰影）。

　次に描画の右側にも，すでに知られているように，父親に対する感情を示しているものについて，考察していこう。2本の大きなマスト，そのうちの一本は帆柱が最も大きく船体の右側にある。子どもの心は母親に繋がっているけれども，裏切られることの少ない父親が好きである。波の高さは，実際のところ，左より右の方が高い。この父親はヤニックにある種の安定感をもたらす。右のマストは左のマストのように下に行くほど細くなっていることはなく，左よりも太い。子どもが父親の祖国に愛着を感じているを検証してみよう。それでも父と子の関係は，困難さが見られる。右側の甲板に置かれた梯子はぐらぐらしている。梯子は接近する手段である。ヤニックの父親は抑制的（ボロボロの梯子）に，そして近づきがたい人間である。

　カルテには，父親が仕事をしばしば休むのに，他人には厳しい。息子にサキソフォーンの授業に出るようにいいながら，行かなくても良いといった態度をとる。厳しい父親は彼を不安にさせる。右側のマストのてっぺんや舵が

何度も塗られた陰影になっている。こうした描画サインは，次のような意味がある。《押し寄せる見捨てられ抑うつ……父親に関する問題，つまり遠く離れ，欺瞞に満ち，不在で，厳しい》[注22]。これはここまで述べてきたことを見事に要約している。この不安は半ば無意識のうちに抑圧されている。何度も塗られた陰影が施されている舵の半分は，水面の下にある。

　ヤニックが期待していた優しさを，父親から得られなかったのを知っても驚くことはないだろう（丸窓の右側にある２つは，円がきちんと閉じておらず，船体の右側の素描）。これも不安を表現している。
　従って，子どもは，父親に対して時には無意識のうちに攻撃的な感情を抱く。帆船の下に描かれている右方向に流れる鋭い描線，船体の上方で右側に向かう鋭い描線がそれを示している。これらの描画サインは船体から生じている。つまり，TATの所見《父親的なイメージに対する攻撃性は激しいがヤニックはそれを認めていない》に合致している。
　思うに，この不一致は，投影法検査と描画の時期が数ヶ月ずれていたためで，この期間にヤニックは再教育を受け，父親的なイメージに対しての攻撃性が出現したのであろう。しかしながら，それでも子どもは葛藤状況（窓の上，舵や船体の上部にある素描に見られる描線の交叉）に置かれ続けている。子どもは《自分を攻撃することで》この葛藤から逃れようと試みる（ここでもTATの所見に合致している）。ロープが右下方に向かう鋭い描線として描かれている。このことがヤニックに自分を罰することで乗りきりを図っていることを気づかせている（船の右下方での歪な描き方）。こうしたことから，投影法検査を行った心理士として，子どもは《自分を傷つけることで，時的には周囲の興味を引くことで，問題に対して妥協点を見つける》と指摘できる。ヤニックは自分の攻撃性を認めてもらうために，さらに善良さを示す（舵と帆柱の黒と白のコントラスト，花綱状の帆）。しかしながら，彼は対立し，強い自分を示そうともする（右の大きなマストの上部にある逆V字型のロープ，丸窓の上にあるロープの菱形模様）。ここにも父親に対して自己主張し

注22）　R. Stora : Le test du dessin d'arbre, coll.《Encyclopédie universitaire》, Paris, Ed. Jean-Pierre Delarge, 1975, p. 61, rubrique 71.

たい欲望が表れている。

　対決し議論したいという欲望は，マストの横線が右側に向かって延びている描線に支えられている。しかしながら，妨害であり（描線の交叉），子どもはおとなしく受け身的態度でいなければならない（マストの横線は均一の陰影で，その両端は丸みを帯びた形）。

　ヤニックは両親と対決したいのである。左右のマストのロープは，逆V字型で収束している。この点について，彼は行動を起こしていない。中央の大きなマストのロープは，逆V字型になっていないので一点で交わっていない。

　もし，マストを男根のシンボルとみるならば，男性性の主張が子どもを不安に導き，罪責感を生み（中央のマストのてっぺんに黒々とした陰影），両親とりわけ母親が去勢者（左のマストのてっぺんにある黒々とした陰影）として存在している。ヤニックはこうして葛藤状況に置かれ（中央のマスト上部にある描線の交叉），そのために精神的なバランスをとることを妨げられている。中央のマストは左右で下部に行くほど細くなっていて甲板まで届いていない。

　ここでもまた，TATの結果と一致している。つまり，このテストを実施した心理士は，《呑み込む，そして去勢する存在としての母親》と記している。すなわち，帆柱は，描画の左に置かれ，彼にとっては何度も塗り込められた陰影になっている。ヤニックの描画テストから一再ならずバウムテストの解釈方法から一般描画を解釈するのが可能であることをわれわれに教えてくれる。われわれが獲得した知識が病歴と投影法検査に確証を与えてくれる。

　しかし，描画サインの分析を支えているのは何だろう。描画を分析するにあたって，まず用紙を縦方向に3分割，横方向に4分割してみると，ヤニックの描画テストは上方に位置する。この描画は注意深くそして忍耐強く描かれたということを付け加えることができるだろう。つまり窓は整然と並んでいて，この船には航海に必要なもの全てが備わっている。一気呵成に描かれ，糸状の描線の幅は広く，ゆったりとしている。こうした点から，ヤニックが野心を持ち，困難な状況から抜け出たいと強く望んでいることが理解される。

　自分の価値を認めてもらうことも可能であり，注意を引く存在になれる可

能性もある．しかしながら，現実には，注意散漫な傾向が見られる（方向が定まらない舵）．舵はテタール型をしており，これは不安全感や養育に関連する悲しみの感情を示す．望もうとする方向（右方向に上がっている帆）に進む代わりに，ヤニックは受け身的で優しさを示しながら（舵の輪は台座から一本の描線で台座から切り離されている），未熟さを証明している．描画サインの分析が，自己肯定感と安全感を得るための再教育に適した解決方法を明示してくれるのである．

V　オデットの描画と解釈

　ここまで分析してきたのは，すべて男児の描画であった．11歳の女児の描画を見ていくことにする．非嫡出子として生まれたオデットは，乳幼児期から家庭的なぬくもりのない環境で生育している．1歳時に，両親の間で起きた激しい暴力場面を目撃している．2，3歳頃には，父親に対して攻撃性を示し，もう二度と会いたくないという態度を示した．《出て行け》と，彼女は父親に対して言った．父親は，母親を殴る野蛮人だと言われている．オデットが5歳の時に父親は家を出た．そのとき以来，オデットは父親の顔を見ていない．

　母親は働かなければならなかったので，娘を養女に出したが，毎週会いに行った．しかし，オデットが虐待されていると知ると，母親は彼女を里子に出したのである．と言うのも，母親自身が捨て子だったから．ところが反対にオデットはとてもわがままになっていった．さらに，里子としての生活に不適応で，10歳になるまでの数年間そこにいた．

　この時期に，母親は再婚しオデットは引き取られてる．家政婦として働いていたので，母親はオデットの世話をすることができなかった．《もう我慢するのはやめたわ．これからはビンタね》と，彼女は言ったものだった．義父はこの子をとても可愛がって，面倒を見ようとしたのだが，夜に仕事をしていたので，あまり面倒を見ることはできなかった．オデットのこの頃までの成績は良くない．《祖父母のもとにいた間は，ほとんど勉強をしなかった》と，カルテに記載されている．小学校1年生の成績は芳しくなく，2年生に至っ

第4章 バウムテストの一般的な描画への応用

図26（11歳）

ては，《全く勉強しない》という状態であった。だから，補習授業のクラスに入れられたのだが，《そのクラスでも何もしなかった》。こうした状態だったので，教育心理センターで検査を受けることになったのである。

検査結果：ウェクスラー知能検査
言語性 IQ = 92，動作性 IQ = 75，全 IQ = 82

　検査を実施した心理士は，以下のようにコメントしている。《接触は良好，協調性あり，穏やかで，微笑んでいる。絶えず助けを求める。算数を除けば，言語性 IQ は普通。一貫した論理的な判断ができず短絡的である。動作性 IQ では試行錯誤を繰り返す。単純な状況であっても，思考と行動を一致させることができない。投げやりなまとまりのない反応で自己満足している。正常発達からは幾分劣ると思われる》。

　TATの結果はかなり混乱している。以下のように報告されている。《欲望，

187

動機，状況に関して両価的である。不安や不安全感がとても大きく，オデットはこれを押さえ込もうとするが不可能である。この不安全感の原因は母親にあると思われる。それ以外にも，母との関係はかなり複雑である。子どもは母親を欲し，優しさ，愛情，いつもその姿が見えるところにいて欲しいのだが再び一人っきりにされるのではないという不安がつきまとう。しかし，同時に，そこには明確な攻撃性と母親的な人物がいつも不安定にさせるという感情が見られる。

　義父は，『青ひげ』のような風貌である。この場合，この男性の犯罪は女性に対してではなく子どもに対してである。全ての男性像は危険で意地悪，怒りっぽく，ごろつきでどうしようもなく衝動的である。

　子どもにも攻撃的な特性が見られる。好んで弱い人間（例えば赤ん坊）を攻撃している。この攻撃性はしたがって歪んだものとなっている。結論：守って欲しい，家庭的な暖かな雰囲気に囲まれて，愛され，助けられていたいという，あまりにも大きな欲求が見て取れる。そうでなければ，精神的発達は望めない》

　12月15日の描画（図26）を検討してみよう。オデットは再教育が始まったばかりの時期である。《すごく強い女の子。全体的な姿はありきたりな感じである。うつろな視線，描線は奇異な感じであることに気がつく》と再教育官は記録している。

　オデットは美容師になりたいというが，次のように語る。《私は何も手に入れていない。母が私にこう言うのよ。「おまえはちゃんと勉強しない。美容師になるには，化学……とかいっぱい勉強しないといけない。私のようになりたいのなら，とにかく，何でもやること。そうでないと，道路清掃の仕事しかないよ」》

　というわけで，彼女は，すでに説明したように，知的に劣る生徒のためのクラスに入ったのだが，そのことを彼女ははっきりと理解していた。さらに，そこでも悪い成績をとったので，教室に満ちていたクリスマスイブの陽気な雰囲気も，再教育官からの注意や指摘で，彼女には耐えがたいものになった。つまり，《クリスマスツリーや飾り付けなどは，彼女にとって子どもっぽい，"赤ん坊扱い"のようなものにしか見ていない》という指摘である。

第4章　バウムテストの一般的な描画への応用

　オデットは1月に冬期学習が始まり、ホテルや冬期学習の様子を克明に描いた。こうした状況の中で描かれたのが、ここに示した描画である。この絵は、ほとんど全て青のボールペンで描かれている。つまり、彼女はモミの木を描くために緑色の色鉛筆を使い、絵の左側に描かれた女の子の髪の毛に茶色の色鉛筆を使っている。

　ここでわれわれは描画サインの分析を始める。この絵の中に見られる描画サインは、この年齢に特徴的に見られるサインと共通している。実際、ルネ・ストラは、11歳の女児について、「何でも要求する」[注23]と書いている。この方向に見られる描画サインは、用紙の4分の1より上方に位置し、このことは大きな欲求、何でも白黒をはっきりさせたい、さらに強い承認欲求が見られる。つまり、逆V字型になっているのは、モミの木だけでなく、猫の耳、それはことさら上方を向き、描かれた人物の頭髪も同様である。
　この人物は、スキーをはいて、描画の左側に位置している《両価的な愛着と依存心》[注24]。ストラは、《彼女（11歳の女児）は、》[注25]特にこの傾向が強いと付け加えている。この人物はオデットであり、描画の左側に位置していることはすでに述べた。木全体が描かれている2本の木は幹よりも遙かに樹冠部が大きく、これは自己省察と内在化を示している。描かれた4本の木のうち、3本はモミの木で、樹冠部は閉じていない《自己を守る》[注26]。11歳の女児は、母親を観察し、《母親を支配しそして対抗しようと》[注27]批判的な態度をとる。左のモミの木の樹冠は、下は開いていて上は閉じている《判断や評

注23）　R. Stora : Le test du dessin d'arbre, coll.《Encyclopédie universitaire》, Paris, Ed. Jean-Pierre Delarge, 1975, p. 141.

注24）　R. Stora : Le test du dessin d'arbre, coll.《Encyclopédie universitaire》, Paris, Ed. Jean-Pierre Delarge, 1975, p. 51, rubrique 26.

注25）　R. Stora : Le test du dessin d'arbre, coll.《Encyclopédie universitaire》, Paris, Ed. Jean-Pierre Delarge, 1975, p. 141.

注26）　R. Stora : Le test du dessin d'arbre, coll.《Encyclopédie universitaire》, Paris, Ed. Jean-Pierre Delarge, 1975, p. 58, rubrique 45.

注27）　R. Stora : Le test du dessin d'arbre, coll.《Encyclopédie universitaire》, Paris, Ed. Jean-Pierre Delarge, 1975, p. 142.

価の欲求》[注28]，左側に尖った描画サインを見つけることができる。それは，2本のモミの木のてっぺんと人間の頭髪である。したがって，オデットは年齢相応の女児として振る舞うことができており，それは肯定的なサインである。

　しかし，彼女の過去についてかなり詳細に語ってきたのだが，それは苦しいものであり，彼女自身にとても重荷になっているように思われる。絵の描画サインからもこの事実を読み取ることができる。描画は用紙全体に描かれているものの，とりわけ上部に描かれている（上方に位置する）。オデットは気持ちを掻き立てることで抑うつ気分と闘っている。さらに，悲しみと抑うつの方に向かい，樹冠は垂れ下がり下方を向き（左の木），家は右側よりも左側で下がっている。

　子どもは母親にうんざりしている。娘のオデットが自己に対して無価値であり無力感を抱いているのを何とか励まそうとする姿勢は，この母親には全く欠けていた。

　スキーをしている少女はおそらくオデットと思われ，下方に位置し，両腕がなく，両手は描線が交叉してばってんになっている。オデットが置かれた環境もまた，挫折感を引き起こさせる。

　それでも子どもは支えを欲しがる（花瓶，右側に傾いているモミの木の幹）。それは彼女が受けた情緒的な衝撃を乗り越えるためである。さまざまな困難はカルテからの情報であったり，描画に見られる両腕を切られたような描写など多くの断片（家，テーブル，左側の人物）から理解される。

　母親は何か保護（家の屋根は右側よりも左側が大きい）しようとしているにもかかわらず，不安全感は持続している（家の左下部は狭くなっているが右下部はさらに狭い）。ここまでの結論を述べると，TATと同じようなものになる。《安心感，愛されたいという強い欲求が感じられる》。

　次に描画の詳細をまず左側から検討してみよう。TATの結果では，オデットと母親の関係が複雑であることが強調されていた。カルテを読むと確かに

注28）　R. Stora : Le test du dessin d'arbre, coll.《Encyclopédie universitaire》, Paris, Ed. Jean-Pierre Delarge, 1975, p. 58, rubrique 44.

母親がオデットを安心させる唯一の人であることが理解される。というのも，父親は家庭を捨て，次いで義父が家の中に入ってくる。

　しかし，オデットを養育したのは母親，祖父母，そして寄宿舎だった。だからオデットは何度も母親から見捨てられたと感じたのだが，しかしながら彼女との繋がりを持ち続けることができたのも母親だけであった。

　こうして，子どもは母親への愛着を求めながら，両価的な感情を抱き続けたのである。このことは描画の中でオデットと思われる人物が左に位置する場所に描かれていることからも理解される。同様に，屋根の高さが右側よりも左側で厚くなっていることからも父親や義父よりも母親のほうに保護的な感じを抱いているといえよう。

　しかし，この屋根の左側は家の残りの部分と繋がっていない。この場所に2つの空間があり，それは少女が優しさを望んでいることを表している。しかしオデットの母親は失望させる（家は右側よりも左側で下がっている）。

　さらにこの2つの空間には描線の交叉が見られる。オデットは母親に対して葛藤状況にあり，2つの描線の交叉が家の外側に描かれている。失望した子どもは義父の支えを求めて行動する。つまり家は左に下がっているが右側で上がっていて，そこには丸い形態の猫が微笑んでいる。こうして彼女が求めた満足は，後ほど見て分かるように，ここでも両価的である。

　オデットは裏切る母親に対して攻撃的な感情を抱き（描線の交叉の1つと，屋根の描線を構成している左のカーテンの描線は，上方に鋭く伸びている），母親に対して明らかに対峙している。窓の描線は棒状の描線で描かれ，屋根の上に描かれている左のモミの木は逆V字型になっていて，それは右方向に筆圧の強い描線が引かれている。この描線は攻撃，外の世界に対する対峙，競争心を表している。

　しかしながら，何よりも事がうまく運ぶことを望んでいる（屋根の左側の描線が修正されている）。オデットは，しばしば母親との間でライバル関係になることは望まず，時折攻撃性が向けられるだけである。不適切な方法（家と窓の描線は歪な修正になっている）であっても母親に自分を認められたいと思っている。

　つまり，堂々とした姿の自分を保証して欲しいのである。家を縁取る描線

が歪になっているところの1つは，単線の菱形模様になっている。他にも窓に同じく単線の菱形模様，雨戸の中央にも単線の菱形模様が見られる。雨戸の菱形模様は閉じておらず，このことはオデットがいつもではないが自分の感情の弱さを隠せないでいることを示している。実際，子ども時代に感じた不安や不安全感を何とかコントロールしようと試みてきたが，それはずっと続いていたのだった。家は左下部で狭くなり，歪な陰影になっている。

　こうしてオデットは母親からの支えを望みながら（傾いた花瓶），探し求める安心感を得ることができない。テーブルの脚の長さも不揃いで，テーブルの四隅も一般にはこのような形をしていないと思われ，その上に乗っている花瓶も不安定に置かれている。実際，オデットの母親の原因は，彼女自身見捨てられた子どもであり非嫡出子であったからなのだ。きちんと支えてもらえないと感じている少女は悲嘆に暮れている（花瓶の花は右側に傾いている）。それでも彼女は母親から優しさを得られると考えている。花瓶の花は柔らかい曲線で描かれていて（花の茎），花は茎としっかり繋がり，左の花は左方向に広がる樹冠から伸びている。しかし，この花は描線の交叉を含んでいる。つまり，子どもは適切な方法で母親の注意と優しさを得られていない。

　このようにオデットと母親の関係は複雑であり，さまざまな行動からそれは明らかであり，さらに左側のモミの木を検討することで確認できる。
　ルネ・ストラが考案したバウムテストの読み方に関する注意点から始めよう。被検者は次のような教示を受ける。《木を描いてください。どんな木でも良いです。好きなように描いてください。ただしモミの木以外にしてください》。なぜ，このようにモミの木を排除したのでしょう。子どもたちはみんな，モミの木を同じように描くのです。それは幼稚園の頃からみんな同じようにステレオタイプなのです。《教師から指導されたり，あるいは冬の木やクリスマスの木を連想させられてしまう》[注29]。あるいは，《このような木は針葉樹や尖った木を連想させる》[注29]ので，描画サインの意味としてはあ

注29) R. Stora : Le test du dessin d'arbre, coll.《Encyclopédie universitaire》, Paris, Ed. Jean-Pierre Delarge, 1975, p. 87.

まり重要ではない。今，検討している描画が描かれた日付はまさにクリスマスなのである。しかし，左のモミの木と右のそれはあまり似ていない。この2本の木のそれぞれに見られる描画サインを調べるのは，興味深いように思われる。

ここで緑色のクレヨンで描かれた左のモミの木を見てみよう。左上方の樹冠は青色のボールペンで上方と下方はフックの形になっている。子どもは母親からの優しさを期待しているが，母親は別れさせられた印象を持ち（ハンダ付けの根もと），期待しつつも裏切られたと感じている（下降する樹冠部）。オデットは，このように葛藤状況にあり（樹冠部の描線の交叉），この状況に対して，攻撃的行動で反応し，荒々しい反応（樹冠部の右側の棒状の描線）を示しながら，母親に対抗している。モミの木の3本に見られる逆V字型は，複数のモミの木に見られるのでこの描画サインはここでは意味がある。

次に描画の右側にある描画サインについて検討してみる。TAT検査の結果から，父親と義父はほとんど出てこない。父親的なイメージは不安感を強く引き起こし，オデットの父親は家出し，義父はしばしば家の空けていたことを思い出してもらえれば，さして驚くに当たらない。このような意味を示す描画サインは以下のようなものである。保護を表す屋根は左よりも右側で厚くなく，家の残りとほとんど繋がっていない。家は明らかに右側の下方で狭くなっている。それでも子どもは義父からのサポートや愛情を欲している（右のモミの木が左に傾き，猫の目と玄関のドアは丸い）。

これは子どもが受動的態度（丸い）でいることを示している。同じ目的，つまり義父から愛情を受け取りたい思いがあるので，子どもは殊更自分を優しい人間であるかのように見せようとする（猫の体の曲線が家屋の中に穴を作っている）。

しかし，描画を見て分かるように，右側の窓と雨戸の描画サインから，父親のイメージはかなり歪んでおり，不安を掻き立てるものである。この雨戸は窓の下まで繋がっていない。窓の支えはなく宙ぶらりんである。ここでも窓の描線の交叉（葛藤状況）と棒状の描線（攻撃性と荒々しい反応）を見ることができる。猫の表現からも不安を読み取ることができる。目は虚ろ，前

脚は垂れ下がり，胴体から離れていて，尾っぽも胴体から離れ，右方向に垂れている。オデットの葛藤的で攻撃的な感情は，父親的なイメージに対して，自分が望むような優しい少女に見せようとすることを妨げている。少女はしっかりしている自分を周囲に見せたいと思っている（雨戸の描線の菱形模様）。義父に対して競争心を抱いている。

　しかし，こうした気持ちは罪責感を生むほどのものではない。右側のモミの木の幹は下部で描線が歪になっていて，樹冠部は右の方に盛り上がり，その後左側に流れている。オデットは攻撃性を自分に向けている（道の下方に向かう鋭い描線）。彼女は自分を罰するように自分自身に注意を向けようとしている（家の右側のフックは屋根と同じように歪な描線になっている）。葛藤状況においてオデットはこのような態度をとり続けている（家の輪郭線は歪で描線の交叉が見られ，道と家は右側で描線の交叉がある），というのも，しっかりしているように見せる代わりに，反対に敵意を含んだ位置に身を置いている（雨戸の描線の菱形模様は下方で描線が交叉している）のだから。

　少女の義父は，母親ほど欺瞞的ではなく（家は左よりも右側で下がっていない），義父は少女が対立してくる状況をある程度受け入れている（右のモミの木の樹冠は上方に向かって伸びているが，左のモミの木は下方を向いている）。病歴によれば，オデットは父親に愛され，父親も勉強の面倒を見てくれていた。

　実際，オデットは父親に似ていることを望み（モミの木が右に位置している，猫の右耳は右方向を向いている），父親のアドバイスには耳を傾けている。幹も右側の方がすっきりしている。猫の右耳は左よりもはっきりと描かれている。猫の口は微笑み，右に上がっていて，右目は左よりも大きい。しかしオデットの義父が嘘つきで信用できない人物だとすでに述べた。つまり，左に下降するモミの木の樹冠がこの解釈を支持している。少女は自分の中にある攻撃的な力を訝しく思っている。というのも，彼女はこの力をどのように用いて良いか知らないのだから（3回繰り返された窓の棒状の描線の交叉）。自分の殻に閉じこもり，彼女自身が嘘をつくのは葛藤を否定しようとするからである（平べったい猫の頭，猫の顔の右側はラフな曲線で描かれている）。

　少し前に指摘したように，オデットの父親と義父についてTAT検査では

第4章　バウムテストの一般的な描画への応用

ほとんど明らかにならなかったのだが，描画に応用したバウムテストの解釈方法のおかげで，父親に対する少女の思いと義父に対して見せたさまざまな態度にどのような意味があったかが理解できたのである。

　翻って，TAT の結果によれば，男性的な人物はすべて，子どもにとっては危険で意地悪な存在に映っている。このことについては否定も肯定もできないように思う。たった一枚の描画の解釈が4枚のバウムテストほど詳細な情報が得られないであろう。オデットが幼児の頃に暴力的で母親を叩いていた父親の姿が焼き付いていたはずである。TAT の結論と同様な結果を示すのはバウムテストの第4の木である。つまり，《第4の木は，目を閉じて描画する……，子ども時代に経験した深刻な葛藤状況のサインであり，その影響は現実の行動に及ぶ》[注30]。ここには，全ての描画にバウムテストの解釈方法を適応する際の利点と限界がある。

　オデットは自分自身をどのように理解し，どのように困難な問題を解決しようとしたのだろう。この問いに答えるには，すでに述べたように，彼女を象徴している左の人物と描画の中央にある描画サインを検討する必要がある。すでに指摘したように，この人物は左に位置する場所にいて，そのことが母親に対する問題やしつけをする存在としての父親との問題を示している。この2つの点についてはすでに論じた。さらに，オデットが意気消沈し，自分は無価値な人間なのだと感じていることも述べた（人物は下方に位置し，その両腕は切断されている）。

　さらにここでは，不安と強迫観念が活動性を抑制している（腕とストックの弱い筆圧の曲線）。実際，この人物は，活動的でありたい（きちんと描かれた袖口）と望みつつも，行動はそれについて行くことができない。つまり両腕は極端に細く（単線），ストックを持つべき手が描かれていないのだから。このことからオデットの学校での《教室では何もしない》という評価がどのようなものであるか理解できる。さらに切れ切れの数本の描線（首，腕，胴体）を見てみると，もっぱら身体に対するこだわりが表現されている。実際頭は胴体から1本の線で分断され，またもう1本の描線で胸が身体から離れ

注 30）　R. Stora : Le test du dessin d'arbre, coll.《Encyclopédie universitaire》, Paris, Ed. Jean-Pierre Delarge, 1975, p. 89.

ている。首は右側で切れ切れになっている。すべてはこのようにあたかも胴体が短縮されたあるいは切り取られたようになっている。

　少女の表情を見てみよう。眼は開いているが描線の交叉が見られ，そこには見ることに対する問題が存在している。最初の出会いの時，彼女の教育官が衝撃を受けた虚ろな眼差しを思い出してみよう。ここで，言葉に対する問題，興奮して勢い込んだ話し方が問題である。つまり，言葉を一杯詰め込むようなやり方がオデットを自罰的な傾向に向かわせる（用紙の4分の1の大きさ，この人物の唇は歪である）。黒い小さな点をうっただけの鼻は事物を正確に感じ取れない。従って，困難さは感覚のレベルに存在する。しかしながら，この人物の眼はネコの眼のように空ろではなく，唇は右に開かれていて，髪の毛はやや右の方に下がり，顔も左方向に傾いている。子どもは自分ではそれほど出来ない思っているようだが，母親と会話が出来るかもしれないと感じている（人物の絵の下方はゆっくりとした運筆の曲線，左肩はやや下がり描線の交叉が見られる）。

　髪の毛だけが茶色のクレヨンで描かれ，他の部分は青いボールペンが用いられ，実際と同じように描かれている。ところでオデットは美容師になりたいと望んでいるのだから，もう少し身体的なことに関心を払っても良い。しかし，この髪の毛はグルグル書きの陰影で描かれていて，これは抑うつ気分，悲哀感，自分を不幸だと感じていることを示している。

　オデットは自分の目標が叶わないと考えていた。というのも，いつも母親がそのようなことを行っていたからである。このグルグル書きの陰影という描画サインはさらに優しい雰囲気に対立することを示している。だから髪の毛でつくられた逆V字形が結びつき，同じように対立を意味している。他の描画サインからもこの解釈が成り立つ。スキー板は右側の方が鋭い。スキー板の直線はやや筆圧の弱く，右のスキー板の方が下方に降りている。髪の毛も右の方が下に降りている。眼は横に単線で描かれ上下に歪になっている。さらに右側に破線，右肩は左よりも出っ張っている。こうして，子どもはその場にじっとしている。父親から見捨てられ，悲しみの中にいる。だから，義父とも争うことをせず，自分に怒りをぶつける。

　オデットは自分が望んだものを手に入れることができないと感じつつ，葛

藤状況に居続ける（足の描線の交叉，ストックの先端で描線の交叉）。自罰的になりながら（足と膝の歪な描線），自分に関心を向けている。これまで指摘したように，周囲に対立するよりも，自分自身に攻撃性を向けている（左肩下の方に向かう鋭い描線）。それでも何とか出来ないかと彼女は思っている（ベルトの歪な描線）。しかし不安（破線）と失望（グルグル書きの陰影，下方に位置する）が，オデットの前に進もうとする気持ちを阻む。人物の足もとは覚束なく，スキー板の長さも左右で異なっている。

　描画の中心と家のドアを考察してみよう。このドアから家の中に入ることは出来ない。それに道にきちんと繋がっておらず，家の下縁に接していない。すなわち，オデットが感覚をある程度閉ざしていることを示している。これは彼女が世間から切り離されていると感じ（道が家の左側で接していない），葛藤状況に置かれている（道路の右側の描線が家の下縁と交叉している）。

　もう一度，ドアを眺めてみよう。それはネコよりも大きくなく，まるでネコの出入り口のようである。それに描画はホテルの外にあるようなものが多く描かれている。スキーをする少女，モミの木，道路，屋根。ところが，オデットは建物の内部にあるテーブルと花瓶も描いている（透明）。この点については，知能検査の結果《一貫した理性的判断が苦手で，短絡思考が見られる》を考えれば驚くに当たらない。同様に別な検査結果所見《一貫性のない自分の回答に満足し，自分のそうした答えをすぐに認めてしまう》にも一致している。道路を示す2本の曲線はオデットが困難を前にすると，すぐに逃げ出してしまう傾向を示している。それでも彼女は知的領域の重要性を認めている。

　つまり，描画の人物は小さいが，頭部は全体のバランスよりも大きい。知的な貪欲さは，男性的なことだと受け取られ（左のモミの木よりも大きい右のモミの木），それがネックになっている。右側のモミの木は，幹が樹冠部から離れていて，樹冠も分割されている。オデットは生活に向き合うことを恐れており知的欲望を満足させたいと思っていない。

　たった一枚の描画から分析しているため限界があることはすでにのべたが，ここで家に見られる描画サインと実際の木の描画サインとの間で手短に比較検討を行ってみよう。雨戸と窓は不安定である。窓は分断されていて，

棒状の描線の交叉，明らかに歪で雑である。この描画サインは，自分を見捨てた父親に対するオデットの怒り，諦め，葛藤を意味している。モミの木は樹冠部で細々と分かれており，少女の幼年時代に経験した深刻な葛藤の大部分は片付いているのかもしれない。描画サインの解釈は，バウムテストの4枚目に見られるように幼年時代の経験に関わる情報を与えてくれる。この解釈からある程度，現実の問題（左の人物の描画サインの解釈）と今後の方向性（右のモミの木の描画サインに関する解釈）が見えてくる。

　最後に，《描画サインの分析の根拠は何か》という質問について考えてみたい。そうすることで，企画された再教育にふさわしい解決策が想定できるように思うからである。カルテからオデットの義父が彼女のためにしたことが理解できる。つまり右側のモミの木の根もとで広がっている幹の描画サインは，少女が支援を受け入れることを意味している。家の中央は空っぽで，左右の2本の木ははっきりとした描線で逆V字形になっている。左の木は棒状の描線が交叉しているが，2本の木のいずれも陰影はなく，それは家の中にも見られない。再教育で安心感を与えられ，オデットは両親から見てもあるいは自分自身でもかけがえのない存在だと考えられるようになるだろう（欲望は2本のモミの木の高さによって表現されている）。さらには失敗だという感情は少なくなり，勉強の大変さも克服できるようになり，再教育官のおかげで，オデットはこころの均衡を保てるようにった。このように少女の描画サインを分析することで，予後を確認することができるのである。

　この章の始めに，バウムテストについてルネ・ストラがまとめた描画サインによる分析方法を借りて，描画解釈の可能性について述べた。描画以外の投影法検査（ロールシャッハテスト，TAT）の結果やカルテからの情報と描画サインによる分析で9枚の描画について検討してきた。さらにこの方法が，予後に関する事柄についても参考になることも同じように示した。

　オデットの描画を分析することで，バウムテストの解釈は描画時の被検者の情報だけでなく，ストラの4枚法を実施するならば，人格のダイナミズムをさらに詳しく知ることが出来るのではないかと思われる。

　しかしながら，描画に応用したバウムテストの評価方法が，被検者の人格

を正確に理解できると確信を得たのである。これこそが解釈は描画サインを根拠として行われたものであることを詳細に報告した。

第5章
木の象徴性

ジョルジュ・フロマン

第5章　木の象徴性

I　木の人類学的解釈

　語源辞典を調べてみると，《木》の項目には以下のように書かれている：
《ラテン語では arbor，前ローマ期に女性形から男性形に変化；"船のマスト"や（圧搾機の）"軸"の隠喩など》[注1]

　Arbor はラテン語の arbos に由来するが，その語源は分からない。垂直方向に伸びるものというのが最初の意味であったようである。それは《aborer》がラテン語では《木のようにそびえ立つ》ことを意味している。
　人間や木に共通する直立するという垂直性は，木のテーマが持つ人類学的な投影の多様さを説明する要素の一つである。
　『意識の根』の中で，ユングは木に関して患者が最も頻繁に連想するテーマを統計的に調べている。
　まず，木から成長し発達する生命が連想される。この意味において，木はゆっくりとした生成の象徴であり，それを通して人は人間の運命における諸段階を見つけることができる。
　ここで，17歳の少年の連想を紹介してみよう。
　《木は生命の象徴である。木が風に吹かれて揺れる様は，まるで子どもが周囲の人々から影響を受けるのに似ている。成長していき，青年期になると独自の個性を獲得していく。さらにどっしりと根を張りそれは人間だったら，落ち着きのある大人である。そして死。落ち葉，つまり幻滅》
　ユングは次のように説明している。《下から上への，あるいはその反対方向への成長，それは母親的な眼差し。つまり，保護，庇護する木陰，隠れ家，食べられる果実，生命の源泉》[注2]
　母なる大地への根づき，豊穣，これらはラテン語の arbor が女性名詞であることを説明するのに十分すぎる。
　木の中に巣が作られるのを見ても，木が住まいの祖型でもあることを示し

注1）　A. Dauzat : Nouveau dictionnaire etymologique et historique, Paris, Larousse, 3e éd., 1964.
注2）　C.G. Jung : Les racines de la conscience, Paris, Buchet-Chastel, 1971, p.352.

ている。

《木は風に揺れる巨大な巣である》注3)

木の祠で縮こまっている子どもは無意識のうちに太古の経験を取り戻している。つまり，木は，それ自体，見いだされた巣なのである。

あるいはまた，木は生まれつつある女性性を呼び起こす。ルネサンス時代の芸術家たちが木から呼び起こされた投影は，女性的なイメージである。

ロンサールは，ガスティーヌの森の木樵による破壊に激怒し，彼らに《殺人的な》行動だと烙印を押した。

《木樵よ，聞くがいい。少し手を止めろ。

おまえが切っているのは木ではないのだ。

それは蛹の滴り落ちる血なのだ。

それは堅い樹皮の下で生きていたのだ》注4)

果樹はしばしば若い乙女を意味する。それだけでなく，若い女性や乙女が描く木のデッサンには頻繁に果樹が出現する。注5)

《樹冠内部のマル》のサインは，愛情欲求や《感覚的受容性》や《受動的口唇性》と関係があることを思い出して欲しい。注6)

古典的には，木と果実は恋愛小説に登場し，女性の魅力を表現している。ソロモンの雅歌の有名な詩句を挙げてみよう。

《ほら，おまえの背格好は椰子の木のようだ。

胸にはブドウの房がなっている。

私はこう言った。「椰子の木に這い上り，その果実を貪りたい」》注7)

エロチックな夢想の中には，同じように木や果実をこのような象徴として用いているものがある。

『夢判断』の中でフロイトはゲーテを引用し，リンゴの木やリンゴの無意

注3)　G. Bachelard : L'air et les song, Paris, José Corti, 1943, p.243.
注4)　Pierre de Ronsard, Elégies, ⅩⅩⅣ（v.19-68）: Contre les bûcherrons de la forêt de Gastine.
注5)　R. Stora : Le test du dessin d'arbre, p.87.
注6)　R. Stora : 前掲書 p.57.
注7)　Cantique des Cantiques, Ⅶ, 8-10（traduction Edouard Dhorme）.

第5章　木の象徴性

識的な意味として，夢の物語を聞いている『美女』を示すのはきわめて明らかなことであり，直接的にその意味が読み取れる。

《ファウスト（若い娘と一緒に踊る）
私は昔，とてもすてきな夢を見た。
それは光り輝いているリンゴの木と，
そこに二つのリンゴが光っていた。
このリンゴに私は魅せられ，木に登っていった。
美女
この小さなリンゴの実は，あなたの気持ちをそそり，
これはすでに天国であり，
歓喜が思考を締め付け，
私の庭園はこうした喜びに満ちている。》[注8]

両義性は愛情表現に特徴的であり，同時に木は男性的役割が与えられる。垂直性，雄々しさ，根付きという言葉も，同じようにこうした意味を表現するために用いられる。

垂直性という考えは，このようにして雄々しさや力強さに関係する。木が外敵から守ってくれるというイメージは，父親を思い起こさせる。父親のイメージには，ほっと安心感を与える安定感と精神的な強さがある。

《精神力動的な想像から木は賞賛され，決して倒れることのない常に確固たる存在なのである》[注9]

《Iのような真っ直ぐな》表現の中に，文字と人間との比較が語られるのだが，その起源としては，垂直という側面から見て，人間と木とに類似性が見られる。《Iのように真っ直ぐ》は《イチイの木のように真っ直ぐ》に由来し，《I》は，単語の末尾を発音しないので，Iのまま残る。[訳注5]

《実直，真っ直ぐ》といった単語のさまざまな意味を操りながら，バシュラー

注8）　ゲーテ『ファウスト』：Faust, I, cité par Sigmund Freud, L'interprétation des rêves, PUF, 1967, p. 249.
注9）　Gaston Bachelard：前掲書, p. 234.
訳注5）　イチイの木はフランス語で《If, フランス語は原則的に語尾の子音は発音しないので《I》のままといういう意味。そして《I》の文字の形が，まるで木のように真っ直ぐに見えるのである

ルは，木の中に《実直な英雄の確固としたモデル》を見ている[注10]。

　森の静寂の中に，木々に囲まれたった一人で，ヴィクトル・ユーゴは，おそらくそれは神であったと思われる支えてくれる力の存在を感じ取ったのかもしれない。

《私は大きな森の木々に囲まれ，
　私を取り巻くと同時に私の姿を消し去るすべてのものの中に，
　あなたの孤独のうちに，自分自身の中に分け入り，
　偉大な何かを感じ取り，私はそれに耳を傾け，それによって私は愛される》[注11]

　語源研究から，コナラと力強さの間に見られる一般的なありふれた観念の繋がりが証明されている。

　コナラ属（ドングリの実がなる木）のさまざまな種類の木を意味する《rouvre オウショウナラ》（ヨーロッパ産の落葉のカシ）は，ラテン語のroburに由来する。この単語は，まず《コナラ》を，次いで《厳しさ》，頑丈さ，肉体的な強さ（《robuste 頑強な》と比較せよ）あるいは気概を意味する。

　キリストの系統樹の象徴であるイエスの木については，後ほど詳しく述べようと思う。

　『諸世紀の伝説』の作者（ヴィクトル・ユーゴ）は，ボアズ（イエスの祖先）[訳注6]の夢想を説明するために，まさにこのコナラを選んでいる。

《そして，夢はこのようなものであった。ボアズの胎内から生えてきて天空にまで延びているコナラを彼は見たのだった。ある一族が長い鎖の様にその木の上を登っていった。

　地上では王が歌い，天上では神が死につつある》[注12]

　このテキストではコナラのイメージが，長老のイメージに，そしてその生殖能力に結びついている。

注10）　G. Bachelard：前掲書，p. 233.

注11）　V. Hugo：Les contemplation, XⅣ, Aux arbres.

訳注6）　旧約聖書『ルツ記』の登場人物。ルツの夫，ダビデの曾祖父に当たる

注12）　V. Hugo：La légnde des siécles: Booz endormi.

第5章　木の象徴性

父性的なイメージは，ダヴィデ王，さらには神のイメージとなって出現している。

天空をいっぱいに占めている大きな木は，「木の高さ4」の木のように，用紙いっぱいに描かれた木のようである。これまで勉強してきたことを確認するために，この描画サインの心理的意味を思い起こしてみよう。

《野心，欲求が強い，何事も明確にしないと気が済まない，万能であり，他者にあれこれ命令し，自己承認欲求が強い。》[注13]

さらに，《上方へのはみ出し》がある描画は，女児よりも男児（6歳児を除く）に圧倒的多く見られる。

男性的で保護的な木を切り倒すことは，取るに足らないありふれた行為などではない。古代インドでは，供犠の柱を作るために木を切らなければならない大工は，木を切ることの罪障感を消すのに，さまざまな配慮を怠らない。

《木を選び抜き，木に敬意を払い（……），制作に取りかかり，まず木を切り倒す。それは，森の主に対して鉈を振り下ろす危険な行為である。》[注14]

大工たちは鉈が木を苦しめないように祈願し，祈りの中で，森の精霊を味方につけようとする。つまり，大地への回帰は再生の約束である。

《木の梢が天空を突き破ることはなく，木の中心が雰囲気を損なうことはなく，木よ，汝は大地に戻っていく》[注15]

大地に倒れるとしても，森の主が文字通り死ぬわけではない。つまり，

《百の小枝が成長し，鋭く研ぎ澄まされた鉈は，偉大な繁栄に導くのである》[注16]

切断された木が死のテーマであることは，同じように，『ヨブ記』の中にも登場する。

《というのも，木に希望が宿っているのだから，木が切られてもさらにより良く再生し，木の吸枝（木の根もとから出る芽や枝）がなくなることはな

注13）　R. Stora：前掲書 p.65. 翻訳書 p.43.

注14）　O. Viennot：Le culte de l'arbre dans l'Inde ancienne, Paris, PUF, 1949, p.41.

注15）　T. Samhita, cite par O. Viennot：前掲書，p.42.

注16）　Cité par O. Viennot：前掲書，p.42.

い》注17)

　従って，木は女性的なイメージと同時に男性的なイメージを表現していると言えるかもしれない。ユングはこのことを彼の理論であるアニムスとアニマを用いて解釈している。木の両性具有は人間の両性性を示しているのである。

《女性的なものが男性の形の中に隠されている。同様に，男性的なものにも女性の形に隠されていることがある》注18)

　木の象徴における男性性と女性性は，同じように表現される。

《ラテン語を調べると，木を表す単語の多くは語尾が男性形であるが，しかしながら性は女性である》注18)

　さらに，さまざまな伝承が，二つの木片，つまり《火をおこす回転棒と穴を穿つ棒》が奏でる擦れ合うリズムから，火を作り出す原始的な方法に接ぎ木されていることを忘れてはならない，等。

　こうした伝承の中には，木の二つの部分が擬人化され，それぞれ一方が男性的形象，もう一方が女性的形象となり，結合して火の神聖であるアグニ族を生み出したというものもある。

　こうした事柄についてもっと深く知りたければ，ユングの著作（『魂とシンボルの変容』）注19) やバシュラールの解釈（『火の精神分析』）注20) を参照するのが良いだろう。バシュラールを読むと，火を生み出したものと木を焼き尽くす火をテーマにして，エディプス・コンプレックスの投影が見られる。

　今述べてきたような特徴はすべて，木を人間化するという方向性，つまり建築や彫像の中に人間的なもを見ているのである。

《木が柱になるならば，今度は柱が彫像になる》注21)

　その逆に，木のない世界は，悲しみの世界である。つまり，砂漠（desertus

注17)　Job. XⅣ, 7.
注18)　C.G. Jung : Métamorphses de l'ame et de ses symboles, Geneve, Georg, 1967, p. 371.
注19)　C.G. Jung : 前掲書，第二部，第3章 p. 252.
注20)　G. Bachelard : Psychanalyse du feu, Paris, Gallimard, 1949, chap. Ⅲ :《Psychanalyse de préhistoire. Le complexe de Novalis》.
注21)　G. Durand : Les structures anthropologiques de l'imaginaire, Paris, Bordas, 1969, p. 391.

はラテン語で《打ち捨てられた》を意味する），人間が存在しない場所でもある。人間関係から真心がなくなってしまうならば，人は愛の砂漠を思い浮かべれば良い。

　木は投影のレベルで選択を支えている。バシュラールの作品である『火の精神分析』の冒頭には，ポール・エリュアールの次の言葉が引用されている。

　《私が今あるように，現実を見てはならない》[注22]

　この言葉は，科学的客観主義を招くものである。意志，感情，情熱を自然に帰することによって，近代科学成立以前の前科学的な学者たちは，世界を主観的なモデル，そしてアプリオリに人間的なモデルとして投影していた。

　例えば，エンペドクレスは自然界は愛と憎しみという二つの原理に基づく4つの元素から成り立っていると考えた。

　このような考え方では，自然界を自分が想い描きたいように理解する。しかし，理解しながらも，対象は欠如し，自然学者としての自己を見失う。

　《（……）何の苦痛も感じず，何の喜びもわき起こることもない無機質の世界で，人間はすべての生物として発展することを止めなければならず，肉体を束縛しなければならない》[注23]

　このようななんらかの《発展》を封じ込めないでいると，投影的方法のおかげで，あたかもありのままに現実を見ているような気になり，この見方が反映，あるいは投影である限り，心理学者が性格を映し出すことができるのは，これを検討するからである。

　しかし，この機制が満足のいくものとして作動するために，《対象》が投影を認めたとしても，あまりに限定せず許してしまい，あるいは知覚の強い客観的特徴によって投影を損なわないようにしなければならない。

　こうして見ていくと，TATやロールシャッハの図版は，被検者に対してほとんど構造化されていない素材が提示され，深層心理の中で，これを組み立てる。

　描画テストの領域において，木はもっとも馴染みのあるイメージであるが，余りに近すぎるものではなく，動物画，家屋画，人物画にしばしば見られる

注22）　P. Eluard, cite par G. Bachelard：前掲書，p. 9.

注23）　G. Bachelard：前掲書，p. 10.

ような，解釈に際して複雑な決定要因があまりない。バックが言うように，木のテーマから引き出された意識的な観念は稀である。というのも，HTPにおける家屋と人物の描画よりも，木の描画は自我防衛機制が働きにくいからである。木を描くことは人間の肉体を表現する際のある種のタブー，それは人間を描いてはならないというタブーを抱えている環境でもあまり問題とならないことを付け加えておこう[注24]。

　木のイメージが，擬人的な投影を引き起こしやすいとしても，それは木のイメージが，人間，人間の生活，世間を象徴するからである。象徴とは明らかにすると同時に隠すのである。この明暗の中にこそ，木を描く被検者はその木のイメージを通して自己が立ち現れる。

II　木の象徴による媒介的な機能

　おそらく，木と大地との緊密な絆を呼び起こし，木そのものが垂直性の象徴であり，大地と空とを繋ぐ役割を演じていることを想起しなければならない。

　プラトン的伝統によれば，空－大地の組み合わせは，イデアの世界と感覚の世界を対置させたものと解釈される。というのも，天空を瞑想することは人間を魅了し，人間をごくごく自然に，《無限の空間における永久の沈黙》が，超越性が存在する場所を示すと考えるように導くのである。古代や中世の学問は，この2つの世界の区別の上に成り立っている。つまり永遠不変の天空と，それに対してエンペドクレスの四元素である火・空気・水・土で構成された退廃した大地である。『パイドロス』[訳注7]のプラトン的比喩によれば，失墜，感覚的世界への墜落が具現されたものとして書かれている。

　肉体による結合は，魂と結びついた運命であるのだが，その魂はまだ超越性の瞑想に対して十分に至っていない。

注24）これについては以下を参照。J. Selosses : Le test de l'arbre. Enquête expérimentale appliquée à une population marocaine citadine, Revue de Psychologie des Peuples, 1963, no 3, 7, 283-304.
訳注7）プラトンの対話篇の1つ，雄弁術，愛，美の問題を扱う

第5章　木の象徴性

《しかし，ひとたび魂が，神に随行することが出来なくなって，真実在を観そこなったならば，そして，なんらかの不幸のため，忘却と悪徳とみたされて重圧を負い，この重さによって翼を損失し，地上に墜ちた場合，》[訳注8], [注25]
　尤も大きな不幸は動物の形となって現れた魂である。なぜならば，動物は地上に近い。人間の直立した姿は墜落から最も遠い存在であり，人間が《感覚に溺れそうになったとしても》，魂は真実や哲学の探究に向かうからである。
　《真実在をこれまでに最も多く見た魂は，知を求める人，あるいは美を愛する者，あるいは楽を好むムゥサのしもべ，そして恋に生きるエロースの徒となるべき人間の種の中へ》[訳注8], [注26]

　地上の生活が失墜の結果になるのなら，人間の性格の開花は上昇へ向かう。
　プラトン弁証法は，失楽園や《イデアの世界》への郷愁に絡め取られた魂によって操作された善へと上昇する弁証法である。この動きは，詩人の次の言葉に見事に表現されている。
　《人間は墜ちた神であり，天上での出来事の思い出に耽っている》[注27]

　木はこの上昇運動を表現している。母なる大地に根づき，質料（マチエール）と生命がある決まった量で混じり合っているレベルになる。つまり，《根は生きたまま死んでいる》[注28]と言ったのはバシュラールである。根は生命の端緒，現実化の最初の段階であることを銘記すべきである。根の状態であっても，木はアリストテレスの言葉を用いるならば，もはや可能態ではなく，現実態となっている。可能態としての木は，まさしく種子である。根は密かに隠れた生命に帰属するが故に，そして誕生のテーマとそれに伴う神秘の結

注25）　Platon : Phèdre, p. 248 c, trad. Léon Robin, La Pleiade, Gallimard.
訳注8）　『パイドロス』岩波書店プラトン全集5，饗宴，パイドロス。185頁
注26）　前掲書。p.248 d.
注27）　Lamartine : Méditation, L'Homme.
　　　　アルフォンス・ド・ラマルティーヌ（Alphonse Marie Louis de Prat de Lamartine, 1790年10月21日マコン - 1869年2月28日パリ），フランスの詩人，著作家，政治家。ロマン派の代表的詩人
注28）　G. Bachelard : La terre de les reveries du repos, Paris, José Corti, 1948, p. 291.

合であるが故に人間における最も深遠な象徴を表現している。つまり無意識である。深層心理学が，根と地上にある木とを対置するのは，根を潜在内容，木を顕在夢と見なせば，それほど困難ではない。ギーユヴィの韻文がこの区分を明瞭に表現している。

《外見上，木はそこにある。そこにあるのは善き事である。事物の恒常的なシーニュは地中に深く入り込んでいる》[注29]

幹は，深い本能的な生命と樹冠によって象徴される知的生命の媒介物である。幹は支えであり，支柱であり，媒介物である。おそらく，木を描く人にとって，それは身体と自己の人生のイメージからつくられた表象を明らかにするだろう。バシュラールは多様な木のイメージ[注30]の出会いに驚いている。彼が問いかけると人々は，木を描きながら人生の物語を思い出しているからである。まだ癒やされた傷跡，あらゆる種類の外傷，満たされぬ愛情，剪定された枝が物語る去勢の不安，罪責感や罰を受けることを望むマゾヒスティックな求めを連想させる幹の破線等が描かれる。

幹は，より上部の領域へ樹液を流し込み，有機体としての役割を担い，プラトン的に見るならば，感覚的世界とイデア世界の間を結ぶ仲介者である。この媒介が芸術家に適応された例として最も有名なものとして，パウル・クレーが行った1924年の講演を挙げることができる。

《根から始まり，樹液は芸術家の身体全体に流れ込む。それは木の幹である。流れる力にとらえられ，そして揺り動かされ，芸術家は作品の中に自分自身のヴィジョンを描き込む。すべてが見渡せるように，木の最も高い枝は，時間と空間の中を飛翔する》[注31]

実際のところ，枝が生い茂る樹冠は空の中に溶け込み，まるで空に根づいているように見える。目が眩むような樹冠の頂点は，太陽の日差しに向かって成長し，雲を分断して上昇運動の完成を目指し，プラトン的象徴においては，魂の飛翔と認識へ向かう努力を表現している。

注29) cite par G. Bachelard：前掲書, p. 294.
注30) G. Bachelard, La terre de les reveries du repos, Paris, José Corti, 1948, p. 299.
注31) P. Klee, cite par Roger Cook：L'arbre de vie, Le Seuil, 1975, p. 128.

第 5 章　木の象徴性

　もし，幹が限定され，未分化の状態であったとしても，枝と樹冠は知的な分化と説明を表現している。《説明すること》とは空間を押し広げることではなく，明快な仕方で，表現することであり，暗黙知が明確なものになることである。調和のとれた叢の出現とソクラテス的産婆術を近づけることはできないものだろうか。上下がひっくり返った木についてミルシア・エリアーデは次のように語る。

　《シバの伝統によれば，プラトンは，人間が転倒した植物であり，その根は空に向かって広がり，枝は地中に延びているというかもしれない》[注32]

　転倒した木は木の象徴の両価性を表している。樹冠が，空の中に《根づく》ように見えるとすでに書いた。バシュラールの表現を借りれば，木は二度思考するということである。

　《夥しい根が延びて結合すると枝の弁証法を増大される》[注33]

　実際，根もまた知的であり，迂回することも，《回り込むことで生涯を支配する》[注34]。樹冠についていえば，ガス交換の役割を担い，さらに広義には，栄養に関与している。この視点から，デカルトの有名なテキストの中で，哲学が転倒した木の表現のように，木に例えられることが理解できる。

　《こうして，哲学全体は 1 本の木のようなものです。この木の根は形而上学であり，幹は自然学であります。そして，この幹から出ている枝が他のすべての学問にあたります。これらの他の学問は 3 つの主要な学問にまとめられます。すなわち，医学，機械学，道徳です。私の言う道徳とは，最高かつ完全な道徳であって，それは他の学問の欠けるところのない知識を前提し，知恵の最後の段階であります》[注35] [訳注9]

　明らかにこの木の根は，大地や物質性の栄養を保持していない。転倒した木こそが問題なのである。哲学（知の総体と見なしている）を確立したいと

注32)　M. Eliade : Traite d'histoire des religions, Paris, Payot, p. 240.
注33)　G. Bachelard : La terre de les reveries du repos, Paris, José Corti, 1948, p. 310.
注34)　前掲書，p. 310.
注35)　R. Descartes : Principe, Ⅰ.
訳注9)　『哲学原理』三輪正，本多英太郎共訳．p. 25. デカルト著作集 3．白水社．1973 年

望んでいたデカルトは確固とした足場を探し求めていた。根は《形而上学であり》、つまりデカルト的形而上学の基盤は、キリスト教の神である。従って、この根の真の在処は超越性の中にある。

神の存在は、神の真実性にあり（完全無欠であり、無謬である）、自然学と物理学を学ぶことで明らかになる。自然学《一般に宇宙全体が構成されている仕方、次いで個別に、この地球の本性、および地球のまわりに広くごく普通に見いだされうる物体である、空気、水、火、磁石などの本性、およびこれらの物体に認められるあらゆる性質である光、熱、重さなどの本性を含んでいます。かような仕方で、私は、これらの最後に書いたことに先だって述べなければならないことを何も落とさなかったと思いますので、哲学全体を順序正しく説明し始めたと思います。しかし、この計画を終わりまで続けるためには、この地上にあるより特殊な他の物体のそれぞれの本性を同じ仕方で説明しなければならないでしょう。すなわち、鉱物、植物、動物、そして特に人間の本性です》注36) 訳注10)。

そのとき、哲学は大地に降り立ち、ある確かな方法で、活動する。例えば、聖なる申し分のなさで帰納法の原理を確立する。自然学の法則の定常性は神によっても証明され、つまり確立した秩序に何らかの修正を加えるとすれば、それは未完成であることの証である。

幹によって象徴される自然学は、理論的認識である。つまり、そこから現実の偏見が引き出される。根の水準で神に眼差しを向けた後に、認識は創造へと向かう。

枝（機械、医学、道徳）は哲学的方法の到達点を示し、これが実践的そして人間的な水準であることを望むのである。

実際、デカルトは、工学において《自然の師であり保有者》注37) に人間がなることを可能にする方法を見ている。医学と道徳は、肉体と魂のコントロールを表している。このテーマについて、心身医学の先駆者であるデカルトが、道徳を医学の所与と緊密に結びついたものとして概念化したことを思い出し

注36) R. Descartes：前掲書
訳注10)『哲学原理』三輪正、本多英太郎共訳．p. 27. デカルト著作集 3．白水社．1973 年
注37) R. Descartes：Discours de la methode, Ⅵ．

ても無駄であろう。証拠として，必要があれば，次に挙げるエリザベートに宛てた手紙を紹介してみよう。

《いずれにせよ健康な肉体に恵まれ，心地よい事物が眼前にありさえするなら，精神は百万の味方を得て，悲しみ気味のあるすべての情念を自己の外へ放逐し，代りに喜びを分かち合っている，すべての情念を迎えいれるのでございます。しかしまたおなじように，精神が喜びにあふれていれば，逆にそれが大きな力を発揮して，肉体はますます健康になり，眼前の事物はいよいよ快適な相貌を呈してくれるにちがいありません》注38) 訳注11)

ユングは，中世において人間はしばしば転倒した木のフォルムで描かれていると述べている。

《自然学者にとって，立った人間は転倒した木に似ていると思われている。つまりそのことは，根，幹，枝がここでは頭，胴体，そして足になっている》注39)

このテキストにはプラトンの『ティマイオス』の残響を見ることができる。理性的な魂は《身体の頂上》にあると描写されている：

《そして，そのものはまさに，われわれの身体が天辺に居住し，われわれが，地上の，ではなく，天上の植物であるかのごとく，われわれを天の縁者に向かって，大地から持ち上げているものなのだと，わたしっちは敢て主張したいのですが，この主張は，至極正当なものだということになります。何故なら，（われわれの）神的なる部分は，魂が最初にそこから生まれたそのところ（天）に，われわれの頭でもあり根でもあるものを吊して，身体全体を直立させているわけなのですからね》注40) 訳注12)

転倒した木の見解は，ユングが言うように，ベーダ語のテキストの中にある。実際，この見解はイチジクを想起させる。永遠のイチジクでは，根が上

注38)　R. Descartes : Lettre a Elisabeth (novembre 1646).
訳注11)　『書簡集』竹田篤司訳．p. 376-377．デカルト著作集 3．白水社．1973 年
注39)　Cite par C.G. Jung, Les racines de la conscience, p. 410.
注40)　Platon : Timee, 90 a, trad. Leon Robin, La Pleiade, Gaiilmard.
訳注12)　『ティマイオス』種山恭子訳，p.173 〜 p.174．プラトン全集 12，岩波書店．1975 年

方に延び，枝が下方に垂れ下がる[注41]。

ハガヴァ・ジタがイチジクについて以下のように語っている。

《その枝は高くそして深く広がり，その蕾は感覚の対象である。つまり，下方で根は分岐し，人間の行為に結びついている》[注42]

ヘブライの文化でも，同じような伝統を見つけることができる：

《生命の樹は上から下へと広がり，太陽は樹全体を照らす》[注43]

これらのテキストの価値は，マクロコスモス（世界を象徴する宇宙樹）と人間であるミクロコスモスの間に存在する関係性を強調していることにある。

蛇のイメージ（根）と鷲のイメージ（頂上）は，それぞれ大地と大空の世界にやってきた客であり，これらのイメージの中に，垂直，根づき，繊細な弁証法が存在し，木のイメージを通して，宇宙の中に人間の居場所を探すわれわれの姿を見せようとするだろう。

バウムテストを分析する場合に，われわれが研究してきたように，用紙上の位置に関する意味や概念を今述べてきたテーマと比較してみる必要があるだろう。

木の垂直性に関する研究から，安定性の概念が見られることを明記しておこう。

聖書の詩編Ⅰには，神に逆らう者に対して木によって象徴される正義を対置し，風に吹き飛ばされる籾殻に例えている。

《その人は流れのほとりに植えられた木。（……）

神に逆らう者はそうではない。

彼は風に吹き飛ばされるもみ殻。

神に逆らう者は裁きに堪えず

罪ある者は神に従う人の集いに堪えない》[注44] [訳注13]

注41）　Voir sur ce point Odette Viennot, Le culte de l'arbre dans l'Inde ancienne, Paris, PUF, 1954, p. 32 a 34.

注42）　Cite par C.G. Jung, Les racines de la conscience, p. 411.

注43）　Gerard de Champeaux : Le monde des symboles, La Pierre-qui-Vire, Zodiaque, p. 300.

注44）　Psaume, livre Ⅰer, Psaume Ⅰ, 3-5, trad. Edouard Dhorme, Paris, Gallimard, Bibliotheque de la Pleiade, t. Ⅱ, p.891.

訳注13）　聖書，新共同訳，日本聖書教会，詩編1

おそらく木は，絶え間なく空間を開拓する服することのない者として，安定性の象徴を表現している。
　《木は，安定させるものであり，公明正大さや堅固さのモデルである（……）最も可動性のある生き物は根を持ちたいとおもうだろう》[注45]
　A. ミュエルは，よく使われる言い回しを用いて，根の深い象徴性を明らかにした。例えば，《根無し草だ》，あるいは《子孫をもうける（根を持つ）》。言い換えれば，《先祖の根や血縁のつながりがない》[注46]ということである。
　反対に，《子孫をもうける，それは生に定着することであり，時間にそして空間に生を持続させることである。血統の木は，家系や家族の起源の最も優れた表現である》[注47]
　イエスの木は，キリスト教的図像で頻繁に扱われるテーマであり，この観点から見れば，極めて特殊な豊かさを示す例である。というのも，キリストの家系図を示すだけでなく，ヘブライ教の起源から始めて，キリスト教の基本的要素を，象徴的なやり方で，生き生きと描いている。

III　ユダヤ-キリスト教的伝統における木のテーマ

　よく知られているように，木のテーマはユダヤ-キリスト教において中心的な象徴となっている。つまり，
　《木は聖書における最初にして最後の象徴であり，キリスト教において木は聖なる意味として用いられる》
　カール・コッホはバウムテストの補遺として，《バウムテストに関する歴史的文化的概要》[注48]と題した一文を書いている。
　創世記第 2 章では，人間と木を繋ぐ類似性が強調されている。両方とも土から生まれ，2 つともエデンの園に置かれた。
　人間は陶工の仕事から生み出されたように，大地の泥でつくられ聖なる精

注45)　G. Bachelard : La terre de les reveries du repos, Paris, José Corti, 1948, p. 318.
注46)　A. Muel : Mon enfant et ses dessins, p. 90.
注47)　前掲書．p. 90.
注48)　K. Koch : Le test de l'arbre, p. 343.

神の豊かさを与えられた。

《その時，主なる神は，土の塵で人を形づくり，その鼻に命の息を吹き入れられた。人はこうして生きる者となった。主なる神は，東の方のエデンに園を設け，自ら形づくった人をそこに置かれた。主なる神は，見るからに好ましく，食べるに良いものをもたらすあらゆる木を地に生えいでさせ，また園の中央には，命の木と善悪の知識の木を生えいでさせられた。》[訳注14], [注49]

創造はここでは土仕事として表現され，被造物（人間）にまず《耕す》こと，そして次にエデンの園を《守るように》命じた[訳注15], [注50]。被造物（人間）は木から取って食べて良い自由を与えられるが，しかし善悪の知識の木から取ってはならない。

《園の全ての木から取って食べなさい。ただし，善悪の知識の木からは，決して食べてはならない。食べると必ず死んでしまう》[訳注16], [注51]

地上の楽園には3つの種類の木がある。まず取って食べて良い木（これは全く問題ない），次が生命の木あるいは環境の木，そして最後が善悪の知識の木（2番目と最後の木が禁止されている）。これらを結びつけているのは，神秘的な光に囲まれているということである。これらの木が置かれている空間が密接であることは疑い得ない。つまり，ルネ・ゲノンが指摘しているように，知識の木から取って食べた後地上の楽園を追放された後に，生命の木の果実も食べようとして，《手を伸ばし》さえすれば良かったのだ。[注52]

テキストの一部に多神教の残存が認められる。つまり，人間が善悪の知識を手に入れてしまうと，《われわれの一人のように》[注53] なると，神は定義している。従って，人間は聖なる英知を奪い取ったが命の木に触れると永遠を手に入れることを知らない。

訳注14) 聖書，新共同訳．日本聖書教会．創世記 2-7 ～ 8．
注49) Genese Ⅱ, 7-9, trad. Ed. Dhorme, Gallimard.
訳注15) 聖書，新共同訳．日本聖書教会．創世記 2-15．
注50) 前掲書．Ⅱ, 15．
訳注16) 聖書，新共同訳．日本聖書教会．創世記 2-16 ～ 17．
注51) 前掲書．Ⅱ, 16-17．
注52) R. Guenon : Le symbolisme de la Croix, Paris, Vega, 1957, p. 142.
注53) Genese, op.cit., Ⅲ, 22 『創世記』Ⅲ, 22.

第5章　木の象徴性

　命の木，それは物質の勝利であるが，地上の世界での表面的な塵芥であり，超越性に向かって飛翔する。ここで言う命とは，神が人間に与えることを拒否し（《塵に過ぎないおまえは塵に返る》[注54]，命の木に近づくことを永遠に禁止している。

　《今は，手を伸ばして命の木からも取って食べ，永遠に生きる者となるおそれがある》[注55]

　途中で，生命の上昇運動と地上への墜落が新たに浮き彫りにされる。

　エデンの園から追放されたアダムは，土地を耕すために土塊に身を屈めなければならない。しかし，この動きは生きるための1つの方向を示し，その言葉はすでに悲劇的な色合いを帯びるであろう：

　《主なる神は，彼をエデンの園から追い出し，彼に，自分がそこから取られた土を耕させることにされた。》[注56]

　2種類の木の空間的な近さから，同じものと考えることは出来ない。つまり命の木と善悪の知識の木は聖書の中ではっきりと区別され，図像学や伝統から見て同じものと思われるかもしれないが混同してはならない。

　アダムとエバは知識の木の実を食べたのだった。彼らの眼は開けた：

　《自分たちが裸であることを知り，二人はイチジクの葉をつづり合わせ，腰を覆うものとした。》[注57]

　木は，創世記の物語の至る所に表れる。イチジクの葉はそれまで無知であった恥ずかしさを隠すための簡単な衣服となった。

　こうしてエデンの園の木々は神の眼差しを逃れようとする人々の究極の避難所になる：

　《アダムと女が，主なる神の顔を避けて，園の木の間に隠れる》[注58]

注53）〜注58）の追記
　　主なる神は言われた。「人はわれわれの一人のように，善悪を知るものとなった。今は，手を伸ばして命の木からも取って食べ，永遠に生きる者となるおそれがある」

注54）　前掲書，Ⅲ, 19.『創世記』Ⅲ, 19.
注55）　前掲書，Ⅲ, 22.『創世記』Ⅲ, 22.
注56）　前掲書，Ⅲ, 23.『創世記』Ⅲ, 23.
注57）　前掲書，Ⅲ, 7.『創世記』Ⅲ, 7.
注58）　前掲書，Ⅲ, 8.

注53）Genese Ⅲ，22.
注54）前掲書．Ⅲ 19.
訳注17）聖書，新共同訳。日本聖書教会。創世記3-19。
　　　　おまえは汗を流してパンを得る，土に返るときまで。おまえがそこから取られた土に。塵に過ぎないおまえは塵に返る。
注55）前掲書．Ⅲ．22
訳注18）聖書，新共同訳。日本聖書教会。創世記3-23。
　　　　主なる神は，彼をエデンの園から追い出し，彼に，自分がそこから取られた土を耕させることにされた。
注56）前掲書。Ⅲ.23.
訳注19）聖書，新共同訳．日本聖書教会．創世記3-7．
　　　　二人は目を開け，自分たちが裸であることを知り，二人はイチジクの葉をつづり合わせ，腰を覆うものとした。
注57）前掲書。Ⅲ.7
訳注20）聖書，新共同訳．日本聖書教会。創世記3-8。
　　　　その日，風の吹くころ，主なる神が園の中を歩く音が聞こえてきた。アダムと女が，主なる神の顔を避けて，園の木の間に隠れると，主なる神はアダムを呼ばれた。
注58）前掲書．Ⅲ.8.

　木はここでは覆面や隠れ家として用いられている。聖書を読んでいくと，こうした行為は彼らの意図とは裏腹に隠したことにはならず罪責感が露わになる。

　もはや無知ではいられず，知識を持ち，これこそが原罪であり，どのようにして反知性主義のシステムに利用されてきたかが理解されよう。

　例えば，ショウペンハウワー『伝道の書』の次の言葉を根拠にしている。

　《それは知恵が多ければ悩みが多く，知識を増す者は憂いをますからである》訳注21）は，次のように肯定している。

　《このように，知恵が多くなり，知識が増せば，憂いは深くなる（……）最も苦しむのはそうした天才である》注59）

　この言葉が関心を持たれるのは，ヒンズー教によく似ているからである。

　生への意志をなくすこと，欲望を抑圧することは，実際のところ，知の意志を否定することと対をなしている。

　キルケゴールは反知性主義の視点からソクラテス主義を解釈する。彼はソ

訳注21）聖書，新共同訳．日本聖書教会．伝道の書1-18．

注 59）Arthur Schopenhauer : Le monde comme volonte et comme representation, cite par Andre Dez, Schopenhauer. Le vouloir-vivre et la sagesse, Paris, PUF, 1956, p. 173.

訳注22）ニコラウス・クザーヌス（Nicolaus Cusanus, 1401-1464）知恵ある無知あるいは学識ある無知（docta ignorantia）とは，知恵のある状態とは，無知の状態を内包する状態であること

第5章 木の象徴性

クラテスをニコラウス・クザーヌス^{訳注22)}に由来する《知恵ある無知》を賞賛しながら，命の木に近い価値があると認め，知恵の木を取らないように守っている人と評している。

キルケゴールの眼からすると，ソクラテスの功績は存在の優位を主張したことにある：《ソクラテスの最大の功績は，かれが実存的思想家であることであって，実存するものを忘れる思索家ではなかったことである》^{注60)}

キルケゴールの話によると，知ることの罪に譲ってしまったプラトンを指していることを付け加えるだけ無駄というのだろう。

蛇の曖昧な役割を詳細に検討するために，もう一度，聖書を見てみよう。聖書を読むと悪そのものである根と同じように違反であることが理解できる。この違反が蛇の唆しの元に行われたという事実は，われわれの注意を引く。

バシュラールも蛇について次のように書いている：

《動物の中で最も世俗的なもの，それはまさに秩序からいっても最下層の動物的な根である。それは植物界と動物界を繋いでいる》^{注61)}

蛇は生きた根であり，動けない運命や根付いていなければならない状況を逃れる術を知っている。

地下の深いところから首を出し知識の木を経巡り，首は果実の方を向いている。創世記の表現によれば，《もっとも賢いのは蛇であった》^{注62) 訳注23)}

先導する技術では先駆者である蛇は，禁止されていることに違反するように唆す。悪はすでに蛇と共に存在する。

しかしエバは誘惑されなくても，騙されたのではないだろうか？エバが用いた言い訳のメカニズムについて疑いの目を向けているかもしれない。

《蛇がだましたので，食べました》^{注63) 訳注24)}

注60) S. Kierkegaard : Post-scriptum non scientifique et définitif aux miettes philosophiques, cite par Philippe Tisseau et Jean Brun, Kierkegaard: L'existence, Paris, PUF, p. 66.

注61) G. Bachelard : La terre de les reveries du repos, Paris, José Corti, 1948, p. 262-263.

注62) 『創世記』Ⅲ，1．

注63) 『創世記』Ⅲ，13．

訳注23）聖書，新共同訳。日本聖書教会。創世記 3-1。
　　　　　主なる神が造られた野の生き物のうちで，もっとも賢いのは蛇であった。
注62）Genese Ⅲ,1
訳注24）聖書，新共同訳。日本聖書教会。創世記 3-13。
　　　　　蛇がだましたので，食べました
注63）前掲書．Ⅲ 13．

　ポール・リクールは，エバの言い訳けは不信心による行為と見る。エバは彼女の振る舞いがどのような結果を生むことになるか予想できなかっただろうか？蛇は根源的で，外的客観的な悪を象徴しているが，おそらく内的な渇望を指し示し，それは投影によって，蛇のイメージとして対象化されている。
　《蛇は渇望の心理学的投影を表現している》[注64]
　ポール・リクールが言うように，創世記に描かれているような最初の人類の失墜と，プラトンの著作に登場するパイドロスにおける魂の失墜の間に，ある種の類似性が存在すると指摘できるであろう：
　《イメージを除けば，失墜はかつてのエデンの園から遠い，魂の追放と混同される傾向がある》[注65]
　バウムテストの「下方に位置する」というサインの心理学的意味を思い出してみよう。
　《無価値感，不全感。自罰的，見捨てられ感と愛情対象の喪失感。時々見られる抑うつ状態》[注66]
　根についてのさまざまな意味を検討してみると，好奇心に関することが共通して見られる[注67]。さらに，木の枝が下方に垂れ下がっている（しだれ柳）の名称や，擬人的な形から《悲しみ》[注68]を表現していることも付け加えておこう。
　この点については，描画サイン番号38と39（《樹冠のマルが落下している》

注64）P. Ricoeur : finitude et culpabilite, Paris, Aubier, 1960, p. 240.
注65）前掲書．p. 311.
注66）R. Stora : Le test du dessin d'arbre, p. 57.
注67）前掲書．pp. 54-55.
注68）前掲書．p. 61.

第 5 章　木の象徴性

と《下降する樹冠》）注69)，それから番号 94《幹の輪郭線が下端で右が長い》（失望，悲嘆）注70) も読者に示しておきたい。

　旧約聖書における失墜の物語と新約聖書にある贖罪の十字架の関係について見てみよう。テキスト全体をもとに契約を引用したり，救世主待望について参照する余裕はない。

　《青銅の蛇》は，荒涼とした精神状態での救済の象徴であり，創世記に描かれている不吉な蛇とは正反対である。旗竿に巻き付けられた蛇は，『民数記』（第 21 章 6-9）訳注25) で青銅の蛇として取り上げられ，聖書注釈学者は，キリストを先取りした表象と常に見なしてきたのだった。イザヤ書の一節にある次のほのめかしは，よりはっきりと示している。

《イザヤの幹から生え出た枝

　根から生え出たひこばえが実を結ぶであろう》『イザヤ書』第二章 1.　訳注26)

　キリストを象徴しているこの枝は，聖パウロが言ったように《第 2 のアダム》を示しており，アダムの過ちを改めさせ，神と人間を繋いだのだった：

《そこで，一人の罪によってすべての人に有罪の判決が下されたように，一人の正しい行為によってすべての人が義とされて命を得ることになったのです》注71)

　キリストの十字架は，キリスト教の伝統では《再生する生命の木》注72) を象徴している。メソポタミアの伝統では堕落と十字架の再生がまったく同じ場所であったと描写されるほどに似ている：

《……人間は世界の中心にかたどって作られている……そこには同様に空と大地をつなぐ絆が置かれている》注73)

　このテーマはイコノグラフィーでも眼にする。例えば，ユングの『魂と象

注 69)　前掲書．p. 58.
注 70)　前掲書．p. 64.
訳注 25)　聖書．新共同訳．日本聖書協会．民数記（第 21 章 6-9）
訳注 26)　聖書．新共同訳．日本聖書協会．イザヤ書のこの章には該当する詩句はない
注 71)　ローマの信徒への手紙 5 章 18.
注 72)　G. de Champeaux : Le monde des symboles, Ed. Zodiaque, p. 225.
注 73)　前掲書．n.7, p. 456.

徴の変容』[注74]ではアダムがゴルゴタの丘に埋葬されていたという伝説を取り上げた彫刻の写真が掲載されている。つまり、問題なのはアダムのお墓から突き出ている十字架を表現しているストラスブルグ大聖堂の彫刻である。

十字架の象徴において、垂直方向が空と大地の結合という新たな契約のサインだとすれば、水平方向は人類のために十字架にかけられた人が広げた両腕であり、結合を呼びかける愛の表現である。

この象徴は聖アンドレ[訳注27]の外伝にはっきりと示されている：

《私は汝の神秘を知っている。おお、十字架よ。その名の下に汝は立てられた。汝はこの世界に打ち立てられ、確固として不動のものである。天井からやってくるロゴスを示すために空にまで聳えている。汝は両手を広げ、恐ろしい的を退散させ人々を結集させる。大地にしっかりと打ち立てられ、地上と地下のものと天空とを繋ぐのである。》[注75]

両立させる、結合させる、集める。キリストの十字架は相対するものを統合するもの、カオスに秩序をもたらし宇宙を変容させるための統合の要因として表れている：

《……高きものを輝かせるのは御言葉である。それはいわば天空である。地上のあらゆる場所を射通し、東洋から西洋まで広く駆け巡り、北から地中海までの偉大な場所に広がり、四散してしまった人々を父の御名のもとに呼び集める》[注76]

ここで用いられているイメージは、宇宙の木のテーマを反映している。この解釈は、ジルベール・デュランが強調した「木－木材－十字架」という連想によってさらに強められる：

《キリスト教の十字架は、立っている木であり人工的な木であり、植物的な象徴として用いられる象徴的意味を抜き取ってしまっている。》[注77]

すでに述べたように、木の象徴性は人間の身体構造を反映しているのであ

注74) C.G. Jung : Metamorphoses de l'ame et de ses symboles, p. 415, fig. 154.

訳注27) 聖アンドレ：12使徒の一人でペテロの弟

注75) Actes apocryphes de saint Andre, cite par Charles Koch, Le test de l'arbre, p. 23.

注76) Saint Irenee, cite par Gerard de Champeaux, op. cit., p. 369.

注77) G. Durand : Les structures anthropologiques de l'imaginaire, p. 179.

る。それはキリストの十字架とは異なる象徴例である。さらにミクロコスモスとマクロコスモスが象徴的な統一体の中で融合している。というのも，キリストの十字架は形而上学的な意味からなされた抽象化であり図式的に人間が両手を広げたフォルムを呼び起こす。ウィトルウィウス[訳注28]の建築の比率によって描かれた人間を表現したレオナルド・ダ・ヴィンチの有名な図版に見られる態度がそこにはある。さらにこの点に関して言えば，レオナルド・ダ・ヴィンチが解剖学と人体とその均衡の図像的な写本に取り組む際の視点には形而上学的，神学的，宇宙論的興味や関心が垣間見られる。

《「人間は世界のモデルである」，その構造を学ぶことは，優れたものを生み出す方法を知ることであり……このような創造を愛する事である》[注78]

ここで，描画に用いられるサインの方向性という視点から十字架の象徴性について論じることが出来るように思う。

十字架の中心上部は理想界への通路，ここでは神への通路を表している：
《上方へ伸びる描線は物体から遠ざかり，そこから解放される。描線は他の方向（手の届く範囲）には伸びていかない。しかし，崇高な，夢の，知性の，あるいはさらに理想の獲得の領域を超えて伸びていく。》[注79]

十字架の下方は，地面に接し，感覚的世界との接触，身体と物質性，これらは顕現の象徴かもしれない。

《下方に伸びた描線は，自我や身体や本能そして自我の暗闇に向かう運動を表現している》[注79]

理想の線としての垂直方向は，上方と下方を結ぶものであり，人間の似姿になった神テーマを象徴している。次に，十字架の左右，水平方向の象徴性を見ていこう。筆跡学で用いられている空間理論を参照すると，左右は外向・内向と関係していることが分かる。

《ヨーロッパ語の文章は左から右に向かう。つまり文章を書く人は，自己

訳注28) ウィトルウィウス：（前1世紀）古代ローマの建築。「建築術」10巻を著した
注78) Cite par Fred Berence, Leonard de Vinci, Paris, Sanogy, 1965, p. 233.
注79) R. Stora, P. Seiffert : Trois peintres en face de la vie, Revue d'Esthetique, Paris, PUF, janvier-mars 1949, t. II , fasc. 1, p. 22.

の中心から始まって徐々に遠ざかっていく。再び左に戻ってくると自己へ向かうので、原始的な人格の中にうずくまる。》[注80]

しかしこの視点では、原始的な人格は過去、つまり未来を保証する現在の中に用いられ感覚的にはっきりと感じ取った経験を表しているかもしれない。

この点については、以下の同様な定式化が可能と思われる。つまり、
- 左＝自我－過去－エスへの回帰
- 右＝他者－未来－他者への方向

バウムテストにおいて、サイン67（左に広がる樹冠部）は《自己や過去に向けられた関心》[注81]を意味する。右の冠下枝の心理学的意味は保護的役割をとりながら他者へ向かう意志を示している。

十字架の描画において、横断軸の左右端はすべてのエネルギーを他者を保護するために向ける性格の人がとる位置を示している。おそらく2本の枝が同じ長さであるならば、行動基準の象徴的な文字化が見られるのであろう。《汝自身のように隣人を愛せ》この名言は理想として、葛藤の解決を呼びかけている。

この意味はすでに述べたことを確認させる。つまり十字架は統合と和解の象徴である。十字架の理想的なサインとバウムテストに見られる、幹、樹冠における描線の交叉を区別する必要がある。個々で問題なのは描線の交差である。それは対称でも平衡でもなく斜めの描線で描かれ、解決されない葛藤が存在することを示している。

木というテーマが持つ豊かな象徴を概観してきた。結論として読者の皆さんに木の描画を分析するにあたって、あまり過剰に象徴を用いないで欲しい。象徴を使う誘惑を避けるように望む。

あえて強調するが、象徴主義がいくつかのサインの意味を理解するのに役立つかもしれないとしても、サインが組み込まれている描画の縁を厳密に研究することで描画の一般的な会社の水準において象徴は常に支えられているのである。

注80）　R. Stora：前掲書．p. 21.
注81）　前掲書．p. 61.

第5章　木の象徴性

Ⅳ　夢の木に関する解釈

こうした考えに基づいて，夢の木の解釈をいくつか提示してみよう。
- 瓶の木
- 眠る木
- 盾を持つ木

1．瓶の木（図27）

　ジャックは14歳，父親はスペイン出身である。父親はフランスで仕事をし，セルフサービスの店を経営している。母親はフランス人で仕事はしていない。スペインは父親が幼年時代を過ごしたところであり，ジャックにとっても第2の故郷であり，バカンスの度にしばしば行くところである。そこでは彼の祖父母が蒸留場で働き，わずかだがブドウ畑を所有していた。父親は息子に厳しかったが，とりわけ学校の勉強について厳しかった。

　一般的に，子どもは学業でつまずくとかなり未熟さを示すものである。口唇期の問題が報告されている。つまり摂食制限，肥満恐怖，軽い発語困難が見られた。《瓶の木》は，父親からの承認欲求や学校への適応に関して精神療法が行われた最初の年に描かれている。

　木の幹には瓶が描かれ，そこから何本かの枝がぶら下がっていて，右側にはパン，左側には水やワインが入った瓶がつるされている。この夢の木に関する解釈を示す。《これは想像の木，僕にとっては生命の木。葡萄酒や水やパンがあるのだから。生きるために持っていなければならないもの。だから生命の木なんだ。でも他には何も必要なものはないね。想像力をもう少し働かせればね。長生きするために必要なのはこれだけかもしれない》

　木の下の方にある葡萄酒の文字は，彼の親戚や祖父母を思い出しているのかもしれない。葡萄酒は父親のイメージも結びつき，父親はセルフサービスの店にある何でも気に入ったものはすべて食べてしまいかねない人なのである。ジャックは，木になっている果物を誰かが取り上げたら，きっと《樹液》を直接吸うかもしれない。《まるでストローで吸うように》などと想像して

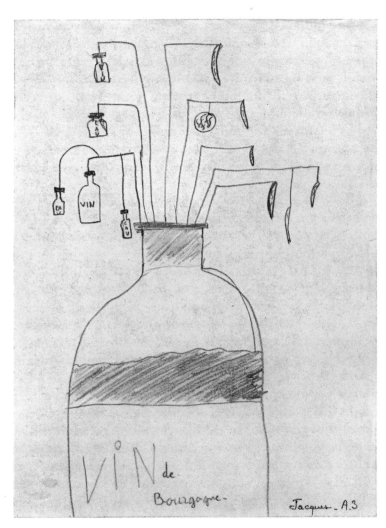

図27（14歳）

第5章　木の象徴性

いる。純粋に象徴的な解釈を試みるならば，生命－夢－葡萄酒の類比が見て取れる。つまり《葡萄酒はブドウの血液であり，血液は生きた葡萄酒である》[注82] 同様に，ブドウ栽培に従事している父方の家系に連なる少年が抱いた祖型的なイメージが表されている。もし象徴的解釈から空間図式の理論を用いるならば，左に傾く樹冠は《混合物》を示し，葡萄酒は水と結びついていると解釈するのも可能である。深遠な起源からは，幾分脇道にそれる。つまり，《気の抜けた葡萄酒，水薄められた葡萄酒，これは何とも紛らわしいフランス語の慣用句である。本当は葡萄酒が性欲を失わせると言う意味である》[注83] と，バシュラールは皮肉っぽく指摘している。右側の枝にはパンがぶら下がっている。このイメージからは，父親の職業，セルフサービスの店を経営していることが透けて見える。解釈の水準から見ると，口唇期固着のテーマが完全に焦点化される。子どものこれまでの生活は郷愁，祖先への回帰というテーマが記されている。収穫された果物が再び滋養のある受益として飲むことが出来る。しかしながら，過去に焦点化した世界に肯定的な要素が認められる。《生きていくためには少なくともこれだけは必要なのである。》よりダイナミックな方法で未来を理解する方法を獲得し，いつの日か，瓶の描画で表現されたこの閉じられた世界から抜け出すことを願っている。

　ここで，描画サインの分析から得られた情報を提示してみよう。
　サイン28「中央やや左に位置する」は，ジャックが母親に同一化していると解釈される。サイン123「下縁からのはみ出し」とサイン104「樹冠の高さ4」は不全感を反映し，この不全感を代償したいと思っている。サイン104［樹冠の高さ4］は，サイン116「樹冠の幅4」《目立ちたがり屋，人との会話に関する問題》[注84]，欠点を何とか埋め合わせようとする。ジャックは器用に面目を保ち，木の中央では枝が素早く曲げて描かれ，瓶の口は糸状の陰影（不安を乗り越えたいという欲望）。
　幹は，サイン108「樹冠部よりも大きな幹」：これはある種の子どもっぽ

注82)　G. Bachelard : La teere et les reveries du repos, op. cit., p. 328.
注83)　前掲書．p. 327.
注84)　R. Stora : Le test du dessin d'arbre, p. 66, rubrique 116.

さと具体的な事柄に向けられた行動を示している。子どもっぽさは二本線の幹，単線の枝によって，確認できる。具体的な事柄に対する方向性は，幹の太い濃い描線とサイン72「均等に塗られた陰影」に見ることができる。

幹は下方で細くなっている（サイン96）。ジャックは確固とした基盤と安心して頼れるものを望んでいる：瓶は自分の出自に繋がる場所に戻りたいという欲望を示していると解釈される。

同じように，描線は全て右方向に向かい，引き籠もりを示していることに注目しよう：瓶の右側にぶらさがっている平べったいパン，それとは反対に左側は丸みを帯びている。父親よりも母親とより接触や会話をしているようである（サイン27）。

ジャックにはある種の受動性と慣例遵守の傾向が見られ，それはサイン72「均等に塗られた陰影」と瓶の口の左側，サイン140「安定した直線で描かれた幹」，枝が用紙の外縁に沿ってはみ出していないことから解釈される。

さまざまな障害がエネルギーを押さえ込んでいる。サイン73「黒と白の対比」は，順応主義と反抗（保護的な態度の中に解決策を求める，サイン66「右に広がる樹冠部」）の間にある葛藤を表している。樹冠部の枝は，四角形の《アーケード》型になっている。瓶の口の上縁に見られるサイン72「均等に塗られた陰影」が，《感覚器系》に由来する《受動性》を意味し，《養育の問題，アルコール問題》[注85]を反映している。

サイン81「1本線で樹冠から分断されている幹」は，養子になり周囲からの要求に拒絶するしかなかったジャックが生きた葛藤的な問題を明らかにしている。

上下する枝（茂み）は，若者が自分の葛藤に対して解決を求める試みを表現しているが，それは成功せず，不安を引き起こすものと常に対峙している：樹冠部の左側にぶら下がっている小さな瓶は，幹の再生産であり，そのうえ，サイン69「執拗に繰り返し乱雑に塗られた陰影」から，不安と罪責感が表現されている。

描画サインは，象徴的解釈を確認させる：一次過程では機能していた少年

注85） R. Stora : Le test du dessin d'arbre, p. 66, rubrique 72.

を見ていると，成長が可能だと思わせる肯定的な要素がいくつか見られる。真ん中の枝は，速い曲線で噴出しているように見える。ジャックは，自分を人目につくようにしていて，それはうまくいっている：右側の枝はサイン140「安定した直線で描かれている」。

2．眠る木（図28）

　ソフィーは7歳女児。とても頭が良く順調に成長したが，読字障害のため，彼女よりもすらすらと読める年下の子どもたちを見るのがつらいと訴える。ソフィーは四人同胞の末っ子。二人の姉と兄が一人。

　子どもの遊びが《大人たち》の興味をそそらないことを子どもたちは知っている。ソフィーは，父親が自分よりも兄が好きだと思っている。両親は，とても忙しく，頻繁に彼女をひとりっきりにしておくのだった。読字障害による困難さと幾分見捨てられ感を感じて，気持ちが萎えているソフィーは，抑うつ気分に陥り，それを疲労感で表現している。

　賢い子どものように振る舞うため周囲から疎んじられたので，兄たちを羨み，兄たちのように《意地悪やいたずら》をしようとしたのだった。

　ソフィーが自発的に眠る木を描いたのは，このような気分にあった時で，《赤い翼のおかげで，飛んでいる木。この木は眠っている》と言いながら，母親に描いてみせた。

　何を象徴しているかは明らかだった。疲労困憊の子どもが，休息と気晴らしを求めている。夢の世界への飛翔は，明らかに欲望の実現を表している。

　こうした解釈を単なる印象からではなく，描画サインから検討してみよう。

　まず，木は用紙から大きく，特に上方にはみ出している。大きすぎること，上方へのはみ出しという2つの描画サインの意味から，明らかな強い欲望（子どもは，周囲の人々の関心が自分に向くことを望んでいる）であり，失敗や不完全さと感じられることを，何とかそれを埋め合わせたいという欲望を持っている。

　ソフィーは相矛盾する欲望の間にあって，迷っている：木の用紙上の位置は，サイン28「中央やや左に位置する」と同時に，サイン29「中央やや右に位置する」。樹冠は上方でやや右方向に優位である。ソフィーは父親とも

図28 （7歳）

母親とも似ていたいと思い，両親の両方にしがみつき，関心を引こうとしている。母親はそれなりの方法で，彼女の希望に応えようとしている（左側にはみ出した投げ縄のような描線，描線の交叉はない）。反対に，父親に対しては失望しているように見える：地面は《激しく揺れ動いていて》，左に大きくはみ出し，サイン79「右の冠下枝」を越えている。

　地面の描線の交叉とサイン79「右の冠下枝」は，左の地面とサイン78「左の冠下枝」よりも多い。

　その上，花の中心に数多くの黒マル（挫折感，不安感）は，左よりも数が多い。

　さらに，樹冠全体は右方向に延びている：これは，娘が父親が好きだ（この年齢では正常である）ということを示している。これまで見てきたように，欲望と現実の体験の間にある矛盾が明らかになった。

　また，子どもが用いる描画サインから実際の知的能力を推し量ることができる。彼女は記憶力が良い：幹の輪郭線は真っ直ぐではっきりしている。樹冠内部に延びている幹輪郭線は速い曲線である。サイン87「樹冠部に入り込んでいる幹」は，論理的に考えることができることを示している。実際，樹冠部全体から離れてしまったような樹冠内部のディテール。サイン47「針金状に挿入された枝」は，7歳児でしばしば見られる描画サインであり，良く釣り合いがとれている。幹は木の樹冠部の中に合体している。同様に，幹の上方は大きく開いており，ある種の知的好奇心と関連する。サイン104「樹冠の高さ4」とサイン122「上方へのはみ出し」から，子どもが知的活動と代償的な夢の中に逃避していることが確認される。

　ソフィーは《Z》の文字を書いている。このアルファベット最後の文字は，人生を受け入れるという意味である。子どもはそれを発見し，文字を読めるようになったことに幸せを感じている。

　彼女は，愛情を分け与えてくれる夢の世界に憩い，そしてこの世界への飛翔を感じながら，栄光を喜んでいる（花は用紙の上方で左右に広がり，上方へのはみ出しと木について寄せられた子どものコメントから，これが重要な描画サインであることが確認された）。ソフィーにとって，不全感を克服することが問題なのである。この描画に，彼女が日々の生活で感じている欲求

不満や葛藤から逃れる可能性が描かれている（黒い幹，右側の黒マル，右側のおびただしい描線の交叉，地面の描線）。

　飛翔する夢，子どものエディプス的問題との関係の意味について十分議論できたと思う。この問題について興味のある読者は，ミッシェル・マチュー[注86]の鋭い分析を参照すると良いかもしれない。ここでは，知的な発達の後に退行という運動（眠ることと夢見ること）が見られることだけを指摘するにとどめよう。《人は疲れたら，休んで，眠りに落ちる。ZZZ》と，彼女はコメントを書いている。

3. 盾を持つ木（図29）

　エレーヌは13歳から心理療法を始めている。学業と知的能力が一致しない。それ以外にも，彼女には言葉の遅れが見られる。

　母親との間に共生関係が見られ，内向的な性格である。母親もまた不安が強く。融通が利かず，全てにおいて厳格なやり方をする人である。少女は，母親に対して，怖いと思うのと同時に安心感も抱いている。

　エレーヌは妹に激しい嫉妬心を抱いている。嫉妬心に対して，表面的に平穏さを装い，それが過剰であるため，冷たい態度で妹に接している。

　彼女の性格は多くの点で父親に似ている：父親と同じように彼女も受け身的で臆病で，母親との間で葛藤状況になるのを畏れ，母親の言いなりである。

　ここに紹介する夢の木は，彼女が15歳時，心理療法後に描かれている。まず，この描画に寄せられたコメントがある。

　《想像の木は人間を表している。樹冠が人間の本性，つまり生きる喜び，純粋さを表現している。さらに，そうした性格を人間は甲冑のように用いている。延びている枝は，自分に満足し，こうした性格を持っていることに満足していることを示している》

　文章は明瞭で，エレーヌは父親が好きで，父親のようになりたいと思い，彼女自身が父親の中に見いだした《性格》を持ちたいと望んでいる。

　描画の構造を検討すると，以下の点からその特徴が指摘できるように思わ

注86) M. Mathieu : D'une improbable esthetique, in Psychanalyse du genie createur (ouvr. coll.), Paris, Dunod, 1974, pp. 45-57.

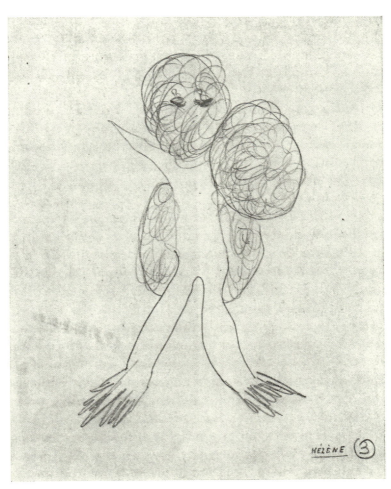

図29（15歳）

れる。

　木の用紙上の位置は，サイン 28「中央やや左に位置する」と同時に，サイン 29「中央やや右に位置する」。このことは，同一化とそれに相反する傾向との間にあって躊躇を表している。躊躇はシンメトリーとサイン 79「右の冠下枝」とサイン 78「左の冠下枝」で強調される。

　両価性がこのような状況での妥協的な解決策であり，周囲に対する優しさと協調性が目立つ（サイン 79「右の冠下枝」とサイン 78「左の冠下枝」が投げ縄の描線で描かれている）。従って子どもは調停者的な態度をとる。

　彼女にとって実際に問題なのは，自分の中にもあるいは父親からも感じる暴力性とそれによって引き起こされる病気とどのように折り合いを付けるかということである。右足は先が尖っていて，左足ほど太くない。右膝は左に比べて丁寧に描かれていない。つまり上下で太さが変わらない。それ以外にも，《胴体》の右側の線はぼんやりとした緩やかな曲線で右の《膝》を示している描線は，ぼんやりとしているものの左よりもはっきりしている。従って，サイン 142「幹の輪郭線が多種類の描線で描かれている」と見ることができ，これは受動性と攻撃性との間にある葛藤を示す。

　描画サインから，どのように折り合いを付けているかが理解される：サイン 79「右の冠下枝」は，投げ縄の形の描線で甲冑の中に組み込まれている。甲冑自体も樹冠部（人間の頭）に繋がっている。この樹冠部は，甲冑の一部として，右側の方へ投げ縄の形のぼんやりした描線で輪が幾重にも描かれている。

　エレーヌは父親のイメージに同一化し，彼女の目に映るエネルギーや活動性を同化させている（《性質》を自己のものとするのだが，これは子どもがしばしば語る最初の美徳である武勇のことである）。このエネルギーが向かう方向は，精神的な意味ではないことは，エレーヌのコメントを読むと分かる。サイン 79「右の冠下枝」は，実際，《男らしく，父親のように，強い人間のように見られたいという欲望。母親に対して保護的な役割。父親に支えとアドバイスを求め，父親はライバルでありながらも，似ていたいと願

う》[注87]。口唇期的問題はあるものの（口がない），知的トレーニングは可能である（サイン110「樹冠部と同じ高さの幹」）。知的好奇心は強い：眼が描かれていて，鳥が住んでいる巣の形をしている。ここに，フロイト[注88]が強調した認識，見る欲望，出生の神秘に関わる気懸かりが明らかに出現している。鳥たちが卵をかえすために抱きかかえている。このことはエレーヌが抱いている欲望を明らかにしている。つまり女性的な行動をとりながら，両親を和解させようとしている。

　従って，描画サインのいくつかから，エレーヌには効果的で自立的な行動が可能であり，それをもってほとんど依存していない母親に対峙できるのである。

注87）　R. Stora : Le test du dessin d'arbre, p. 63.
注88）　S. Freud : Trois essais sur la sexualite, Paris, Gallimard, 1971, pp. 90 et suiv.

第 6 章
治療における描画テストの用い方と
テストバッテリーの比較研究

クリスチャンヌ・ドゥ・スーザ

私たちが働いているセンターで，児童や青年の問題を取り扱うようになった。ここで読者にとても興味深い2症例，ローランとアーメルの研究を提示する。もう一方で，同性愛の問題を持つジルについても関心が向いた。
　この章では，心理療法の展開とそこから得られた結果について，簡潔に報告しようと思う。バウムテストが治療者や再教育官にとって役立つことを述べるが，それは被検者の成長に適した方向で治療を検討できるからであり，あまりひとつの方法に拘泥しないようになるためでもある。
　まず始めに，超自我が否認する衝動に対して戦う男性の症例を紹介する。

I　症例　ジル

　ジルは30歳の男性，大きく，がっしりとした体格，きびきびとしていて，黒い瞳はあまり動かない。彼はとても内気で，かっとなりやすく，皮膚が弱い。
　家族は中流階級の出身で，40歳の姉が1人，彼女は既婚だが子どもはいない。25歳の弟は《利発でない》幼い娘と暮らしている。ジルが語るところによれば，《この弟は父親に瓜二つ》である。
　母親はとても独裁的な人で，彼を《甘やかして育てた》ため，まだ家にいて結婚していない。子どもの頃から，そして今でもジルは母親のお気に入りである。おそらく，他の2人の子どもに失望させられた母親は，ジルだけが彼女に満足を与えてくれると願っている。このことが，ジルが《母親の元に》，そして《子どもの頃のまま》いることを意味している。
　彼は知的で勉強も優秀で，現在は高校教師をしている。芸術を好み，ピアノが上手で，小さなオーケストラの団員になっている。
　家庭の雰囲気は，ずっと子ども扱いしている母親と不在がちの父親の間で，ジルにとってはうんざりするものであった。すべてが自分を苦しめるものであると彼は話している。この家庭から離れたいと思うのだが，経済的理由でそれができない。
　その上，母親が洗濯と食事の世話をしてくれるので，とても都合が良い。だが，そのために母親は息子の一挙手一投足を観察する権限を持つことになる。母親にとっては，ジルが心理相談室でカウンセリングを受けたいなどと

は，到底許しがたいことであるが，ジルはこのセンターで心理士に，ロールシャッハテストとTATの検査を受けたいと申し出た。以下はその結果である。

ロールシャッハテスト：かなり深刻な神経症的性格であり，不安，恐怖の要素が支配的である。さまざまな状況下での防衛は適切で，社会的に受け入れられやすいが，突然に崩れる可能性がある。

ロールシャッハテストでは，回復する可能性はあるものの，悪化する傾向もあるという。

彼は攻撃的で，性的衝動を受け入れるのに甚だしい困難を抱えており，自分自身でも恐れを感じている。去勢や他者から与えられた苦悩から破壊，《自己分解》，《自己解体》へと不安が募り，一時的に制御不能に陥る可能性がある。実際の問題は，母親との関係に見られる祖型的（アルカイック）な深刻な変調に結びついていると思われる。

表面的な防衛とは異なり，深層では自我は脆く，外傷体験になりやすい状況に見舞われた場合，安全でない取り返しのつかないところにいるのではないかと考えてしまう。

TAT[訳注1]：まず，このテストで見られるのは平凡反応による防衛である。次いで，ストーリーがしばしば混乱あるいは矛盾したものになっている。距離感が極端に遠かったり近づき過ぎるといった両価性が見られる。

そして一度だけだが，現実性と象徴性が表裏一体となっている点が指摘された。以上のことが，ロールシャッハテストから明らかになった危機的なものである。

同様に，母親-息子の深刻な両価的関係を挙げることができる。その関係は常に不満に満ちていて危険である。つまり自立性（真の意味でのアイデンティティ）を破壊するようだ。この関係は終わるべきであるのだが，しかし……自立性の破壊には母親だけでなく，息子も加担している。

訳注1）TATの説明は，2段下からと思われる。ここでは本文のまま訳出した

親的なイメージにぶつかると攻撃性は抑制され，全般的に，それは両価的な感情を引き起こす他者に向き合うときの態度である。自分に欠けている活力とバランス感覚を手に入れるために対人接触を望みながらも，うまくいかないとすぐに閉じこもってしまう。精神的な崩れを感じながらも，その回復を望んでいる。

結論として，心の深層に挫折感を抱えていると思われ，それは個人精神療法で明らかにされるだろう。

ここでバウムテストの結果を示そう。

●第1の木（図30）

この青年は適切な方法で，自分自身を表現できると思われる。彼はおしゃべりや保護者としての役割をとることが好きだが，自己肯定感が低い。世の中の出来事や周囲の面白そうなことに関心を持ち，出来るだけそうしたものに関心を向けようとしている。音楽にも親しんでいる。

彼は過去の出来事に対して両価的な感情を抱いている。内省する傾向は強く，そうすることで悲観的な感情へと彼は押し流されていく。そうしたときに，彼は不安に押しつぶされそうになる。無意識のうちに重くのしかかるが，適応を妨げるほどではない。他者の支え，安心できる環境，先を見通せる力を望んでいるようである：

サイン99＋サイン116＋サイン104（右側）とサイン103（左側）＋サイン111＋サイン42＋幹よりも筆圧の濃い根＋サイン72＋サイン91（原文は90）＋サイン9＋サイン120＋太めの濃い描線＋サイン65c。

●第2の木（図31）

自意識過剰であり，大きな欲望を持っている。ジルはさまざまなものを獲得し，周囲を説得しながら自分の価値を高めてきている。そこには周囲の支えを求め，家庭環境への依存が認められる。知能は高い。安全感，安定感のある環境の枠組みを求める姿と攻撃性が発動しないように《抑制》をうまくかけることが出来ないという問題があった。

図30 第1の木

図31 第2の木

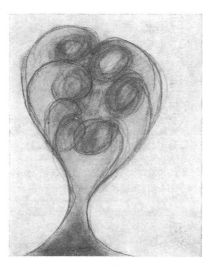
図32 夢の木

第6章 治療における描画テストの用い方とテストバッテリーの比較研究

図33 目を閉じた木

図34 目を閉じた木

母親への両価的な愛着は不満足なものであるが，きわめて特徴的である。失敗を恐れ遮二無二それから逃れようとするが悲観的である。しばしば目立ちたいという密かな欲望を持ちつつも人目を避けている：
　サイン100＋サイン116＋サイン109＋サイン90＋サイン102＋サイン123＋サイン120＋サイン122＋幹にきちんと繋がっている根。細かい糸状の線影＋サイン9

　●夢の木（図32）
　この描画から，驚くほどの内省，依存と支配欲と野心の共存，不満足な愛情，愛されていないという感情を指摘できる。そこから周囲の注意を引きつつ自己愛的な自己の価値回復を望んでいる。再び母親への両価的愛着が大きくなっていく。ジルは顔を強張らせながら，防衛を強くする。母親との関係において子どもっぽい問題が出現する：
　求心性の動き。サイン123＋サイン72＋サイン111＋サイン100＋サイン77b＋サイン115

　●目を閉じた木（図33，34）
　母は満足を与えてくれる存在ではないという確認と母との葛藤が読み取れる。
　要約すれば，子ども時代の心理的水準における大きな問題が確認される。
　どちらの木も明確な両価性，女性的傾向，決して満足を与えてくれないが重要な存在である母親，父親の不在，こうしたものが同性愛的傾向の仮説を可能にし，それが正しいことが明らかになった。

　もし，大筋においてロールシャッハテストの結果と同じ結論が得られたとすれば，バウムテストで露わになったパーソナリティの最も肯定的な要素が，このテストでも多かれ少なかれ気づかれるように思われる。そこでは無意識がある種の戯曲化によって認識され，その時，木はこの若者の脆弱性を否定しないまでも，不安の背後に保護者的な役割を演じ自己愛的な感情を必要としていることが明らかになる。こうしたすべてのことが，将来の自立を可能にする指標である。

無意識のイメージは，ロールシャッハテストの結果から明瞭に見て取れる。バウムテストの絵からはもう少しはっきりと強調され，回復の可能性が見られ，予後はそれほど悲観的ではない。
　内的荒廃を感じさせるにもかかわらず，TATに見られた防衛や回復は，バウムテストの所見に近い。
　心理的項目の中に挙げられるのとほとんど同じような結論が導かれる。つまり，母子関係，両価性，少年時代の深刻な体験，両親の問題に対して攻撃性を抑えることができず，ついには人格の両価性に至る。
　結論として，この3本の木から得られた所見は，感覚的にはロールシャッハテストにおける戯曲化（夢の潜在思考が検閲を通し，顕在夢へと変容する過程）と同じものである。TATは，バウムテストで確認されたことを再構造化して見せている可能性がある。
　ジルは精神療法をうけながら，彼自身の人生と同じように，夢についてもとても豊かな素材を手に入れている。
　かなり躊躇した後に，ある日，ジルは自身の問題である同性愛的傾向について語り始めた。今よりもずっと若かったときに，同じ年頃の男友達と性的遊戯をした。その場面に出くわした母親は，激しく反応し，子どもに罪悪感を抱かせた。数年後，ジルは《あえてそうしようと》しなかったのだが，彼の性的傾向は常に他の男児たちに向かっていたと述べている。母親は絶えず見張りながら，彼が思うようにはやらせてくれず，何事によらず彼に命じたのだった。彼には自立というものが全く奪われていたのである。
　彼よりも少し年上で，すでに同性愛的な生活を送っていた青年に出会ったのは，14歳の時であった。その時に，同性愛的傾向はすでにできあがっていて，二人の男子の両親が知り合いだったこともあって，二人の出会いはいっそう親密なものとなっていった。
　さらに，ジルはグラン・ゼコールにインターンとして入学していた。そこで，彼は男友達と知り合いになり，恋に落ちた。同じ趣味が二人を結びつけたのである。二人ともミュージシャンであり，暇な時間には二人で音楽を作っていた。しかし，この男友達は同じ傾向を持っていなかったので，青年期の友人同士でしかなく，すぐに退屈してしまったのだった。この破局の後，ジ

ルは悶々とした時期に入り，同性愛的衝動を何とか抑えようとしなければならなかったのである。アクティングアウトはなかったものの，友人の何人かが彼を誘惑したために苦しめられたのだった。

　この時期のカウンセリングは，特に若者にありがちな辛い状況を深刻に扱わないようにしようとしたのだった。

　最初の夢は母親に関係するものだったという意味で意義深いものであった。《カウンセラーのところに行くためにルーペを買ったと，彼は私に言った。私の母はそれを壊したけれど，私に何も言わず壊れた破片を集めていた，何が起こったのか，私は理解した。それは一つのドラマであり，私は激怒し，叫び，母を激しく攻撃した。私は家を出る。たくさんの野菜や豆など食料を袋に詰め込み，踵を返してその袋を放り上げた。廊下にみんなまき散らされて，母は私に厳しい口調で権威主義的に"拾いなさい"と言った。私は母に激しい口調で，"何んて傲慢なんだ"。私は母親に飛びかかった。ある感情が湧いてきたのだった。》

　この夢の分析することで，ジルは母親の『権威主義』に耐えられなくなっていることをある程度理解でき，さらに，母親が彼のために用意してくれた食べ物を全て投げ捨ててしまいたい衝動に駆られ，恨みの感情がはっきりと心の中にわき上がるのを認めることができた。この日，私たちは《満足感を与えてくれない》母親について分析し，同時にそこから生じてくる罪責感について分析を試みた。

　ジルは，生徒について多くの問題を抱えていた。それは彼らがジルをはやし立てることだった。十分に権威を発揮することもできず，その上，生徒のうち何人かに魅力を感じ，そのことに対して罪悪感を感じていたのである。この罪悪感は，生徒たちから強く刺激されたものであることを，私たちは彼に意識させ，この事実を分析に役立たせようとしたのだが，ジルに関係のない問題がそこにあった。つまり彼は悪い教師ではなかったのである。

　彼が語った夢は，時として，女性にとっては普通の魅力が，彼の同性愛のために消えないということを私たちは考えさせられたのだった。驚くような発言を挙げてみよう。《若い女性と私は，一緒に買い物をしている。生徒たちは動き回り，お喋りをしていて，彼女は何を話しているのか聞き取れない。

私は突然立ち上がる。そのことで驚いた生徒たちは驚きの反応を見せる。女性は買い物をしている。私は彼女を愛している。彼女の髪を撫でたいと思った》彼の女性同僚に向けられた保護的，権威的，愛情深い慈しみといった欲求はきわめて男性的な反応であり，ジルもそのことを強く感じていたのだった。

　しかし，同性愛的な夢は頻繁に出現している。《欲しい材料を探し，一枚の絵はがきを見つける。それにはＢという名前が書かれていて……Ｂと言ってみる。これは君の？と聞いてみる。Ｂは近づいてきて，私にそっと触る。私は彼を欲しいと感じる。彼を挑発する。彼は驚くが傍から離れない。ほら，二人とも良く似ている。……私たちは抱きしめ合う。》

　同性愛的衝動はとても強く，同性愛者として生きていきたいという欲望は次第に明確になっていき，カウンセリングを通して，ジルは生活の細々したことや夢を語りながら，それは全て同じ方向に向いていった。この時期に，同性愛者として生きていくという方向性が明確になったと，私たちは確信したのである。夢からも明らかになった，この若者の心の中にある耐えがたい不安は，彼の行為から生み出されているのだが，その行為を罪悪感から解放されることが何よりも重要である。《ホモに要注意。警察に眼をつけられないように。急げ。私は扉を叩く。少しほっとするが，扉が完全に閉まっていなかった。警察が入ってくるかもしれないので，私はそこにいなければならない。》

　カウンセリングを行って数カ月が経った頃，ジルは生徒たちと一緒にいても，だいぶリラックスできるようになり，それまでのように馬鹿騒ぎをすることもなく，鬱状態になることもなかった。次の学期に入っても，難しいクラスを扱うのにもだいぶ慣れてきた。生徒と衝突することもなく，自信を持って授業できたのである。何人かの生徒に対しては教育上とても満足のいく成果を上げたと自負している。

　遂に彼は，両親の住まいからかなり離れた場所のアパートで暮らし始めた。

　私生活の面では，《外に出たい》，安定を得たいという強い欲望を関しているが，無意識の衝動と内的な激しい興奮が，この安定の探求の妨げになっている。その根拠は途方もない夢から判断される。つまり《雨期にアフリカで，

私は森の果てまで大河を渡らなければならない。でも，行く手は泥だらけ。冒険をすることもできず，ますます私は孤立した。それから，橋を渡る自動車を見たのだが，危険をあまり感じなかった。とにかく，橋は脆く，河は増水し，橋を持ち上げて，今にも壊れそうになっていた。しかし，橋は激しく揺れたが，壊れなかった。私は驚いた。どうなっているんだ。》

　この時期を通して，ジルが予想できたように，一人の男友達に出会い，密着している。数年間抑圧されていた彼の感情，つまり肉体的に成長した男性への強い衝動が，一挙に表に現れたのである。しかしながら，このことがジルにとって安心感を与えたようには見えない。別な男子生徒との同性愛傾向を認めず，自分を責め，抑圧された罪悪感がジルへの攻撃となり，この新しい状況にジルは耐えることができなかった。彼はすぐにこの友達から離れたが，混乱していたのである。

　しかし，この時期，夢の中に拮抗する象徴が頻繁に表れた。袋小路になっている道路も問題であった。この袋小路の行き止まりは，階段になっていて，そこにはトンネルがあり，常に脱出できる通路があった。

　ある場面から次の場面へ，無意識に探しているものが何かジルは意識していた。夢の最後になって友達に愛情を与えていたが，彼は後戻りしているとは感じていない。その時に，別なアバンチュールを求め，倦怠感を感じるまでになる。必然的な段階なのだった。彼を推し進めるよりも，何とか支えることしかできない。

　彼には音楽が大いに役立ち。そこに彼は必要な安寧と霊的な状態を見つけた。

　さらにここでわれわれにとって，興味深い夢が語られている。《私は庭に着いた。庭は青々としていて，雨がトウモロコシを生長させ，実は大きくとても美味しそうだった。それを食べようと思っていた。》

　豊穣の象徴が見て取れる。種子とジルの食べる行為から，カウンセリングが順調に進んでいると解釈できる。つまり，いくつかの要素がうまく統合され始め，求める安寧の方向に進んでいると思われる。

　この時期に，ジルにもう一度バウムテストを施行することにした。

●第1の木（図35）

支配欲が明確に表現されているが，熟慮と自律性の傾向が見られる。ジルは自己承認欲求が強く，その点が明らかに示されている。問題の多くは，理性的に解決され，外界に対して向き合いたいと望んでいる。

理性が日々の活動にも見られるが，まだ自分を強く見せようとするぎこちなさが付きまとっている。それでも彼はうまくやれている。隠されたものに対する好奇心は強すぎるが，適応は良かった：

サイン31＋サイン111＋サイン28＋サイン99＋サイン6＋サイン115＋サイン129＋サイン135＋右方向に向かう曲線＋サイン61＋曲線に囲まれた鋭い枝＋バランスの良い根＋根は幹の4分の3

●第2の木（図36）

大きな欲望，具体的な記述的な観察欲求，それは葛藤から逃れるための明晰さの欲求なのだが，はっきりと表れている。熟慮しているが，時折言葉によって遮られることがある。判断，評価，鑑賞を彼は好む。彼の直観は鋭い。

葛藤から逃れたい欲求は熟慮，内観と同時に不安の原因でもある：

サイン100＋サイン28＋サイン111＋サイン116＋サイン65c（同じような形がいくつも並ぶ）＋太い幹＋サイン42＋バランスのとれた開いた根と幹の4分の3の高さの根。

●夢の木（図37）

男性傾向と女性傾向を同時に成り立たせることが困難である様子が見て取れる。つまり，こうした傾向はうまく受け入れられているのだが，男性的傾向を受け入れには息の長い努力が必要である。ジルは女性のように身ぎれいにしていて，あえて自分の本来の性である男性として生きようとしていない。

象徴的に解釈すれば，はっきりとしない鳥が人間に対する神々の友情を象徴している（J. シュヴァリエ）。これは同時に《夢見る人》のパーソナリティである（微睡み，目覚める）。

ここで，鳥は飛び立つ準備をしているように見えても，まだ動かない姿勢をとり続け，しばらくの間，飛び立てないでいる。ジルは私たちにこう言っ

図35　第1の木　　　　　　　　図36　第2の木

図37　夢の木

第6章　治療における描画テストの用い方とテストバッテリーの比較研究

図38　目を閉じた木

図39　目を閉じた木

表1　投影法検査とバウムテストの対比

ロールシャッハテスト	バウムテスト	TAT
神経症的性格，恐怖症的要因。	無意識のうちに重くのしかかるが，適応を妨げるほどではない。	平凡反応による防衛。
大きな不安。		距離感が極端に遠かったり近づき過ぎるといった両価性。
	不安に押しつぶされそうになる。	
さまざまな状況下での防衛は適切だが，突然に崩れる可能性がある。		内的に衰弱を感じているが，回復の願望は強い。
回復する可能性はあるものの，悪化する傾向もある。	適切な方法で，自分自身を表現できると思われる。彼はおしゃべりや保護者としての役割をとることが好きだが，自己肯定感が低い。	親的なイメージにぶつかると攻撃性は抑制される。
攻撃的で，性的衝動を受け入れるのに甚だしい困難を抱えている。	安全感，安定感のある環境の枠組みを求める姿と攻撃性が発動しないような《抑制》の問題。	引きこもりの態度。
自分自身でも恐れを感じる傾向がある。		母親－息子の深刻な両価的関係，自立性（真のアイデンティティ）の破壊に関連。
他者から与えられた去勢から破壊，《自己解体》へと不安が募り，制御不能に陥る可能性がある。	依存と支配欲と野心の共存，愛されていないという感情。そこから周囲の注意を引き自己愛的な自己の価値回復を望んでいる。	
母親との関係に見られる祖型的（アルカイック）な深刻な変調。	抑制。	
表面的な防衛とは異なり，深層では自我は脆い。	不満足な母親への両価的愛着が大きくなっていく。母親との関係において子どもっぽい問題が出現。生き生きとした知性。	

表2　バウムテスト：第1回目と第2回目の比較

第1回目	第2回目
①一般的な性格特性	
おしゃべり。 自己肯定感が低い。 世の中の出来事に関心を持つ。 接触欲求。 過去の出来事に対して両価的な感情。 内省する傾向は強く，悲観的な感情に流されやすい。 不安に押しつぶされそうになる。 無意識のうちに重くのしかかるが，適応を妨げるほどではない。 他者からの支え，安心できる環境，先を見通せる力を望んでいる。	自己肯定感を得る。 外界に対して向き合いたいと望んでいる。 理性が日々の活動にも見られる。 隠されたものに対する好奇心は強すぎるが，問題の多くは，理性的に解決された。 適応は良くなった。 自律性の傾向が見られる。
②意識される重要な欲望	
ジルはさまざまなものを獲得し，自分の価値を高めてきた。 家庭環境への依存。 安全感，安定感のある環境の枠組みを求める。 攻撃性が発動しないように《抑制》をうまくかけることが出来ないという問題。 母親への両価的な愛着は不満足なものである。 失敗を恐れ，遮二無二それから逃れようとするが悲観的である。	大きな欲望，具体的な記述的な観察欲求，葛藤から逃れるための明晰さの欲求。 判断，評価，鑑賞を彼は好む。 攻撃性は性的なこと，職業と関連する。 もはや現れない。 社会的に失敗を心配していない。情緒的な生活面で不安は持続している。
③内省	
驚くほどの内省，依存と支配欲と野心の共存，不満足な愛情。 周囲の注意を引きつつ自己愛的な自己の価値回復を望んでいる。 強張らせながら，防衛を強くする。 母親との関係における子どもっぽい問題。	より内省的になっている。 男性傾向と女性傾向を同時に成り立たせることが困難である。 自己愛的再評価が現在獲得されている。 女性のように身ぎれいにして，周囲から好かれたいと思う。
④⑤目を閉じた描画	
母は満足を与えてくれる存在ではないという確認と母との葛藤	子ども時代の葛藤や問題が統合され，受け入れられていて，深刻に扱わない。

た。《飛び立てるかもしれない。でもとりあえず，この鳥は思慮し，大人しくしている》と。

● 目を閉じた木（図38,39）
　子ども時代の葛藤や問題が統合され，受け入れられていて，第一回目のバウムテストと同じように，それはもはや誇大視されていない。
　この二枚の描画は描線が力強く，樹冠輪郭線が開いた曲線で，単線の地面ラインが鮮明であることから確認できる[注1]。

　2度施行したバウムテストを比較すると，心理療法によりジルが自己を評価し，外の世界に対して不安なく向き合うことができるようになったのがよく分かる。
　職業への適応も現在は良好で，そこから大きな満足を得ている。彼の好奇心は，もはや彼を自責的にすることもなく，彼は十分に自立できるようになったのである。
　彼の攻撃性は十分に満足できなかった性的問題の中に生き続け，まだ存在している。社会的には，もはや失敗の感情や引き籠もることもない。自己愛的な再評価が彼の支えになっている。
　母親に対する深刻な問題から深刻さは薄れていき，病的な様相はすっかりなくなっていった。
　大きな葛藤状況に向き合うとき，困難さはまだ持続しているものの，最近見られた夢の中には，ジルの心の中に大きな変化が生じたこと，おそらくそれは彼が志向する心の平安に近づいていると思われる内容もある。
　勿論，2年間にわたる精神療法の全てをここに書くことはそのボリュームから言っても大変で，書き写すことも難しい。このセラピーの過程で表れた夢を引用したならば，その表現の豊かなシンボルに驚かされる。色彩豊かな《偉大な夢》なのである。そこにこうした方法で展開されたセラピーの全てがあるわけではない。クライエントの中には，全く夢を語らない人もいて，

注1）　目を閉じて思考した2枚の連続描画を行ったのは，連続描画の施行中に描画サインの修復と崩れがどのように変化しているかを確認するためである。

そうした場合には，われわれに与えられた《（無意識ではなく）意識の素材》を用いなければならないのである。

　しかしながら，バウムテストは診断のために有用であるばかりでなく，予後や治療経過を予測することもできるかもしれない。このようにバウムテストを用いるということは，探求の方策となるだろう。

II　症例　ローラン

　ここで紹介するのは，若い青年の症例で，かなり深刻な親との問題や気難しい年齢にありがちな《自我》の確立に関する問題を抱えている。

　ローランは，家族からの要請で両親に付き添われてセンターにやって来たのである。この少年は性格的な難しさを示した。つまり集中力がなく何事にも反抗的である。しかし，社会的な問題行動はない。

　ローランは4人同胞の第二子。相談にやって来たときは10歳半。彼の上には14歳の兄，下には6歳の妹と，3歳の弟がいる。父は大学の助教授，母は主婦である。

　心理士はまず両親に会い，それからローランに会った，というのも，彼はなかなか落ち着かず，些細なことで怒りを爆発させるからであった。彼は，四六時中他の子ども達やきょうだいと衝突する。実際のところ，彼の兄は，彼をからかってばかりいて，彼は妹を泣かすのを止めなかった。

　一番下の弟のことは，ローランが庇うので関係が良かった。

　兄弟間の衝突は懲罰で解決された。父親は，ローラン自身が肉体的な罰を要求していると語り，さらに厳しく叱っていると付け加えた。

　ローランは，世話を焼いてもらいたいという欲求が強い。だから，祖父母の家に1人で行くときは幸せだった。

　ほんの些細なことでも気になることがあると，それまでやっていたことを投げ出してしまう傾向が見られた。一旦気が向けば，それがスポーツであれ音楽であれ，あるいは勉強でも，それに熱中するのである。

　生き物，動物に熱中する子どもなので，彼を放っておいたら，家の中は動物小屋か家庭菜園になってしまうに違いない。

両親はこうした事態に対して，どのようにしたら良いものかと考えた。と同時に，両親が何の介入もしなければ，ローランは全く何もしなくなるのではないかと案じてもいたのである。

　父親は，息子をうつ病の障害のある自分の弟と似ていると思い，そのことがいつも頭から離れず，息子と関連づけて考えていたのは明らかだった。

　ローランの家庭教師は，私たちに彼はクラスにいるときには全く問題ない子どもだと話している。一方，母親によれば，彼は忍耐力に欠けていて，すぐにいらつく子どもだという。家庭教師から見ても，確かに彼はイライラしていて，お喋りだが，知能は優秀で，クラスの中でも成績も良く，それに友達ともうまくやっていた。

　私たちがこの子どもと両親に会ったとき，ローランは2人の間に座り，親に言われるがままに明らかに受け身的な態度で，とても緊張しているように見えた。この家族を見ていると《神経症の塊》といった印象を受け，その中をサドーマゾ的な精神の流れが，3人の間に作用しているようである。父親は良く喋り，精神分析的なことについては良く知っているようだったのだが，このサドーマゾ的なテーマについてはそれほど知っているようには見えなかったので，私は詳しく説明することを避けた。母親は子どもに対して継続的に切れ目のない援助をしていかなければならないと考えている。彼ら二人ともローランの問題が深刻なのを意識していたが，外的な援助だけでローランを自立と自信回復に向かわせ，脆弱でうつ的な人格を改善させられると思っていた。

第6章　治療における描画テストの用い方とテストバッテリーの比較研究

　臨床心理士がローランに行った《Patte Noir（黒い脚）テスト》[訳注27]から，次のような結論を導き出した。つまり，子どもは父親をライバルと見なし，こうした父子の対立は子どもに罪責感を抱かせ，父親はサディスティックに振る舞っているように見える。

　子どもは愛情と金銭をごっちゃにしていて，そこには報酬の概念が存在している。つまり《人懐っこさは儲かることであり，愛情を受け取ることも儲かることである》。彼は自分の存在のあり方を選ばなければならないことを知っているが，今のところそれは出来ていない。この少年は判断力と観察力があり，理論を求め，彼の現実感覚は年齢よりも大人びている。

　ローランは，自分が愛されているかあるいはいじめられているかも，さらには，行くべきか留まるべきかも，そのうえ口をきくべきか沈黙すべきかも分からず，自己責任を放棄して疑いの心に沈む。もはや自分が成長するのか幼いままでいるのかも分からない。つまり言い訳の中に避難し，屁理屈を並べて気持ちを落ち着けようと思ってもうまくいかないのである。

　死の観念が孤独感と共にはっきりと現れる。躊躇することは夥しく，決断不能の状態がいつも子どもに不満感を与え続ける。

　心を閉ざしている思春期の子どもは，父親に激しく反発し，自分の殻の中に閉じこもる態度を選択する。

訳注27）Patte Noir（黒い脚）テスト
　　　1961年にルイ・コールマンが制作した投影検査。5歳以上の子どもに用いられ，実施方法はTATと同じように図版を見せて物語を作ってもらう。図版は19枚からなり，全ての図版に，さまざまな状況におかれた「後ろ脚に黒い斑点」がある子豚が描かれている。状況は全て葛藤状況であり，家庭内の不調和，家族の不協和音，罪責感，攻撃性などを調べるのに役に立つ。参考までに図版を挙げておく

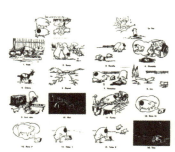

描いてもらった自由画は，この結論を強く支持するものであった．

●第1の木（図40）

そこでローランに連続的にバウムテストを施行している．何よりも接触のジレンマと大人達ときちんと向き合いたい欲望が示されているが，しかしそうした行動をおこす決断ができないでいる．この子どもは自分の価値を疑い，強い劣等感を感じている．あるときには攻撃的であることを止め，サド－マゾ的な攻撃性を変化させ自己コントロールしようと努力する．またあるときには，無意識のうちに罰を受けることを求めて，自分の過ちを探す．

彼の肉体が彼を大いに悩ませる．彼は肉体の均衡が自尊感情の低下と，あるときは父親のように，またあるときは母親のように，この均衡を維持するために抑制されているのを感じているばかりでなく，ここでもまたどちらを選択して良いか分からずにいる．

サイン28＋サイン32＋サイン100＋サイン110＋サイン115＋幹よりも強い筆圧の樹冠＋サイン55＋サイン40＋サイン139＋サイン104＋棒状の描線の樹冠＋サイン141＋サイン34d＋上下図＋サイン61＋木の上方が直線で終わっている．

●第2の木（図41）

外的な世界と家族が危険なものと感じられ，気に入らない日々の生活から逃れることを夢想する．彼の愛は裏切られている．ローランは，彼をいつも失敗に導く優柔不断の中で張り詰めた気分と共に生きている．依存していると感じ，自己承認欲求を強く持ちながらも，葛藤状況でしかそれを行うことが出来ない．現実をゆがめて眺めても，彼はアイデンティティを持てずにいる．つまり，彼は夢や遊びでこの現実から逃れようと試みるのである．この子どもが緊張と躊躇と攻撃性と他者への恐怖感に溺れてしまっていると思われる．彼は夢想と幻想に取り付かれている．広がり続ける不安と目の前にある障害が活動性の足枷となっている．

サイン59b＋サイン18＋サイン27＋サイン139＋棒状の描線＋幹よりも強い筆圧の樹冠＋サイン129＋サイン141（幹の左側）＋幹の右下部の弱い描線＋サイン127＋サイン85＋幹の曲がった描線，幹の外側

から出ている枝。

●夢の木（図42）
　劣等感情を代償し，自分を認めてもらい他者に堂々と向き合えるようになるために大きくなりたいという欲望が示されている。ところが子どもは行き当たりばったりでそうしようとするので，そのために不安感と罪責感しか生まれない。自分の衝動を抑えかねている。ここには援助を求める大きな叫びを見ることができるのだが，それを独り占めしようとしているようである。幻想に満ちた生活なので，彼は無力感に苛まれる。
　サイン31＋サイン28＋サイン100＋サイン122＋棒状の描線の樹冠＋サイン65c＋＋130＋開いた樹冠部，枝と繋がっている幹＋枝の先端のハサミ形＋幹のゆっくりした描線。

●目を閉じた木（図43,44）
　すっきりとした筆圧の強い描線で一気に描かれている。4番目の木は用紙の中央に，5番目の木は中央左に位置している。幹と枝は開かれている。木の中央に2つの描線の交叉がある。描線は幹よりも枝の方が強い。

　この子どもは，両親との間に対立と葛藤を感じており，落ち着いた生活を送ることができていないと結論づけることができる。清潔さの問題についてかなり気むずかしい母は，ローランの家で肛門期的問題を無理矢理つくり出した。
　それとは反対に，描線の動きから，彼は恐怖のために抑制されているにも関わらず，動くことで自分を表現できたと考えられる。父親については失望させられ，ただ厳しいだけの人と感じている。連続描画の最後の2枚から，この少年の潜在的な多くの可能性が見て取れる。幼年時代に彼は両親と正面から向き合いうつ状態から這い出すことが可能であったのである。
　《黒い脚》のテストによってもたらされた結論とこの第一回目の連続描画を比較してみると，《黒い脚》が家族の人物像をより詳細に探り出していることが確認できる。実際のところ，このテストの結果には，子どもの性格や

図40　第1の木

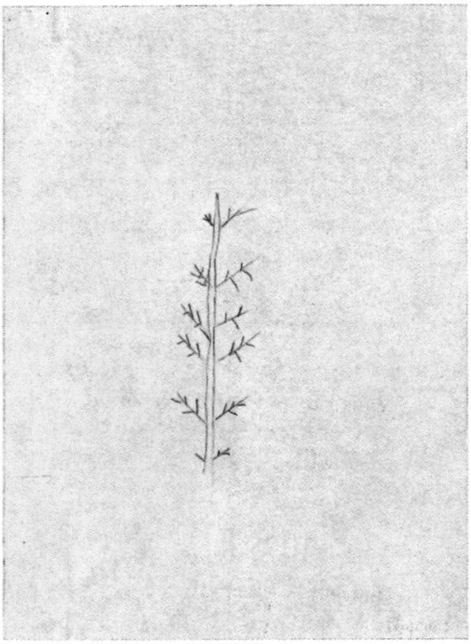

図41　第2の木

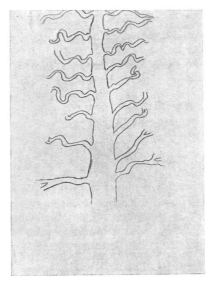

図42　夢の木

第6章　治療における描画テストの用い方とテストバッテリーの比較研究

図43　目を閉じた木

図44　目を閉じた木

反応様式の特徴が示されている。死の恐怖，孤独感，罪責感が際立っている。

バウムテストにおいては，まず最初に出現したのが，家族関係の問題である。無意識のレベルで，この子どもが志向しているのは何かを見ることができる。

しかし，最も重要と思われるのは，《黒い脚》（そしてテストを実施した心理士の意見）では，ローランがなかなか心の内を明かさず，引きこもりのために提示された絵《黒い脚》にあまり自己を投影できていないことである。反対に，バウムテストでは自由に自己を表現している。

白い用紙は，こうした抑制された子どもにとっては安全を保証してくれる。木を描くように指示することは安心感を与える。彼は明確に表現するべきものを持っているのだが，同時に彼の想像力が制限されずに自由に表現できる方法もたくさんある。

情緒的な刺激に満ちたイメージを基にして行われる投影法検査では，常に言語化が要請され，それはおそらく心の内を明かさず引きこもる子どもには自己発見や話すことで開放されることに恐怖を感じるのである。この恐怖はそれほど頻繁ではないが，描画の中にも出現している。

ローランはセンターに来ることには何の問題もなく同意している。

知的なそして健全な精神を持つ子どもから，どんな悲しみが浮かび上がってくるというのか！ 彼は余り絵を描かないのだが，ここで描かれた描画はあまりに凝りすぎていて，彼は決して満足していない。むしろ動物について語り，自然観察のクラブに参加したり，動物を飼育したり，冬や森林が好きなのかもしれない。残念ながら，こうした計画は，動物が大嫌いな家族から全く支持されない。つまり周囲を汚すものを家族は認めないのである。

ローランは《何でも器用に，そしてうまくやってしまう》兄のことが大好きである。このことが，彼に劣等感を抱かせるのは明らかである。

ローランの描いた夢の木は，強く助けを求めていて，その方向にカウンセリングを進めていくことにした。

初めの頃は，彼は絵を用いることを拒否し，《どうすれば良いか分からないし，うまく描けないから》と言っていた。柵の中に入っている馬を，小さな用紙に描くことから始まった。この馬は外に出られそうもなかったので，

第6章　治療における描画テストの用い方とテストバッテリーの比較研究

出口をつくる方法や，この馬がきっと野原を駆け回りたいと思っていると伝えた。遊びに夢中になっていったローランは，馬が駆け出していくのをとても喜んだのである。

それから少し経って，左側に木の陰影がある彩色された絵をローランは描いた。ローランは母親が大好きで依存していたが，母親がうつ的であると感じていた。私たちがこの描画を分析した時，ローランはたった一度だけだが私に語ったのである。とても強い罪責感，決して自分は優しくない，家の手伝いもせず，不器用で全てをうっちゃらかして，くだらないことしかしなかったと。私たちはこれらの細々した出来事をできるだけ深刻に扱わないようにして，むしろローランが強く望んでいる自己愛的な再構成のきっかけになるものを探そうとしたのである。この時に彼を驚かせたと思われる新たな出来事が，彼の中に素早く吸収されていくようだった。

数ヶ月後，ローランはピアノを習いたいと言い出した。母親は，どうせすぐにつまずき，最後までやれないのではないかと心配した。だが，ローランの意志は強く，大した困難もなくピアノの稽古を始めるだろう。

ある日，彼は画架を使って絵を描きたいという気持ちを述べ，可愛らしい山の風景を描き，小さな村と多くの小さな人々を絵の下辺に色彩豊かに描いた。これがローランが生き生きと描いた最初の絵で，この絵がこうしたタイプの描画で初めてのものだった。

ローランは少しずつ自分に自信を持つようになり，家でも自分の考えをはっきりと言えるようになり，自分の欠点を隠したりしなくなっていった。母親にも静かに話ができるようになり，母と子の関係は余りギスギスしたものではなくなったように思われた。

現在，センターでローランは，パイプクリーナー，皮製品の小さな小物をつくっていて女性的な事をしているので，しばしば批難されている。実際，家族は是が非でも彼には《男の子》として振る舞って欲しいと思い，両親はスポーツや無鉄砲なくらいであって欲しいと思っている。

カウンセリングから18か月後，ローランは再びバウムテストを行っている。

●第1の木（図45）
　第一回目の比較して，描画サインに成熟と木の中央の構造しっかりしていて，内面の葛藤や，自分の感情を外に出すことだけを望んでいる。失敗に対する恐れが，安心したいという欲求と同じように現れているのは，彼がまだ自己承認や行動に自信を持てないでいるからである。
　彼の悲しみは，依存心と同じようにまだあるものの，性格は穏やかになっている。性格に見られる矛盾に対して，均衡を図ろうとしているように見える。現実的にも改善されて彼はそれを受け入れている。彼は熟慮し，防衛するために自分の感情を内在化させ，しかし同時に接触を求めている。
　サイン5＋サイン26＋サイン31＋糸状のぼんやりとした地面ライン＋サイン8，サイン94＋サイン47＋左に菱形模様，右に花綱型＋サイン98＋サイン111＋サイン87＋ぼんやりした描線の樹冠＋サイン118。

●第2の木（図46）
　ローランは自分の気持ちを盛り上げることで抑うつ状態から脱しようとしいて，今のところは反対の態度をとって逃避している。とりあえず規則を受け入れている。衝動はもはや意識のコントロールの制御下に置かれている。立ち向かいたいという欲望はより明確なものになっている。知的な同一視も容易になった。反対に，父親との問題に関しては，ローランはいつも厳しい教育者のように感じてしまい，まだ解決されていない。
　サイン26＋サイン31＋サイン65c。

●夢の木（図47）
　自我の纏まりに関してかなり問題は少なくなっている。彼に安心感を与えるものを見出したいと思っている。
　自立の傾向と木の中心の構造から，第一回目の連続描画と比較して明らかな違いが見られる。
　サイン112＋サイン＋ゆっくりとした曲線の幹＋サイン40。

表3　症例 ローランの対比

黒い脚テスト	バウムテスト（1回目）	バウムテスト（2回目）
子どもは父親をライバルと見なし，父子の対立は罪責感を抱かせる。父親はサディスティックに振る舞う。	裏切る父親。両親との対立が不安を生む。	母親との良好な関係。父親との関係はまだ距離がある。描画サインは成熟。
子どもは愛情と金銭をごっちゃにする。報酬の概念が存在。	外的な世界と家族が危険なものと感じられ，日々の生活から逃れることを夢想する。	内面の対立は，自分の感情を外に出すことしか望んでいない。
自分の存在のあり方を選ばなければならないことを知っているが，できていない。	抑制されたバランス感覚。接触のジレンマ。自尊感情の低下，劣等感情挫折を招く強い躊躇。	自我の纏まりについてほとんど問題なくなっている。自分の気持ちを盛り上げることで抑うつ状態から脱しようとしいる。
判断力と観察力があり，理論を求め，現実感覚は年齢よりも大人びている。	エネルギーはあるが，活動を抑制する障害があると感じる。	反対の態度をとって逃避している。
気持ちを落ち着けようと思うのだがうまくいかない。	幻想的な生活への囚われ罰を受けることを求めて，自分の過ちを探す。	性格は穏やかになっている。性格に見られる矛盾に対して，均衡を図ろうとしている。
死の観念，孤独感，躊躇から，決断不能の状態がいつも子どもに不満感を与える。	大人達ときちんと向き合いたい欲望。	規則を受け入れつつ，自立的な態度に変化しており，幻想的な生活に逃げ込まない。
心を閉ざしている思春期の子ども。	劣等感情を代償し，大きくなりたいという欲望。	反対の態度つまり堂々と自分を表現し始める。
自分の殻の中に閉じこもる態度。		

図45　第1の木

図46　第2の木

図47　夢の木

第6章　治療における描画テストの用い方とテストバッテリーの比較研究

図48　目を閉じた木

図49　目を閉じた木

●目を閉じた木（図48,49）

きちんとした木になっていて描線は筆圧が強く，枝は投げ縄や花綱型の樹冠輪郭線に囲まれ，このことから現在ローランは母親との良好な関係のもとで生活していると理解される。父親との関係はまだ幾分葛藤状況があるとしても，少しずつ距離をとれるようになっている。

6枚の連続したバウムテストの違いを比較検討すると以下のことが結論として述べることができる。初めの頃は，ローランは罰を受けるために自分の欠点を明らかにしていたとしても18か月後には，反対の態度つまり堂々と自分を表現し始めていて，もはや自分の《欠点》だと意識しなくなっていった。失敗したらどうしようという懸念はまだ残っているとしても，自我の纏まりについてほとんど問題なくなっている。

無意識の対立が生活面で悪影響を及ぼし，そこから罪責感が生じていたが，規則を受け入れつつ，自立的な態度に変化しており，幻想的な生活に逃げ込むこともなくなっている。

悪い印象だった母親は，今では子どもにとって受け入れやすい人として認識され，成熟に向かう態度をとりながら母と向き合い始めている。自己愛的な再構成が，とりわけ母親との関係においてはっきりと確認できる。

第一回目のバウムテストの目を閉じた描画に見られた両親との葛藤は父親との間では持続していたが，ローランはサディスティックな印象を抱いていたこの父親から身を守ることと，引きこもり等の行動でそれなりの距離をとることに成功したのである。

Ⅲ 症例 アルメル

興味深い症例として，15歳の少女のカルテを選んだ。彼女は自立心と家族の中での不安の間に揺れ動いていたのである。

第6章　治療における描画テストの用い方とテストバッテリーの比較研究

　この少女のバウムテストとソンディテスト[訳注28]を比較し，謂わば簡潔に，2つのプロフィール，さらに2年後のプロフィールを示そうと思う。

　ソンディの研究者たちは，プロフィールが衝動的な生活の一瞬を示してくれると考えている。それは私たちがバウムテストに向き合うのと同じように。

　ソンディテストを知らない人々のために詳しく説明すると，このテストは10回施行され，衝動性の力動と人格の困難さに対して豊かで深い視点を与えてくれる。

　アルメルは，ほっそりとしていて，髪はブロンド，陽気な15歳の少女である。彼女は生徒指導に関して両親にコンサルテーションをしていた心理士から私たちに紹介された。母親は注意欠陥と神経症については治療を受けていることを話している。

　アルメルは育児学にとても興味があったが，《血を見ること》と病気の光景のために，自分は看護師に《なれない》と思っている。

　知能検査では優秀であり中の上を示した。職業適性検査では他人のために役に立ちたいという希望，身体を使う仕事，命令する立場，危険をものともしない，そうした職業を希望している。

　両親と一緒にアルメルはやって来て，母親がしきりに喋り，娘のことを《説明》した。娘は反抗し，自分のやり方で問題を整理したのだった。彼女は母親の言うことに同意していないように思われる。父親のN氏は黙っていてじっと話を聞きながら微笑み，直接自分に話しかけられたときだけ喋った。その時，彼は娘のことをそんなに深刻ではないという感想を述べ，おそらく一人で解決できるだろうと考え，母親が全てのことに我慢ならないと思っていると理解しているようだった。彼は娘のために援助が有用だと思っていない。

　N氏は小さな機械工場を経営していて数人の工具と一生懸命働いていた。仕事はマニュアル通りに行う人である。彼は引っ込み思案で，余り他の人々と接触をするのが好きではないようである。N夫人は秘書として外で働いて

訳注28）ソンディ・テスト【Szondi test】
　　　　ハンガリー生れの精神医学者ソンディ L.Szondi によって1947年に創始された人格検査。独自の深層心理学説（運命心理学）に基づいて，家族的無意識の動機づけられた性質と衝動病理の解明を意図したもの

いるが，工場の経理一切もしている。とても行動的で物事を《素早く》行うのを好むような女性である。彼女は不安な感情を隠し逃避傾向があり，近親者と生活するのが難しいタイプである。アルメルは，三番目の子どもである。兄は23歳ですでに結婚しており，姉は21歳である。

　少女はカウンセリングの場面に興味があると言うのだが，ソンディテストの結論を教えてくれた心理士の説明は理解できなかっただろう。

- 4枚のプロフィールを並べる。2年間の間隔で，1974年に2回と1976年に2回。ソンディが行ったような分析はここでは用いず，他の検査の不足を補うつもりで質的な評価のみを行い，恒常性と衝動性の問題を取り出している。

- Ⅰ-自我：4枚のうち3枚のプロフィールは《若者特有の》自我，抑圧的で，思春期にしばしば見られ，とりわけ性的な欲求の始まりに関連する。コントロールを求める（k-）のは，過度ではなく恒常的である。
- 4番目のプロフィールは，《自立した》現実的な自我を示し，無意識のうちに適応し，その生命エネルギーは（内省や自己の探求という方向よりも）本質的に日々の生活に流れていく。
- この2つの《自我》は相対的に未熟な印象を与えるが，14-16歳の時期には頻繁に見られる。
- Ⅱ-発作性のベクトル：情動は超自我に従うと同時に，倫理のより深層で個人的な探求によって一定の通路に流れる。謂わば《完全なアベル》であり，そのてんかん気質的な衝動は《善》や《正義》の探求に被検者を導き，抑制へ向かわせ，それだけますますヒステリー的衝動は強く抑圧されていく。《自己顕示》や《自分を前面に打ち出す》という欲求は，意識の外に排除され，緊張が生み出される。この明確な《排除》は，自分を認めさせることや自己承認を困難なものにする。最後のプロフィールだけが，負担を軽く（hy-からhy±へ）するが，両価的な方向に向かい，行動によるよりも言葉で自己表現をする。虚言症は，前のプロフィールの緊張と比較して，束の間自由である。

- Ⅲ−性的ベクトル：2枚のプロフィール（h＋soとH＋s＋）は，思春期の時期に頻繁に見られる。
- 愛情欲求は重要であるが意識的で，子どもっぽい行動を引き起こし（《好きだ》《取って》），（とりわけ最初の2枚のプロフィールに見られる）攻撃性に対する制御がなく緩みがちとなる。しかし，行動と具体的な実現の可能性はある（h＋s＋）。つまり，これはソンディが《聖なるそして普通のセクシャリティ》と呼んだもので，衝動的なあるいは過剰な行動を呼び起こす快感原則はここでは，強い倫理と自我のカタトニー的コントロールで限定されている。
- リビドーの欲求は，意識的に自己承認を求め，昇華されず，倫理道徳的な二重の検閲と《所有する》（k−）の欲求の抑制によって，ブレーキをかけられる。
- Ⅳ−接触ベクトル：ここでは異なるプロフィール間での変化（他のベクトルは相対的に安定しているのだが）と，両価的な問題が最も出現している。
- 外的世界とのつながりは全体として余り良好と言えず，とりわけ軽躁的な反応を引きずっている。
- 被検者はすでに解放されているにもかかわらず，情緒的安心感が無くなるのではないかという危惧から，過去や母親とのつながりは残存している。
- 他者に拒否されたという感覚に，孤独感や注意散漫，目標のない慌ただしさが付きまとう。
- アルメルは集団の中に溶け込みたいと強く思っているのだが，満足のいく接触を作り上げることができない。
- 最後の2枚のプロフィールに伴う《失敗》の感覚は，危機的な状況のサインであり，むしろ2年後にそれは強まっている。

- Ⅴ−結論：4枚のプロフィールの全般的な印象は，神経症的な体験の方に向いている（最も近い病的なプロフィールは，ソンディテストの表を参照すれば，強迫神経症のそれである）。自己承認（愛され，手にいれ，確立し，消費するが，独自の倫理観と一致している）と強すぎる検閲と

表4 症例アルメルの対比

ソンディテスト	バウムテスト（1回目）	バウムテスト（2回目）
若者特有の自我コントロールを求めるのは、過度ではないものの恒常的である。	競争心は禁止され隠されたままになっている。	常に大きな不安と罪責感を抱えているが、それを抜けだし、良い印象を与える。
《自立した》現実的な自我を示し、無意識のうちに適応してその生命エネルギーは本質的に日々の生活に流れていく（内省や自己の探求という方向よりも）。	彼女は考えを変化させながら治していき、はっきりさせることができ、現実に合致させていった。	知的成功と自立が可能と思い描く。
情動は超自我に従うと同時に倫理の深層で個人的な探求によって、一定の通路に流れる（てんかん気質的な衝動）。	社会的規範や倫理観	情緒的な成熟。女性性。母親へのうまい対処。
ヒステリー的衝動は強く抑圧されていく。	女性性を否定しているが、それが空しいとも感じている。	気に入られたい、獲得と防衛を学ぶ。自己に対する信頼感の獲得。
《自己顕示》や《自分を前面に打ち出す》という欲求は、緊張が生み出され、自分を認めさせることや自己承認を困難なものにする。	権威に対して向き合う恐怖があり、それに対して自立しない形で支援を求めている。	心の深層での変化。価値を高めているが、まだ幼い。
意識の外に排除される《排除》は、この明確な《排除》は、緊張が生み出され、自分を認めさせることや自己承認を困難なものにする。	何かを企てることが可能と確信した基盤に支えられたい誰かから信頼されたなら、自分の行動を改める。両価性、攻撃性と受動性。	能力が開花には受動的欲求が多い。自己愛的な再構築自己愛的な再構築を第4の木から確認。
愛情欲求は重要であるが意識的で、攻撃性に対する制御がなく緩みながらを引き起こす。しかし、行動と具体的実現の可能性はある。	子どもっぽい行動間に存在する内面の不調和。自分のバランス感覚への疑問。	両親を受け入れ、両親との葛藤を深刻に扱わない。

第6章　治療における描画テストの用い方とテストバッテリーの比較研究

快感原則は、倫理道徳的な二重の検閲と《所有する》欲求の抑制によって限定される。	不安と競争心が混在。母親に対しての競争心。接触を求めている。
両価的な問題。	拒否されたと感じたとき、パニック状態になる。
外的世界とのつながりは全体として余り良好と言えない。	不安神経症。フラストレーションを無理に抱えながら攻撃性を示す。
情緒的安心感が無くなるのではないかという危惧から、過去や母親とのつながりは残存している。	環境や社会的規範や倫理観に一致したいという欲求
他者に拒否されたという感覚に、孤独感や注意散漫、目標のない流ただしさが付きまとう。	
4枚のプロフィールの全般的な印象は、神経症的な体験の方に向いている（最も病的なプロフィールは、強迫神経症）。	
自己承認（愛され、手にいれ、確立し、消費するが、独自の倫理観が倫理観と一致している）と強すぎる検閲との間に妥協点を見つけるのが未熟であるために困難である。	

275

の間に妥協点を見つけるのが未熟であるために困難である。
- アルメルの自我は，まだ十分に構築されていないので，危機的状態から一人で脱出できない。彼女の粘着気質には浪費の危険と抑うつ気分が付きまとう。
- 接触のレベルでの明らかな失敗は広がる危険があり，より大きな病的状態に入っていきかねない。
- 治療の進展（4枚のプロフィールの相対的な安定性はここでは良い予後を予測していない）と，超自我によって特別に遮断された衝動的な欲求を統合する可能性と，余りに重すぎる自己理想的なイメージを考えると，治療的な支持療法は必要不可欠である。

●第1の木（図50）
　初めてのカウンセリングの場面で，アルメルはバウムテストを行っている。第1の木の描画に，内的均衡を図りたいという欲望が現れている。時として，彼女は自身の女性性を否定しているが，それが空しいとも感じている。
　自分には価値がないと思っているアルメルは，人目を引くような態度で存在感を表現しようとしている。しかしながら，こうした考えを変化させ治してきたのだった。自分の女性性を認めることができたのである。つまり現実に合致させていったのである。
　不安の基底にあるものとは，つまりそれをつくっている病気と葛藤である。それは彼女にとって不愉快なものをごまかす方法であった。
　彼女は心の中に緊張状態をつくり出している躊躇を強く感じている。競争心は禁止され隠されたままになっている。同時に権威に対して向き合うと恐怖を感じ，それに対して目立たない形で支援を求めている。あるいはパニック状態になり，あるいは教師たちの前で身動きできなくなり，そうしたとき知的活動性は発揮できないようである。母と対峙するとき，不安と競争心が混在する。彼女は誰よりも母親に対して強い競争心を示す。接触を求めているが，自分を認めてもらえるか不安である。だから，経験を積みたいと思っている。
　こうした全ての事柄が，この少女においては両価性，さらに攻撃性と受動

性の間に存在する内的不調和として現れている。アルメルは，何かを企てることが可能な確固とした基盤に支えられたいと思っている。それは彼女が，環境や社会的規範や倫理観に一致したいという欲求を持っているからである。

　性的なことについては，まだ子どもらしいままである。

　サイン59b＋サイン80＋開いた菱形模様＋きちんと整えられた樹冠内部＋サイン樹冠内部の早い描線。

　下部の陰影＋サイン24＋幹右側のさまざまな描線＋上下方向に何度も修正が加えられたウロ＋サイン141（特に右樹冠）＋幹輪郭線の修正。

　サイン41＋サイン102＋幹のさまざまな描線。

　サイン95＋サイン93＋サイン82。

●第2の木（図51）
　家庭環境では，アルメルは自分が両親に依存しているという印象を持っていて，この依存から離れて自己承認欲求が満たされ，《自我》を意識できるようになりたいと思っている。

　日常生活にある大きな不安：アルメルは両親と向き合うと不安を掻き立てられ，感情がバラバラになるのを感じている。これは不安神経症と言えるかもしれない。フラストレーションを抱えながら攻撃性を示す少女は，無理にその感情を抱え込む傾向がある。

　彼女は自分のバランス感覚に疑問を持っている。彼女が愛して欲しいという欲求を強く持っているときでも，両親は彼女が愛情をあまり求めていると感じていない。父親との関係の方がまだましかもしれないが，父親は彼女を失望させる。アルメルが父親に望むのは愛情ではなくむしろ安心感なのである。母親は，不安や恨みや競争心の原因である。彼女は母親に反抗する態度をとっていないように見せながら，《裏では》容易に反抗的態度をとろうと画策している。

　若い少女はためらい，誰を好んでいるか分からない。

　誰かから信頼されたなら，若い女の子は自分の行動を改め，攻撃性を表に出さないように努力する。すねた幼児のように何の原因もないのに反抗し，

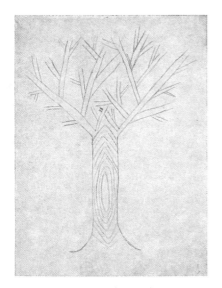

図50　第1の木　　　　　　　図51　第2の木

図52　夢の木

第6章　治療における描画テストの用い方とテストバッテリーの比較研究

図53　目を閉じた木

図54　目を閉じた木

しばしば自分に原因があることを知り自責的になりながら，彼女は家族の中に何か重要なことを見つけるかもしれない。

サイン30＋サイン100。

サイン65c＋シンメトリーの陰影＋幹に沿った樹冠＋サイン96＋左幹輪郭線の修正＋下部の小さな枝，はっきりとした方向性をもった樹冠＋サイン140＋サイン73。

左の枝に陰影で修正が施されている。幹の輪郭線で左は陰影の修正が一様だが，右幹輪郭線では上部と下部の間に陰影が見られない幹輪郭線がある。

●夢の木（図52）
これまでよりもさらに強い愛情を求め，受け身的で感傷的な気分，多分に子どもっぽいやり方での探索が見られる。しかしこの欲望は，裏切られると感じている。能動的と受動的な両方の傾向を調和させようとする隠された希望が見られるかもしれない。つまり彼女は自分のバランス感覚をそこに見つけられるだろう。そうなることを可能にするさまざまな刺激を受け入れやすい体質なのである。

彼女自身の中にある男性的なものや，不安や禁止の原因になっているものを受け入れることで彼女の気持ちは軽くなるだろう。そうした状態になるまで，アルメルは優しさに包まれていたいという欲求と，父親からの優しさは消えていないという思いを経験している。母親の優しさは，二人の間に葛藤はあったとしても，より保護的だと感じている。母親をとても口やかましく世話焼きで命令ばかりする人だと感じていたのである。こうしたことはカウンセリングでもしばしば見られた。

左右に垂れ下がっている果実。

パイナップルのマルときちんと構成された樹冠＋サイン34d。

バナナは黒く重ね書きされ，梨はあまり手が加えられていないが，林檎よりも修正されている。

木は中央に位置し，逆V字型で同様に重ね書きされている。マルは上方に，サクランボは左側にある。

第6章 治療における描画テストの用い方とテストバッテリーの比較研究

●目を閉じた木（図53,54）

　子どもの頃、アルメルは両親の間で可愛がり方が違うと感じていた。彼女は両親に対して確かに攻撃的であった。母親は誤魔化していた。強く求め続けた父親も子どもを裏切っていた。つまり彼女の訴えに対して、両親はほとんど反応しなかったと感じていたのである。それでも彼女は大人しいよい子を演じていた。この少女には活力と何かをしたいという欲望があった。

　アルメルは子ども時代のこうした問題を埋め合わせるために、時間の大部分を夢想や反発で消費するか、あるいはじっと反応せず良い子でいる方法をとったのだった。

　幹は上下で分離されている：2つに分かれた木＋上方に伸びる枝，棒状の描線で先端は開き太くなっている。

　樹冠部の破線＋サイン25＋幹よりも強い筆圧の樹冠。

　バウムテストの第1回目とソンディテストの結果を比較してみると、この2つのテストの結果では、幾分違いがあることが確認される。実際のところ、基底にあるいくつかの問題が明らかになった。つまり、ソンディテストの4枚のプロフィールに対する全般的な印象から、強迫神経症に近い神経症的な体験が示されている。それに対して、バウムテストではむしろ不安神経症と見ることができ、フラストレーションを強く感じており、そこからさまざまな攻撃性が内包されているようである。

　反対に、若い少女の倫理観に関する結果では、感情の有り様は2つのテストでは同じ方向を向いている。

　同様に、ソンディテストでは強いヒステリー性の衝動が確認され、それは抑圧され意識外に排除されている。これと比較して、バウムテストでは女性性の否定が認められるが、アルメルは、この否定が空しいものだと感じているようにわれわれには思われる。

　《自立した》自我は、適応する現実的な自我であり、日々の生活を導く生命エネルギーとしての自我であり、それはバウムテストの第1の木に見られる組織化や困難を切り抜け、現実の要請に対処できることに呼応している。

　この比較検討から結論として、ソンディテストは被検者の無意識や衝動性

の傾向や存在様式を明らかにできると考えられる。
　バウムテストはさまざまな視点から，つまり被検者の社会的そして家族関係や成長過程から，日々の生活の中で，ソンディテストが明らかにした事柄が，いかに現実化されているかを示すことで，相互のテストを補っている。

　アルメルは規則的にカウンセリングにやって来て，自分から進んで母親との《些細な》問題や父親の権威のなさを残念に思っていることを話している。《何でも決めるのはいつもママなの》しかし，母親的権威が彼女を苦しめるとしても，彼女は，《采配を振るう》《全てを決断する》母親を賞賛している。父親はとても《優しく》《何でも拒否せず》《物事を押しつけたりできない》，さらに父親が車の運転をしていると，《死ぬんじゃないかとぞっとする》。
　こうした家族の会話から，アルメルが余り良い立場に立っていないことがいくつかの点で指摘できる。何か葛藤状況になると，彼女はしばしば責任を感じる。だから《私のせいね。私が片付けておけば良かった。私がもっと勉強しておけば良かった。等々》
　彼女は結婚している兄のことが大好きで，最近生まれた姪について話している。愛情の対象をこの姪に向けているかもしれない。
　心理療法を始めて6カ月後に，アルメルは自信が持てるようになった。だから，母親に対して，時々悪い成績を取ったりしたことも《敢えて》母親に言ったり，クラスでも成績がぱっとしないことも話している。彼女の学校での成績は改善して，難なくクラスで2番になっている。彼女は順調である。
　母親は私たちのところに2度会いに来ている。とても知的な女性で，娘の問題について素早く理解し，アルメルの反応や言動からカウンセリングで私たちが感じてきたこともすぐに理解した。反対に父親は全般的にそうした変化を見通せないようである。

●第1の木（図55）
　アルメルは再びバウムテストを始め，次のような変化が観察された。つまり，知的な成功と自立に向かうことが可能なのだと，彼女は思い描けるようになっているのだが，まだ教師達に対する大きな緊張が残っている。それは

努力することで徐々に改善しつつある。彼女は以前よりもずっとじっくり物事を考えるようになった。

さらに大きな不安と罪責感も残っているが，そこから抜けだし，兎にも角にも良くなっているという印象を与えるように努力している。

サイン65b＋サイン118＋幹の描線が濃い。

サイン25＋サイン80。

サイン140＋サイン72。

●第2の木（図56）

情緒的な成熟が見え始めていると確認できた。彼女は女性的な服装をすることで矛盾した性向が改善しているように見える。彼女は自分に対して失望しているとはいえ，母親と面と向かったときには，以前よりずっとうまく対処でき，父親には気に入られようとしている。どのように獲得しどのように防衛するかを学び始めている。とは言え，母親のライバル意識を不安げに見ながら，まだ心の奥底では失望している。アルメルは自分自身の心の内に安心感と自己に対する信頼感を獲得することに成功している。それは，謂わば自己愛的再評価である。彼女の性格は外から見ればあまり変化していないように見えるだろう。現実には変化は内面的なことが重要なのである。

幹の左下部の描線＋サイン66。

サイン95＋サイン93＋サイン41。

サイン39。サイン72。

●夢の木（図57）

心の深層での変化を私たちは確認している。アルメルは自分の価値を高めているが，しかしまだ幼さがある。能力が開花するにはまだ受け身的な欲求が多い。

自己愛的な再構築が確固として存在している。母親との問題もまだ続いているとしてもかなり受け入れることができるようになっている。

中央の枝の左右にサクランボ：サクランボは左で吹き飛ばされていて，右のつぼみは葉と一緒に描かれている。

図55 第1の木

図56 第2の木

図57 夢の木

第6章　治療における描画テストの用い方とテストバッテリーの比較研究

図58　目を閉じた木

図59　目を閉じた木

●目を閉じた木（図58,59）
　鮮明な描線で力強く，花綱型の樹冠輪郭線で描かれており，そこから自己愛的な再構築を確認できる。両親を受け入れ，両親との葛藤を深刻に扱わないようにしている。

　アルメルが第一回目のバウムテストの時に作り上げようと試みた強い外見が，今は現実のものになりつつある。
　彼女の態度がまだ子どもっぽさがあるとしても，深層の変化は確かであり，心の均衡を見つける準備ができている。
　青年期の古典的な問題として，自立性と依存からの脱却が挙げられるがなかなか難しい。それに家庭的な集団から離れたいという欲望がないにもかかわらず，それを望むのである。
　ここに挙げたいくつかの症例を通して，比較研究をしながら複雑な状況を簡潔にまとめて報告した。どれほどうまく報告できたか分からないが，今後一層の発展に向けて，いくらかでも貢献できたのなら嬉しい。今後の実り豊かな研究となるように，バウムテストと他の投影法検査を比較検討することは，限界があるとしても興味深いことだと思われる。

結　語

　この本は読者を木の描画の世界に誘います。
　使い方が容易なバウムテストはとても役に立ちます。それは臨床心理学や産業心理学の領域だけでなく，教育，就職相談，社会学，精神医学，心理療法などでも用いられています。
　ジョルジュ・フロマンが行った総合的な文献検討やフランシスコ・ドゥ・カストロ・カルネイロが行った精神医学的な文献検討の後に，アントワネット・ミュエルが報告した解釈方法は，この方法があらゆる描画研究に応用できることを示している。マリ＝フランソワーズ・フロマンは，そこから明快でほとんど議論の余地ない方法で描画解釈をしてくれた。と言うのも，全ての読者にとって観察可能な描画サインを基にして所見を述べているからである。その後に，木の描画に見られる象徴主義に関するジョルジュ・フロマンの研究が続く。さらに，描画サインが表現することの根拠となっていること，そして描画サインこそが解釈に貢献していることを強調している。
　バウムテストの使用範囲は広く，精神療法の過程でも使用することができる。治療者はこのテストを用いることで，患者の状態や治療の進展を客観的にコントロールすることができる。クリスチャンヌ・ドゥ・スーザは，この心理テストのやり方とその有効性について詳述してくれた。

　この本を通して，私たちは読者に［相関性の意味］の重要性をしっかりと理解してもらうように努めた。実際，どのような描画サインでもそれだけで病的ものとして体系的に分類されることはない。描画サインは，そのサインに与えられた情緒や感情の傾向を解釈し，意味内容を指示するだけである。つまり，全体から抽出された描画サインの布置（観念の集合）としてである。同様に，全体的な文脈の中で際立ったフレーズのようでもあり，意味する範囲を限定したり，強調したりする。接触欲求，所有や存在欲求と同じように，衝動的，攻撃的，発作的な欲求も人間なら誰しも抱えている。正常と病的な

衝動を弁別するのは，こうした衝動の負荷，緊張，組合せである。一つの描画サインは，全体との関係において初めて病理学的な価値をもつ。全体の中に描画サインは統合される。そこから，ソンディの言葉を借りれば，描画サインの《運命》が決定される。このような考え方をとることで，無意識の目的に向かう衝動的エネルギーの方向を決定する精神力動を読者は理解することができるのである。一つの描画サインは，そのサインの意味を支え，あるいは反対の意味を持つ別の描画サインとの相関性において意味と重みを持つ。描画サインは木全体が描かれている位置や描線の特徴と結びつく。さらに描画の連続性や描画間に見られるダイナミズムが付け加えられる。最後に，情緒成熟度尺度との突き合わせが行われる。この突き合わせによって，情緒的な発達のさまざまな段階を理解でき，また別な視点からは辛い体験や衝撃が，多かれ少なかれ，情緒的な進歩にどれほど強く影響を与えてきたかを理解できる。

　［相関性の意味］は，それ以外にも，心理士から見ると全ての事例において必須なもののような印象を受ける。例えば，今知能指数について考えてみよう。知能指数は，確かに知的障害を示す指標であるが，同時に被検者の無関心さ，グズグズした受け身的な反抗的態度，あるいは恐怖心など親からの威嚇の結果であることもあり得る。下宿したいとか，クラス替えが嫌だ，仲間や教師と一緒にいたいといった欲望のせいかもしれない。さらには前日受け取った成績が零点だとか親しい友達が死んだということもあるだろう。結局，分かりやすく言えば，いずれにしても子どもは情緒的に変化しやすいのは確かである。

　多かれ少なかれ標準から外れている人と平均の人とを分けてみると，その距離がどの程度のものかを明確にするのは難しい。そこから，調査したデータの突き合わせが必要になるばかりでなく，全体を構成している部分と全体との関係の重要性をきちんと評価することも必要なのである。

　正しい判断に基づく良心的で注意深い研究だけが，治療的な援助を必要とする危機的状況になる患者と，情緒的な困難さを抱えているとは言っても，情緒的危機に呑み込まれそう状況にありながら，最後は自己の困難さを純化し昇華にまで高めた聖パウロのような傑出した人物を区別することができる。

結　語

　さらに，統計的結果を客観的に検討する必要があることを強調しておかなければならない。研究が行われたとき，統計的な数式から導き出された描画サインと考察される集団との間に関係性がどのような形なのかを確認することが重要である。このことが，例えば統合失調症群，聾唖者群，あるいは怠け者の子どもたちの群などの典型例と関係していると思われる。統計学者は，描画サインと研究された集団との間の関係性を発見することだけに限定して，彼らは自分たちの領域は，この関係性を構成しているものだけを探求することではないことは理解している。関係性の本質とその目的を知ることは，絶対的に必要なことであり，これを無視するならば人格検査のエキスパートである心理士と統計学者の間に頻繁に不一致が起きることになる。この点について同様のことを主張しているのは私だけではない。アンジュー[注1]は，投影法検査の結果を分析することは，《結びつき（関係）を理解すること》であることを詳述している。

　第2章で取り上げられた症例が，われわれの意図を明確に示している。ニコラ・スカラブル[注2]は，成人の知的障害者に見られるバウムテストは，《単線の幹（コッホのハンダ付けの幹，あるいは反対に短くずんぐりとした幹，小さくて広がりのない樹冠，円心的な単線，樹冠の下方の枝》が特徴的であると指摘している。すなわち，単線の幹，小さな樹冠，樹冠の下方の枝は，われわれが明らかにした情緒成熟度尺度では4歳に見られ，単線の放射状の樹冠は5歳，ハンダ付けの幹と短い幹は6歳に多いことを明らかにした。これらの描画サインは発達の遅れを示し，正常と比較すると知的あるいは情緒的遅れを表している。従って，これらの描画サインと対象となったグループの間に妥当性はあるが，しかし描画サインの心理的布置（観念の集合）が存在する全体に照らし合わせると，あたかも空気中の湿気に応じてコバルト紙が青から赤に変化するように，描画サインの意味は変化していく。確かに，知的障害が問題ではあるのだが，同時に知能の高い人の問題でもあり，そう

注1)　D. Anzieu : Les methodes projectives, PUF, 1960, p. 234.

注2)　N. Scalabre : Contribution a une dtude du test de l'arbre sur les malades mentalaux（these, Ecole des psychologues praticiens）cite par P. Bour, Utilisation nouvelle du test de l'arbre dans un service d'adultes, Annales Med. Psychol., 1961, t. 2, no 3, p. 533.

した人が子ども時代に深刻な情緒的体験を受けてもなおかつ社会化させることで，成長していく。

　さらに，抽出された描画サインが常にこのような収斂を示すとは限らない。描画サインは表面的な次元で支えている意味と人格の深い部分に達していることもある。描画サインの根底にある心理学的意味を調べるに当たって，描画から得られた他の描画サインと組み合わせる際に，描画サインの心理的布置のやり方のおかげで，統計的な手法で取り出された描画サインが正しい意味を導いているか，大きな誤りをしないで済んでいるかの検討も可能となる。つまり，精神障害者の根底にある本質的問題を示すことができるかどうかは描画サインによって示されるのであって，その逆ではない。

　この本について，読者は，こう言って良ければ，バウムテストの読み方の教育が発展したことを理解できたと思う。実際，描画サインは，この本の中でさまざまに紹介されている。例えば，第3章では，描画サインの名称は心理学的意味の横に小さく書かれていて，読者が一つ一つの描画サインを見つけ，心理学的意味を同定するのが簡単にできるように科学的入門書のような体裁をとっている。

　第4章では，解釈はより広がり，描画サインに結びつけている。反対に，第6章になると，描画サインの名称は，それぞれの段落の終わりにまとめて書かれている。こうしたやり方から，読者には，本書で示した方法に慣れてもらい，それぞれの描画サインに適切な意味を当てはめ，次にサインの統合を行って欲しいと思う。

　この本に興味を持った読者が，その中で紹介した方法で仕事を行い，さらに深く読み方を理解することを望みます。共同執筆者の思いでもあります。

ルネ・ストラ

訳者あとがき

　本書は，ルネ・ストラ Renée Stora 監修による le test de l'arbre（原題：木のテスト。PUF, 1978年）の全訳である。本来ならば，表題のタイトルは「バウムテスト」ではなく，原題のように「木のテスト」にすべきかもしれない。しかし，訳者がすでに翻訳した『バウムテスト研究』（みすず書房2011年）の中で書いたように，フランス語で le test de l'arbre はドイツ語では Baumtest（バウムテスト）であるので，本来なら「木のテスト」になるのだが，日本では「バウムテスト」が一般的な表現になっているので，本書でもこれまでと同じようにすることにした。

　監修者であるストラは，序論と結語の部分を書き，その他の第1章から第6章は5人の人たちが分担執筆している。ジョルジュ・フロマン Geroges Fromont は，第1章の文献展望と第5章の木の象徴性を執筆し，夫人であるマリ＝フランソワーズ・フロマン Mari-Françoise Fromont は，第4章の描画全般への解釈，謂わば絵画鑑賞のツールとしての描画サインの応用を書いている。また，フランシスコ・ドゥ・カストロ・カルネイロ Francisco de Castro Carneiro は第2章の臨床的研究を，描画療法の専門家である心理学者で精神分析家のアントワネット・ミュエル Antoinette Muel は，第3章のルネ・ストラの方法とその応用，クリスチャンヌ・ドゥ・スーザ Christiane de Sousa が第6章の治療におけるバウムテストとその他の投影法検査との比較研究を担当している。

　ストラがバウムテストの読み方を一応完成させて出版した Le test du dessin d'arbre. Paris, Delarge, 1975. の3年後にこの本は出版されている。ストラは1912年生まれなので，63歳時に大著『バウムテスト研究』を完成させている。本書は66歳の時のものである。おそらくストラが執筆した最後の著作が本書である。

　本書も訳者が翻訳してきたストラの著作が全てそうであるように，元埼玉医科大学講師・菊池道子先生からお借りした一冊である。特に本書について

は，日本心理臨床学会で「フランスにおける投影法」という特別企画が用意され，それに招かれたときに菊池先生から渡されたので，とても印象に残っている。しかし，本書は読んでいても全く理解できない箇所が多すぎて挫折してしまったのだった。なぜそうした事態になったのか，『バウムテスト研究』に書かれてあることが前提になっているので，まずそれを読んでからでないと理解できない。私の手元にこれら2冊の原著があったが，そうした事情から『バウムテスト研究』を先行させることにしたのだった。この大著に5年を費やし，さらに拙書『バウムテストの読み方』（2013年，金剛出版）の出版のために，本書の翻訳が遅くなり，ストラが本書をまとめた年齢よりも，翻訳者の私の年齢が超えてしまったのである。

　個人的な感慨を述べても致し方ないのだが，本書から多くのことを学んだ。訳しながら気づかされたことなどを簡潔に書き留めたいと思う。読者の中には『バウムテスト研究』を読んでいない人も多いに違いない。それが多少でも読みやすくなればと思う。

　第1章の文献展望では，『バウムテスト研究』と同じように1934年のハーロックとトムソンの仕事から始まっている。ストラが『バウムテスト第一版』を出したのは1963年頃と思われるので，ストラの『バウムテスト研究』（1975年）も1963年頃までの文献が紹介されている。ところが，本書は1978年までの文献が紹介されていて，ストラの文献研究をフォローしている。

　本章ではストラの著作についても客観的に検討を加えられ，コッホとの違いや4本の木の手法の妥当性やその由来について説明している。いずれにしてもストラが監修者になっているのに，そのストラの研究を俎の上にきちんと載せるあたりはフランスらしい。ところで1963年から1978年までの文献に出てくる描画サインのいくつかは，実は私が日本語で紹介している。拙訳リュディア・フェルナンデス『樹木テストの読みかた』（金剛出版2006年）Lydia Fernadez：test de l'arbre, un dessin pour comprendre et interpréter2005 の45頁から66頁に掲載されている。

　第1章の末尾に著者は，「文献的展望を通してバウムテストの歴史を跡づけ，最も現在影響を持つものを紹介することに努めてきました。……厳密な

訳者あとがき

方法を根拠としなければ解釈は完全なものとはなり得ない」と書いています。

　第2章の臨床的研究では，知的障害，精神病圏，神経症，認知症，精神不均衡（人格障害）の5つの疾患を取り上げ，健常者と精神病者と神経症者とを区別するサインを見つけることを目的にしています。フランス以外の諸外国，特にイタリアの研究の多さにびっくりします。日本では精神障害と心理テストの関連を考察したものは少ないのは，精神科医と心理士の共同作業が少ないからかもしれない。
　なお本書にある「神経症」という用語はDSM-Ⅳ以後用いられなくなった。本文にある不安神経症は不安障害，強迫神経症は強迫性障害と読み替えれば良く，また精神不均衡はフランス精神医学で用いられる独特な病名で，一応人格障害に類似した疾患と考えられる。
　描画サインは精神症状も表す。その症状を集めていくと症候群が構成され，さらに病名になっていく。精神障害者のバウムテスト研究を多くの資料から報告した分担執筆者の研究内容は素晴らしい。

　私はアントワネット・ミュエルが書いたこの第3章を読んで始めて「描画サイン」とその心理学的意味をストラがどのように紡ぎ出したのかか理解できたのだった。ミュエルはまず「ストラが彼女の本の中で扱った全ての描画サインをそのままここに掲載する」と言い，全ての描画サインを『バウムテスト研究』と全く同じように掲載しているが，心理学的意味は『バウムテスト研究』に比べて簡潔に説明しているため少し物足りない面もある。描画サインの図示については，『バウムテスト研究』で，ストラが描画サインを149図示しているのに，図1参照図（81ページ）1枚で間に合わせている。
　この参照図は用紙の縦横方向にそれぞれ4分割されている。縦方向に4分割の左右には，gauche pure（左領域），droite pure（右領域）と書かれていて，木の模式図に付されている番号は，ストラの描画サインの番号である。
　描線は木のどの部分にどのように描かれているかによって意味が異なる。
　「描線とその意味」についての中で，ミュエルは，「一つの疑問が湧く。木の描画を分析するために用いた一般的な意味はどのようにして引き出された

のだろうか」と述べている。描画サインからその心理学的意味がどうして導き出せたのか，ストラが書いた本から私は理解できなかった。鍵になったのは「心理的項目」と描画サイン，それに情緒成熟度尺度を用いて，カイ二乗検定を繰り返して，描画サインの意味を決定していく過程を本章の「2つの描画サインの研究」で，サイン番号25とサイン番号76を例にして具体的に示してくれた。ストラは繰り返しこうした作業を行った。さりげなく2万回のカイ二乗検定と書いている。ストラ本人は，この2つの例（サイン25，76）のように意味を抽出する過程は書いていない。その代わり膨大なデータが掲載されている。ミュエルのこの部分を読んで理解したときに始めてストラの『バウムテスト研究』の全体が理解できたのだった。

　この章の後半では，ミュエルが7年間経過を見た少年の症例を挙げている。ストラの描画サインが臨床の素晴らしい道具になっているのが理解できるだろう。

　第4章の「バウムテストの一般的な描画への応用」の「一般的な描画」とは，バウムテスト以外の描画，「自由画」のことかもしれない。5人の症例を提示し，その中には人物画，風景画，動物画だけでなく，テーマが限定されていない描画も少なくない。そうした一般的な描画に対して，マリーフランソワーズ・フロマンはストラの描画サインと心理学的意味を用いて，描画解釈と症例検討を行っている。絵画鑑賞に，バウムテストを読む方法を用いている。

　バウムテストでは一枚の用紙に，通常一本の木が描かれ，樹冠や幹の描かれ方を検討する。つまり木のアイテムだけが問題となる。さらに山や川などの風景が描かれている場合には，ストラの描画サイン「4風景」を解釈に用いる。第3章には「4）風景：風景が木を囲んでいる。感情的な性格や態度，感傷癖。」とある。『バウムテスト研究』ではもう少し詳しく，「サイン4風景①自分の気持ちや関心事を表現したり理解して欲しいという欲求。②安心感や枠組みを必要とする，支えて欲しいという欲求。③共感する能力と想像力を持っていたいと強く感じる」と書かれている。本章に掲載されている図18，図23，図26には描画の中に木が描かれている。これらの木について

は部分的に描画サインが用いられている。それだけでなく，描画全体に描かれたものを対象にして例えば左側にあれば母親との問題，右側にあれば父親との問題というように解釈していく。いずれにしても絵画鑑賞の道具としての描画サインの可能性を示したのである。

　第5章は，「木の象徴性」。この章の翻訳は引用文献との戦いだった。人類学，哲学，宗教で語られている木についての膨大な資料が列挙されている。引用された資料の僅かしか当たることはできなかった。この章を読んでいて2つのことが心に浮かんだのだった。1つは聖書のこと。フランス文学を志す者は聖書を読んでいなくてはならないと教えられ，聖書のフランス語訳を読んでいた頃を思い出す。何と多くの哲学者や小説家が聖書を引用していたことかと感嘆したものだった。今回は木についての記載の多さに驚く。しかし考えてみれば当たり前のことだった。キリスト教に「林檎の木」は付きものだから。
　もう一つは，西洋の木の象徴性だけでなく，東洋の木のイメージが書かれていないのが残念でならない。『古事記』に出てくる木，仏教に登場する木，仏教画に描かれる木などを，翻訳しながら考えていた。ヨーロッパでつくられたバウムテストの解釈が東洋でも日本でも可能なのだろうかと悩むこともあったが，これまでの臨床経験から「洋の東西を問わない」心理検査だと思う。
　この章の最後に，「夢の木」の解釈について考察されている。私はストラ流の4枚法ではなく3枚法を用いてバウムテストを実施している。3枚目の「夢の木」の解釈については，描画サインを用いることもあるが象徴解釈にならざるを得ないと思っていた。しかし，本章のこの部分を読んで「夢の木」でもまず描画サインから読んでいくのが良いと確信できたのだった。

　そして最後の第6章の「テストバッテリーの比較研究」。症例1ではロールシャッハテストとTATとバウムテストを比較している。臨床の現場でテストバッテリーの組み合わせとして，日本でもこれら3種類は珍しくない。それぞれのテストから同じ事が言えるのではなく，少しずつ，ずれているのが興味深い。症例1ではバウムテストは2回施行されている。3つの投影法検査を比較した対比表では，バウムテストの第1回目の描画解釈が示されてい

る。もう一つの比較表は，バウムテストの第1回目と第2回目を比較している。ここでは4枚法のそれぞれを比較し，カウンセリングの効果を示している。

　症例2では2回のバウムテストと「黒い脚」テストを用いている。寡聞にして「黒い脚」テストとは何か全く分からず苦労した。本文の注に挙げたように，子ども向けのTATに類似の方法と分かって一段落。絵を見ると分かるように「Patte Noir 黒い脚」テストと言うよりも，「お尻に黒痣のある子豚」のほうがわかりやすいと思うのだが……。

　症例3は，バウムテストとソンディテスト。ソンディテストが素晴らしいことは分かっているつもり。そしてこのテストを操る友人もいる。でも，ソンディテストの写真が怖いと思うのは私だけではないだろう。

　ストラは結語で描画サインについて再度強調している。描画サインと心理学的布置（観念の集合），「相関性の意味」について述べ，描画サインは「全体的な文脈の中で際立ったフレーズのようでもあり，意味する範囲を限定したり，強調したりする」「一つの描画サインは，全体との関係において初めて病理学的な価値をもつ」と言う。

　カイ二乗検定によって，149の描画サインを確定した。その後多くの研究者達が描画サインとして良いと思われるサインを提示している。今後も増えていくだろうが，安直な解釈は避けるべきである。ストラやその仲間達の業績を尊重するならば。

　すでに書いたように，本書は『バウムテスト研究』（みすず書房），さらに『バウムテストの読み方』（2013年，金剛出版）の後になり，「翻訳を諦めますか」と金剛出版から言われたこともあった。読者の皆様には読んでいただいて分かるよう，バウムテストを勉強する者にとって，重要な書籍なので金剛出版の中村奈々氏には辛抱強く待っていただき，そして温かい励ましがなかったら，翻訳を完成させることはできなかったと思う。深く感謝を申し上げる。

　平成30年正月　　富士山と筑波山が見える書斎にて

　　　　　　　　　　　　　　　　　　　　　　　　　　　　阿部惠一郎

参考文献

阿部惠一郎著,『バウムテストの読み方』(2013) 金剛出版.
L. Fernadez : Le test de l'arbre, un dessin pour comprendre et interpréter, 2005.『樹木テストの読みかた』(2006) 阿部惠一郎訳, 金剛出版.
R. Stora : Le test du dessin d'arbre. Paris, Delarge, 1975.『バウムテスト研究』(2011) 阿部惠一郎訳, みすず書房.

■訳者略歴

阿部　惠一郎（あべ　けいいちろう）
早稲田大学文学部フランス文学科卒業。
慶應義塾大学大学院フランス文学専修中退。
東京医科歯科大学医学部卒業。
茨城県立友部病院，国立武蔵野学院，八王子刑務所，千葉刑務所，創価大学教育学部教授を経て，現在，あべクリニック院長。
2000 年，人事院在外派遣研究員（フランスにおける薬物依存症者の治療処遇に関する研究）。
著書に『心理臨床学事典』（共著 丸善出版 2011），『投影法の見方・考え方』（共著 白水社 2004），『精神保健福祉学序説』（共著 中央法規出版 2003），『バウムテストの読み方─象徴から記号へ』（金剛出版 2013）『精神医療過疎の町から──最北のクリニックでみた人・町・医療』（みすず書房 2012），『犯罪心理学事典』（共著 丸善出版 2016）。
訳書にアンリ・エー『幻覚 IV─器質力動論 1』（共訳 金剛出版 1998），N・シラミー『ラルース臨床心理学事典』（共訳 弘文堂 1999），R・シェママ編『新版　精神分析事典』（共訳 弘文堂 2002），D・ドゥ・カスティーラ『バウムテスト活用マニュアル』（金剛出版 2002），J-P・クライン『芸術療法入門』（共訳 白水社 2004），J・オックマン『精神医学の歴史』（白水社 2007），R・フェルナンデス『樹木画テストの読みかた』（金剛出版 2006），R・ストラ『バウムテスト研究』（みすず書房 2011），ギィ・ブノワ『児童精神医学』（白水社 2013），C・ジェニー『子どもの虐待とネグレクト』（共訳 金剛出版 2018）ほか。

バウムテスト

2018 年 4 月 20 日　印刷
2018 年 4 月 30 日　発行

著　者　ルネ・ストラ
訳　者　阿部　惠一郎
発行者　立石　正信

印刷・製本　太平印刷
装丁　臼井新太郎

株式会社　金剛出版
〒112-0005　東京都文京区水道 1-5-16
電話 03（3815）6661（代）
FAX03（3818）6848

ISBN978-4-7724-1619-1　C3011　　Printed in Japan ©2018

バウムテストの読み方
象徴から記号へ

［著］=阿部惠一郎

●B5判　●並製　●208頁　●定価 **3,200**円＋税
●ISBN978-4-7724-1321-3 C3011

これまで検査者が独自に実施・判断していた
バウムテストの実施方法，サインの読み方を
可能な限り統合した手引書。
サインを読み解く上での心得がちりばめられている。

樹木画テストの読みかた
性格理解と解釈

［著］=リュディア・フェルナンデス　［訳］=阿部惠一郎

●A5判　●並製　●150頁　●定価 **2,500**円＋税
●ISBN978-4-7724-0922-3 C3011

樹木画から「心理学的サイン」を見つけ出し
それぞれのサインから被験者の性格特徴を
感情・情緒領域，社会的領域，知的領域の
3つの領域に分けて分析する。

バウムテスト活用マニュアル
精神症状と問題行動の評価

［著］=ドゥニーズ・ドゥ・カスティーラ　［訳］=阿部惠一郎

●A5判　●上製　●240頁　●定価 **3,600**円＋税
●ISBN978-4-7724-0729-8 C3011

不確定要素の多いバウムテストを
実施するにあたっての注意点や
実際の読み方を分かりやすく述べ
使いやすさと読み方に重点を置く。